10
18

12, AVENUE D'ITALIE. PARIS XIIIe

Sur l'auteur

Evan Shelby Connell est né le 17 août 1924 à Kansas City, dans le Missouri. Alors qu'il se destine à une carrière de médecin comme son père et son grand-père avant lui, il interrompt ses études en 1943 pour s'engager dans la Navy et devenir pilote. En 1959, il publie son premier roman, *Mrs. Bridge*, qu'il dédie à sa sœur et qui connaît un succès retentissant. En 1969 paraît *Mr. Bridge*, qui connaît lui aussi un très grand succès. Malgré cette reconnaissance, Evan S. Connell mène une vie solitaire, quasi recluse, et reste inconnu du grand public. En 2009, il est nommé au Man Booker Prize pour l'ensemble de son œuvre et reçoit, en 2010, le Robert Kirsch Award décerné par le *Los Angeles Times*. Evan S. Connell s'est éteint le 10 janvier 2013, à Santa Fe, au Nouveau-Mexique.

EVAN S. CONNELL

MRS. BRIDGE

Traduit de l'anglais (États-Unis)
par Clément Leclerc

Préface de Joshua Ferris
Traduite de l'anglais (États-Unis)
par Chloé Royer

10/18

BELFOND

Du même auteur
aux Éditions 10/18

MR. BRIDGE, n° 5225
► MRS. BRIDGE, n° 5226

Titre original :
Mrs. Bridge
publié par Viking Press, USA

ISBN 978-2-264-06984-9

À Barbara et Matthew Zimmermann

« Mais où est ce que je recherche depuis
[si longtemps ?
Et pourquoi ne l'ai-je pas encore trouvé ? »

Walt WHITMAN

PRÉFACE

Un cauchemar existentiel à part entière : voilà la partie immergée de cet iceberg qu'est *Mrs. Bridge*. En surface, le roman paraît bien plus simple : la vie d'une femme au foyer de Kansas City qui, entre deux guerres mondiales, joue à la perfection son rôle dans la société, prend soin de son mari et élève ses enfants tout au long de cent dix-sept chapitres d'une concision et d'une exactitude toutes confucéennes. Il n'y a pas dans ce livre le moindre mot superflu. Les retours en arrière sont presque inexistants ; les phrases sont directes, élégantes mais sans atours, ce qui rend la moindre envolée lyrique d'autant plus sensationnelle. Mrs. Bridge y est décrite, non sans compassion, comme une femme incapable de réfléchir, dénuée d'imagination et que tout sidère. Ses manières sont incertaines, ses sentiments réprimés. Elle se réfère en tout et pour tout à son mari, qui l'étouffe complètement. Elle tente d'aiguiller ses enfants vers les mêmes platitudes insignifiantes qui ont régi son éducation, horrifiée par la moindre manifestation d'individualité, et ce jusqu'à ce qu'ils grandissent, que les rôles s'inversent et qu'elle puisse se complaire à son tour dans l'infantilisme. Du premier au dernier de ses brefs chapitres, ce livre est une chronique des chocs psychologiques subis par Mrs. Bridge dans tous les aspects de son être : sa contenance, sa compréhension, sa simple existence… Où qu'elle aille, elle est assaillie de toutes parts.

Mrs. Bridge est également un livre très drôle ; chaque page apporte son lot de surprises parfois troublantes par l'intimité qu'elles laissent entrevoir. Connell a l'art de donner à ses phrases des tours inattendus, de les faire bifurquer sans préavis vers l'absurde, le *non sequitur* et le comique, mais toujours en posant le doigt juste où il faut. L'une des filles de Mrs. Bridge a une amie d'enfance, Alice, qui informe Mrs. Bridge « qu'elle n'aimait pas les épinards, que c'était fait avec de vieux sachets de thé ». Des sachets de thé ! N'est-ce pas là l'essence même de l'imagination enfantine, et par ailleurs une analogie aussi curieusement appropriée qu'incroyablement drôle ? J'ai tout particulièrement apprécié les échanges entre Mrs. Bridge et son fils Douglas ; le fils pragmatique et espiègle, la mère continuellement déconcertée. Dans ces passages, l'humour se fait plus expansif et Connell nous offre un cours magistral sur l'art de la scène comique. L'un des épisodes voit Mrs. Bridge décréter que Douglas a atteint l'âge auquel tout jeune homme se doit de porter un chapeau. Celui-ci résiste du mieux qu'il peut, mais finit par se rendre avec elle en ville où ils achètent « un chapeau, un chapeau très classique, d'ailleurs ». « Elle ne s'attendait pas à le voir sur la tête de Douglas, écrit Connell, mais, chose étrange, il le mit partout. » Il prend l'habitude de le porter sens devant derrière puis, à la grande confusion de sa mère, l'orne d'un badge jaune vif sur lequel est écrit « *Faisons connaissance* ». Mrs. Bridge ne comprend tout simplement pas les manières de son fils. Ce petit jeu ironique entre deux personnages si farouchement dissemblables met en évidence l'aliénation qui, on le comprend vite, est le lot quotidien de Mrs. Bridge. Enrobée d'humour et de quelques passages plus tendres, cette austère réalité devient plus tolérable, et aussi plus touchante.

Le livre carbure à l'ironie. Et ce, dès la première phrase, où le lecteur apprend que le prénom de Mrs. Bridge est India, évocateur de mystère, d'exploration et de quête spirituelle. « Jamais elle n'avait pu s'habituer à son prénom », déclare Connell d'entrée de jeu. Nous voici loin du personnage émersonien effrontément campé par Melville avec le fameux « Appelez-moi Ismaël ». Son prénom exotique est pour Mrs. Bridge une source de discrète frustration, de sidération ; c'est le tout premier choc psychologique qu'elle subit. « Lorsqu'ils l'avaient appelée India, ses parents devaient certainement penser à quelqu'un d'autre. À moins qu'ils ne se soient attendus à avoir une fille toute différente. » Même l'innocente pureté de sa naissance est gâchée par les décisions inexplicables d'autrui. Cela dit, peut-être est-elle un peu fautive elle aussi puisqu'elle n'a jamais rien fait pour légitimer ce prénom ? On voit ici se former un cycle : incompréhension de Mrs. Bridge, suivie d'un semblant de réflexion sans enthousiasme, invariablement supplanté par un événement extérieur et balayé loin de ses préoccupations. « Enfant, elle eut souvent envie de leur poser la question ; les années passèrent sans qu'elle s'y soumît. » Jamais elle n'explorera le monde ni elle-même. Et jamais le lecteur n'aura l'occasion, pas plus qu'elle, de s'accommoder de son étrange prénom puisque dans ce même premier chapitre d'à peine deux pages, India se voit ardemment courtiser et promptement épouser. Elle devient Mrs. Walter Bridge, et elle le reste.

Bientôt, Mrs. Bridge a des enfants. Elle sort dans le monde, se fait des amis, les perd, engage et congédie du personnel, séjourne en Europe, échange des potins autour d'un café, montre ses albums de photos à tout le monde et finit par passer sa vie entière sans s'être jamais intimement liée à personne. Son mari, gage de son confort matériel, est fiable, condescendant et absent presque en permanence. Ses enfants lui sont étrangers quasiment dès l'instant où elle les met au monde : Ruth libérée et extravagante, Douglas source constante de perplexité. Ses amis n'ont rien de remarquable, à moins qu'ils ne commettent comme Grace Barron d'inexplicables entorses à la bienséance. Voisins, professeurs, domestiques et bohémiens surviennent à l'occasion pour la déconcerter et elle se réjouit de les voir repartir. Contrairement à ce que peut laisser croire son patronyme, Mrs. Bridge n'est un pont pour personne. Elle n'a rien d'un pont, et tout d'une île.

Quoi que Mrs. Bridge ressente comme impénétrable, offensant ou agressif, le lecteur en saisit toute la teneur. À mesure que l'histoire progresse, l'ironie se fait plus forte, plus large, plus accablante, et plus comique. En mettant de côté le ton impitoyable de Connell, la tendresse avec laquelle il dépeint Mrs. Bridge ne manquera pas de surprendre à la première lecture, surtout si on le compare à ses contemporains de l'ère de la libido en détresse, Roth et Updike : ni l'un ni l'autre ne sauraient témoigner de ce degré d'intérêt et de compassion à un personnage aussi défini par sa répression, sa naïveté, son absence de curiosité, son fervent conservatisme, sa vie domestique étouffante et son impuissance généralisée. Mais les relecteurs de *Mrs. Bridge* remarqueront sans doute que Connell est bien plus implacable qu'on ne le croirait de prime abord. Dans chacun, pratiquement, des cent dix-sept chapitres, Mrs. Bridge est confrontée à quelque chose qui ravage son univers et la laisse sous le choc. Elle est décrite tour à tour comme perplexe, stupéfaite, déconcertée, surprise, perturbée, troublée, profondément troublée, ébranlée, confuse. Les événements la frappent, la choquent, l'horrifient. Chaque épisode laisse dans son sillage un triste et vague questionnement sur ce qu'elle ne comprend pas. Ses réflexions ne lui permettent jamais de s'adapter à l'étrangeté du monde ; bien au contraire, elles exacerbent son rejet. Le cours de ses pensées est interrompu sans crier gare – le téléphone sonne, l'un de ses enfants l'appelle, peu importe – et l'occurrence tout entière passe à la trappe.

Ces chocs peuvent sembler dérisoires, comme la position suggestive de Ruth, ou encore la paire de lourdes boules de bronze offerte par la lointaine cousine Lulubelle Watts et qui « aurait dû être accompagnée d'une notice explicative » ; ils peuvent aussi être bien plus graves, comme le désespoir croissant de Grace Barron ou la tornade qui s'abat sur Mr. et Mrs. Bridge alors qu'ils dînent au country club. Mais mon préféré entre tous intervient au chapitre 51, « Le courtier hypotendu » : le courtier s'avère n'être autre que l'ancien professeur de peinture de Mrs Bridge. Sa seule présence sur le seuil de la maison un jour de froid polaire lui occasionne un léger choc quand elle s'écrie : « Mais c'est Mr. Gadbury ! » Elle l'invite à entrer et lui sert du thé. Trempé et frissonnant, il ne parvient pas à se réchauffer. Mrs. Bridge lui fait agréablement la conversation pendant qu'il tente de reprendre ses esprits. Le suspense monte : que fait-il là ? Il commente un tableau représentant une cathédrale, accroché au-dessus du sofa et que personne dans la maison n'a regardé depuis des années. « Ça, je me demande », remarque-t-il, avant d'ajouter vaguement : « Il y a quelque chose, on ne peut pas dire. » Il finit par confesser ses véritables intentions. La cause qui l'amène n'est pas aussi noble que l'amour ou l'art. Il est simplement venu vendre à Mrs. Bridge un abonnement à un magazine intitulé *Le Doberman*. Mais pourquoi ? L'échange se fait de plus en plus étrange et tumultueux, jusqu'à s'écrouler dans le déchirement ; une scène merveilleuse, d'une admirable sobriété, qui joue en quelques pages sur les nombreux registres propres à la grande littérature. J'y puise autant de jubilation que dans *Gatsby le magnifique* ou *Lolita*.

Connell multiplie les variations sur son thème majeur : un choc après l'autre, réflexion affolée de Mrs. Bridge, distraction, oubli. Mais, pendant ce temps, quelque chose de plus sombre et de plus puissant se déploie en mode mineur. Il ne serait pas difficile de replacer *Mrs. Bridge* dans le contexte de son époque et de la fiction américaine qui y est associée, de voir dans les Bridge taciturnes et collet monté une version maussade de Rabbit Angstrom ou Alexander Portnoy, et de comprendre le livre comme un roman social ou une fable rigoureuse, voire un simple portrait, finement ouvragé, à la valeur historique floue. Il est tentant de le comparer au *Revolutionary Road*, de Richard Yates, et de le considérer comme un avatar mollasson de ce classique. Ici, point de querelles explosives, point de tragique fatalité en marche. Mais, en dépit de leurs représentations très différentes de la vie domestique, ces deux livres ont en commun le fait que leurs personnages pressentent que quelque chose existe de plus grand, de meilleur que la satisfaction invariable de leur vie prospère. Le Frank Wheeler de Yates et la Mrs. Bridge de Connell partagent un trait de caractère dominant : leur tendance narcissique à s'imaginer que le monde entier les observe et les juge, si bien qu'ils jouent la comédie en permanence, s'affublent d'un masque et ne sont jamais parfaitement eux-mêmes. Frank Wheeler pèche par manque d'audace, et il en est conscient ; quant à Mrs. Bridge, le carcan des conventions sociales ne lui permet pas de faire preuve d'audace. Tout son malheur réside dans son incapacité à reconnaître ce qui lui tient vraiment à cœur, ce pour quoi elle pourrait envoyer valser les conventions et se montrer la plus audacieuse possible. Comme dans le roman de Yates, le lecteur ressent très bien la distance ironique qui sépare la sagesse du personnage de la sienne propre.

Cependant, la préoccupation finale de Connell est plus noble que celle de Yates, car bien qu'elle manque cruellement de curiosité, de compréhension, de volonté, et qu'elle soit pour ainsi dire à peine plus qu'une coquille vide, Mrs. Bridge connaît des instants d'angoisse pure au cours desquels elle devient enfin l'égale du lecteur. Dans ces moments à part, ses réflexions laissent entrevoir une autre héroïne : une âme perdue, incapable de trouver sa place dans un monde dénué de sens. Comme l'écrit Beckett : « Il a l'air vieux et cela fait pitié de le voir aller tout seul après tant d'années, tant de jours et de nuits donnés sans compter à cette rumeur qui se lève à la naissance, et même avant, à cet insatiable *Comment faire ? Comment faire ?* » Mrs. Bridge, toute seule, donne ses jours et ses nuits sans compter, et ne sait que faire. « Ils étaient partis ensemble pour une quête merveilleuse… Il était vrai qu'il y avait eu des moments exquis, mais tout de même, comment se faisait-il qu'ils n'aient pas… que rien ne se soit… que tout ce qu'ils… ? » Très tôt dans le livre, ce *Comment faire ?* passe du singulier au pluriel, car Mrs. Bridge, en bonne épouse et mère, ne pense pas pour elle seule ; et la réponse n'en est qu'une suite de questions pas même formulées à voix haute. Cependant, à mesure que le livre avance et que Mrs. Bridge vieillit – aucun ouvrage ne rappelle aussi cruellement la cruauté du temps qui passe –, la question devient plus intime, plus implacable, omniprésente, menaçante. Vient un moment où Mrs. Bridge parvient presque à la saisir : « Un esprit mauvais, malin, était à l'œuvre. Elle n'était pas capable d'en discerner la nature, mais depuis des années elle était poursuivie par un sombre pressentiment. […] Maintenant qu'elle y repensait, elle se rappelait d'autres moments où ce mal étrange s'était manifesté, laissant pour toute cicatrice un goût aigre dans la bouche et un désir sauvage. »

Il ne fait aucun doute que Mrs. Bridge est oppressée en grande partie par son statut domestique. La génération suivante, celle de ses deux filles, verra des femmes plus libres, plus lucides, qui auront davantage d'opportunités. Mais alors que Connell traque ce « sombre pressentiment », que celui-ci devient la principale préoccupation du livre, de plus en plus sifflant et profond comme la respiration d'une bête à l'affût, on en vient à reconnaître en lui quelque chose d'universel, de pénible et d'inévitable : une peur existentielle, l'amertume d'une vie gâchée, le désir terriblement puissant de réparer ce gâchis. Dans le chapitre 102, intitulé « Joseph Conrad », Mrs. Bridge se rappelle un jour où « elle avait pris un livre sur une étagère et avait commencé à en tourner les pages cassantes et jaunies. Elle était restée debout pendant un bon moment, de plus en plus absorbée par ce qu'elle lisait, puis, toujours le livre à la main et lisant, s'était mise à marcher dans le salon sans lever les yeux jusqu'à ce que quelqu'un l'appelât. Elle était tombée sur un passage qui avait été souligné [...] : certaines personnes, faisait remarquer l'auteur, passent en effleurant les années de leur existence et s'en vont s'enfoncer doucement dans une tombe paisible, ignorants de la vie jusqu'à la fin, sans avoir jamais su voir tout ce qu'elle peut offrir. Ce passage, elle l'avait relu, médité, y était revenue encore, et au moment où elle avait été interrompue, elle était plongée dans une profonde réflexion.

Mrs. Bridge se souvenait qu'elle s'était levée en disant : "Très bien, j'arrive", et qu'elle avait laissé le livre sur la cheminée avec l'intention d'en lire davantage. Elle se demandait à présent ce qui l'en avait empêchée, où elle était allée, pourquoi elle n'était jamais revenue. »

La paraphrase de Conrad dépeint exactement la peur de Mrs. Bridge ; une peur que je partage, et que je soupçonne tout individu raisonnablement attaché à l'existence de connaître. Comment s'épanouir face à la possibilité que nous « passions en effleurant les années de notre existence », sans savoir à quoi la vie devrait ressembler, pourrait ressembler ? Comment faire ? Comment faire ?

Nul ne peut être sûr de sa réponse, et c'est cette incertitude qui finit par abolir la distance entre Mrs. Bridge et le lecteur. Elle n'est plus seulement vue comme la victime de tel ou tel choc risible, un objet de pitié ou de moquerie, un cas désespéré de névrose et de répression. Elle est Meursault sans la révélation de l'athéisme, Molloy sans le réconfort de la scatologie, le docteur Rieux sans la noblesse de la résistance. Elle est notre reflet, à vous et à moi, un modèle de cette humanité dont nous faisons tous preuve et qui nous offre tant de possibilités fugaces et terrifiantes, aussi cruciales à saisir que faciles à laisser échapper.

Joshua FERRIS[1]

1. Né en 1974 dans l'Illinois, Joshua Ferris est un romancier et nouvelliste américain. Il est l'auteur d'*Open Space* (Denoël, 2007 ; J'ai Lu, 2012), du *Pied mécanique* (Lattès, 2011 ; J'ai Lu, 2014) et de *Se lever à nouveau de bonne heure* (Lattès, 2015). Ses nouvelles ont été publiées par *Granta*, *The Best American Short Stories*, ou encore par le *New Yorker*, qui l'a placé dans sa liste des meilleurs jeunes auteurs en 2010. Il vit à New York.

1. *Amour et mariage*

Jamais elle n'avait pu s'habituer à son prénom. Lorsqu'ils l'avaient appelée India, ses parents devaient certainement penser à quelqu'un d'autre. À moins qu'ils ne se soient attendus à avoir une fille toute différente. Enfant, elle eut souvent envie de leur poser la question ; les années passèrent sans qu'elle s'y soumît.

Adolescente, elle songeait parfois qu'elle saurait se passer de mari, et, au grand chagrin de ses parents, cette idée resta ancrée en elle plusieurs années après qu'elle eut terminé ses études. Mais vint un soir d'été qui amena un jeune avocat du nom de Walter Bridge, très grand, très imposant, avec un visage résolu et intelligent, des cheveux roux et un dos un peu voûté – même lorsqu'il se tenait droit, son manteau pendait plus bas par-devant que par-derrière. Elle le connaissait depuis longtemps et ne lui avait jamais rien trouvé de spécial. Ce soir-là, dans la véranda de ses parents, elle l'observa attentivement et feignit de s'intéresser à ses paroles : il voulait réussir dans la vie et devenir riche ; en effet, un jour – le jour où il déciderait de se marier, car, ajouta-t-il, il ne voulait pas encore s'engager –, un jour il emmènerait sa femme en Europe. Il parla de Ruskin et de Robert Ingersoll, et plus tard dans la soirée, toujours dans la véranda, tandis que ses parents étaient montés se coucher et que les criquets chantaient dans les ormes, il lui lut quelques vers du *Roubayyat*.

Quelques mois après la mort de son père, elle épousa Walter Bridge et le suivit à Kansas City, où il avait décidé d'ouvrir un cabinet.

Tout allait bien, semblait-il. Les jours, les semaines, les mois passaient, plus rapidement que dans l'enfance, mais sans qu'elle ressentît la moindre nervosité. Parfois, cependant, au cœur de la nuit, tandis qu'ils dormaient enlacés comme pour se rassurer l'un l'autre dans l'attente de l'aube, puis d'un autre jour, puis d'une autre nuit qui peut-être leur donnerait l'immortalité, Mrs. Bridge s'éveillait. Alors, elle contemplait le plafond, ou le visage de son mari auquel le sommeil enlevait de sa force, et son expression se faisait inquiète, comme si elle prévoyait, pressentait quelque chose des grandes années à venir.

Elle ne savait pas très précisément ce qu'elle espérait de la vie ni ce qu'elle devait en attendre, car de la vie elle avait vu bien peu, mais elle était sûre, parce qu'elle voulait qu'il en fût ainsi, que ses espérances et ses attentes étaient identiques.

Pendant les premiers temps de leur mariage, les exigences de Mr. Bridge furent telles qu'elle n'était pas fâchée qu'il s'endormît. Mais il en vint à dormir toute la nuit, et peu à peu elle s'éveilla plus fréquemment et scruta l'obscurité, s'interrogeant sur la nature des hommes, inquiète de l'avenir. Une nuit, elle réveilla son mari et lui confia son désir. Il lui entoura gentiment la taille de son long bras blanc ; elle, heureuse, tendre, confiante, se tourna vers lui. Mais rien ne se passa. Quelques minutes plus tard, il s'était rendormi.

Cette nuit-là, Mrs. Bridge conclut que le mariage était peut-être chose équitable, mais que l'amour ne l'était pas.

2. *Enfants*

Leur premier enfant naquit après trois ans de mariage. Cette petite fille singulièrement brune pleurait peu et semblait surtout désirer qu'on la laissât tranquille. Ils la prénommèrent Ruth. Après l'accouchement, les premières paroles intelligibles de Mrs. Bridge furent : « Est-elle normale ? »

Deux ans plus tard – Mrs. Bridge avait alors trente et un ans –, Carolyn, surnommée « Corky », vint au monde, un mois trop tôt, comme si elle se sentait déjà capable de se débrouiller toute seule. C'était une petite blonde boulotte, avec des yeux bleus comme ceux de sa mère, plus exubérante que Ruth et plus exigeante.

Puis, deux ans après Carolyn, naquit un garçon, sévère, mince et roux comme son père, que l'on appela Douglas. Mr. et Mrs. Bridge se seraient contentés de deux enfants, mais, puisqu'ils n'avaient eu que des filles, ils avaient décidé d'essayer une troisième fois : si c'était encore une fille, ils s'en tiendraient là. À quoi bon, n'est-ce pas, continuer ce qui n'aurait pas manqué de devenir pour certains un sujet de plaisanterie ?

3. *Première formation*

Mrs. Bridge donna à ses enfants l'éducation qu'elle avait elle-même reçue. Elle espérait que lorsque l'on parlerait d'eux, ce serait pour vanter leurs bonnes manières, leurs aimables dispositions, leur propreté, qualités qu'elle prisait par-dessus tout.

Avec les filles – Ruth, puis Carolyn – elle se sentait sûre d'elle. Avec le garçon, ce n'était pas la même chose : il lui fallait parfois deviner, espérer. Il advint d'ailleurs – non seulement pour Douglas, mais aussi pour ses deux sœurs – que ce qui les frappait le plus n'était nullement ce sur quoi elle insistait.

Ainsi le souvenir le plus vivace que Ruth conserva de toute son enfance était un incident que sa mère avait déjà oublié une heure après qu'il se fut produit. Un après-midi d'été exceptionnellement chaud, toute la famille, à part Mr. Bridge resté au bureau, était à la piscine. Douglas, étendu sur un matelas de caoutchouc à l'ombre d'un parasol, agitait en gloussant ses jambes maigres et arquées. Carolyn s'ébrouait dans le petit bain. Ruth, trouvant qu'il faisait chaud, ôta son costume de bain et se promena toute nue sur la terrasse.

De cela, elle ne gardait qu'un souvenir très vague, mais jamais elle ne devait oublier ce qui arriva ensuite. Dès que Mrs. Bridge se fut aperçue de ce qui se passait, elle ramassa le costume de bain et courut après Ruth, qui se mit à courir elle aussi. Comme elle était mouillée, son petit corps frétillant glissait entre les mains qui de toutes parts se tendaient vers elle : c'était évidemment un nouveau jeu très amusant. Mais elle prit peur en voyant l'expression de sa mère, et lorsque enfin on réussit à l'attraper elle se mit à hurler.

4. *Confiture*

Mr. Bridge était aussi avisé qu'il était énergique. Il avait pour sa famille de grandes ambitions et partait pour le bureau à une heure où bien des hommes dorment encore et y restait souvent très tard le soir. Il travaillait le samedi et une partie du dimanche ; la simple notion de « vacances » l'irritait. Il se fit rapidement une solide réputation : Walter Bridge était l'homme à consulter.

Sa famille le voyait peu. Il n'était pas rare qu'une semaine entière passât sans qu'aucun des enfants l'aperçût. Quelquefois, le dimanche matin, ils descendaient pour le petit déjeuner et le trouvaient à table. Il leur disait gentiment bonjour, et ils répondaient avec déférence, d'un air un peu songeur et triste, parce qu'ils regrettaient de le voir si peu. Il s'en rendait compte et redoublait d'efforts pour qu'ils ne manquent de rien.

Aussi les Bridge purent-ils s'installer dans une grande maison proche de Ward Parkway plus tôt qu'ils ne l'avaient escompté. La maison était très spacieuse et Mrs. Bridge engagea, pour la cuisine et le ménage, une jeune fille de couleur, Harriet.

Un matin, au petit déjeuner, Carolyn s'emporta :

— J'en ai assez de cette confiture d'oranges !

Mrs. Bridge, occupée à lui préparer un œuf, répondit avec patience :

— Voyons, Corky, pense un peu à toutes les petites filles qui n'ont jamais de confiture.

5. *Panier de Noël*

Que les uns eussent de la confiture et d'autres pas, voilà qui donnait à penser à Carolyn. Elle attendait chaque Noël avec plaisir. Le journal publiait toujours à ce moment-là la liste des cent familles les plus pauvres de Kansas City, et Mrs. Bridge adoptait l'une d'elles, veillant à ce qu'elle eût tout ce qu'il faut pour être heureux un jour de Noël. Carolyn s'y intéressait maintenant beaucoup et aidait sa mère à choisir parmi les cent familles : le journal indiquait le nombre d'enfants, leur âge, leurs besoins, et ainsi de suite. Ruth et Douglas étaient moins enthousiastes.

On remplissait un panier, parfois deux, de boîtes de conserves, de vêtements, de tout ce qui peut être utile à une famille pauvre – un jambon fumé, un paquet de farine, un sac de sel ; lorsque le panier était plein, on mettait sur le dessus des sucres d'orge et un ange (ou un Père Noël) en papier, et on décorait les bords avec des rubans de papier crépon rouge et vert. La veille de Noël, Mrs. Bridge et ses enfants portaient le panier à l'adresse indiquée par le journal.

Pendant les préparatifs, Mrs. Bridge demandait parfois aux enfants s'ils se souvenaient de la famille qu'ils avaient adoptée l'an passé. Ruth, le plus souvent, s'en souvenait, ce qui était naturel puisqu'elle était l'aînée, mais c'était toujours Carolyn qui pouvait donner le plus de détails sur la pauvreté de leurs protégés.

Douglas, peut-être à cause de son âge – c'était du moins ce que se disait Mrs. Bridge –, n'aimait pas ces expéditions. Chaque année, lorsqu'il voyait sa mère et ses sœurs préparer le panier de Noël, il devenait nerveux et renfermé. Mrs. Bridge ne comprenait pas pourquoi, et elle ne pouvait obtenir de lui aucune explication. Il ne voulait pas y aller, c'était clair. Pour qu'il apprît à apprécier sa chance, pour qu'il ne risquât pas de se croire, en grandissant, meilleur qu'un autre, elle insistait néanmoins pour qu'il accompagnât ses sœurs. Assis sur la banquette arrière de la Reo, un bras posé sur le panier, il n'ouvrait pas la bouche du départ au retour. Mais, tout comme Ruth, il se souvenait. Et c'est pourquoi il détestait tant ces visites. Il se rappelait la toute première fois. Il venait d'avoir trois ans lorsqu'il avait participé avec ses sœurs à l'expédition annuelle qui avait lieu dans le quartier nord de la ville : était-ce à Strawberry Hill, ce « Mont des Fraises » où il s'était attendu à trouver un bol de fraises au sommet d'une montagne ? Peu importe ! Il se voyait encore assis au fond de la Reo : un homme s'était penché sur la voiture et avait emporté le panier. Tandis que la portière était encore ouverte et que des flocons de neige tombaient sur ses genoux, quelqu'un d'autre – était-ce un homme ou une femme ? – s'était penché et, vivement, d'un geste précis, avait touché le siège de la Reo.

Bien des années passèrent avant que Douglas pût comprendre pourquoi quelqu'un avait voulu toucher ce siège et pourquoi le souvenir de ce geste était resté gravé dans sa mémoire. Mais à chaque Noël, voir emplir et décorer le panier le rendait nerveux et renfermé.

6. *Le mannequin au grenier*

Un matin d'hiver, peu après l'une de ces expéditions charitables, Mrs. Bridge trouva Douglas dans la lingerie, les mains derrière le dos et la tête légèrement penchée : il semblait plongé dans une profonde méditation. Il avait tellement l'air d'une grande personne qu'elle ne put réprimer un sourire. Puis elle s'aperçut qu'il était en train de contempler le mannequin qu'elle avait fait faire de son buste et que, depuis lontemps, elle laissait près de la machine à coudre, sans jamais songer que quelqu'un de la famille y pût prêter attention. À partir de ce jour-là – sauf lorsqu'elle en avait besoin pour se faire une robe –, le mannequin fut relégué au grenier, derrière une malle posée dans le sens de la hauteur.

7. *Alice Jones*

Cet été-là, Carolyn jouait avec Alice Jones, la fille du jardinier noir des voisins. Tous les samedis matin on le voyait arriver du tram avec la petite Alice qui sautillait autour de lui. Dès qu'elle apercevait la maison des Bridge, elle partait en courant, ses nattes flottant au vent : en une minute elle était à la porte de service et, des deux mains, appuyait sur la sonnette. Mrs. Bridge était souvent à la cuisine à cette heure-là – astiquant l'argenterie ou préparant les menus du week-end tandis qu'Harriet faisait le ménage –, et c'était elle qui ouvrait la porte.

Tout essoufflée de sa course, les yeux brillant d'impatience, Alice demandait si Corky pouvait sortir et venir jouer avec elle.

— Mais oui, je crois, disait Mrs. Bridge en souriant. À condition que vous soyez sages.

Le jardinier pénétrait alors dans l'allée des voisins, et elle disait à travers la moustiquaire :

— Bonjour, Jones.

— 'jour, Mrs. Bridge, répondait-il toujours. C't enfant vous ennuie, hein ?

— Pas du tout, Jones ! Nous sommes très contents de l'avoir.

Carolyn arrivait et les deux enfants commençaient leur journée. Carolyn avait beau être parmi les premières de sa classe, elle manquait un peu d'imagination, et chaque fois qu'elle proposait un jeu, Alice Jones avait une meilleure suggestion à faire. Un peu déconcertée, parfois, par les idées de sa petite amie, Carolyn protestait pendant quelques minutes d'un air vexé et hautain, mais lorsqu'elle voyait qu'Alice ne se laissait pas intimider, elle cédait et finissait par s'amuser de bon cœur.

Un jour, elles décidèrent de démonter la radio et de faire la conversation aux petites personnes qui se cachent dans la boîte. Un autre jour, elles se firent des sandwichs et mirent du lait dans une Thermos : elles partaient pour Cedar Rabbits[1], dans l'Iowa. Une autre fois, elles écrivirent une longue lettre très amusante à Sears, Raebuck et Cie, pour leur expliquer comment Alice préparait ses crimes. Certains samedis, elles montaient des drames très sombres qui duraient des heures, avec des entractes de temps en temps pour d'autres jeux. Alice Jones s'attribuait toujours le premier rôle, parce que, à son école de quartier, dans le nord de la ville, c'était toujours elle qui était la Reine des Neiges, la Bonne Fée, ou tel autre personnage de même rang. Carolyn, dont l'expérience théâtrale se limitait à l'interprétation d'un oignon dans une charade pour un Thanksgiving Day, soulevait rarement d'objection. En fait, elle avait un peu de peine à suivre l'intrigue.

Bien avant midi, elles allaient à la porte de service demander si c'était l'heure de déjeuner, et

1. Alice dit *rabbits* (lapins) au lieu de *Rapids*. *(N.d.T.)*

lorsque enfin Harriet, ou Mrs. Bridge elle-même, avait mis leur couvert dans la petite salle à manger, elles allumaient la radio pour pouvoir écouter en déjeunant la Bourse du bétail, qu'Alice trouvait follement amusante.

Un jour, pendant qu'elles étaient à table, une voiture de pompiers passa près de la maison.

— Les voilà qui y vont encore ! s'écria Alice, tout agitée, en secouant la tête. Je me demande bien qui ils vont brûler aujourd'hui.

Consternée par la méchanceté des pompiers, elle roulait les yeux et poussait de gros soupirs en se resservant de crème renversée.

Mrs. Bridge, qui préparait une commande pour l'épicier, s'arrêta et sourit gentiment aux deux enfants, heureuse que Carolyn n'eût pas conscience de tout ce qui la séparait de sa petite amie.

Alice accompagnait son père tous les samedis, et le jardinier ne manquait jamais de demander à Mrs. Bridge si sa fille ne la dérangeait pas. Et chaque fois Mrs. Bridge souriait et l'assurait que non.

Les deux petites filles jouaient avec le même plaisir que le premier jour où elles s'étaient connues. Ruth venait quelquefois jouer avec elles, mais elle préférait généralement le rocking-chair de la terrasse.

Chaque année, les Bridge allaient passer un mois dans le Colorado, et Jones était chargé d'arroser la pelouse pendant leur absence après son travail chez les voisins. Alice pouvait ainsi s'amuser comme d'habitude dans le jardin. Elle demandait souvent à son père dans combien de temps Corky allait revenir. « Bientôt », répondait-il d'ordinaire. Mais un jour il s'arrêta et, comme s'il considérait l'avenir, il dit sur un ton prophétique et un peu triste :

— Elle pourrait bien pas r'venir, mon p'tit.

Les vacances se terminèrent, et Carolyn revint, pleine de soleil et d'idées compliquées.

— Ce que les montagnes sont grandes ! dit-elle d'un air compassé. (Puis, imitant sa mère :) C'était merveilleux.

— Tu sais ce quc j'ai dans ma poche ? lui demanda Alice Jones.

Carolyn, peu disposée à s'éclipser telle la planète devant l'étoile, affecta le dédain.

— Qu'est-ce que tu veux que ça me fasse ? répondit-elle en se détournant.

— Un gésier humain, murmura Alice d'un air mystérieux.

Il ne fallut pas longtemps pour que Carolyn fût persuadée qu'un été passé à Kansas City aurait été beaucoup plus intéressant qu'un été à la montagne. Elle le dit à sa mère qui, très occupée, répondit un peu brusquement :

— Allons, Corky, ne dis pas de bêtises.

Mrs. Bridge fut sur le point de dire à Carolyn qu'il devait y avoir d'autres petites filles qu'Alice avec qui elle pourrait s'amuser ; elle hésita un instant, puis ajouta simplement :

— Tu sais très bien que tu t'es beaucoup amusée dans le Colorado.

Le temps, pensait-elle, se chargerait de séparer les deux enfants.

8. *Qui peut me trouver la mer Caspienne ?*

Les années passant, il devint clair que Douglas était le plus introspectif des trois. Cela mis à part, il semblait n'avoir absolument rien de remarquable. Mr. Bridge était déçu, car il avait espéré avoir un fils brillant ; à vrai dire, il n'avait pas encore abandonné tout espoir, mais peu à peu, à contrecœur, il se faisait à l'idée que son fils n'était pas un prodige. Si Douglas arrivait à quelque chose dans la vie, se disait-il, ce serait plus grâce à ses efforts que grâce à ses dons naturels.

Ruth, plus évidemment encore, ne montrait aucune intention de miser sur son intelligence. Carolyn, en revanche, se fit un nom dès le jardin d'enfants.

Elle fut très vite considérée comme l'enfant la plus brillante de sa classe et semblait parfaitement consciente de sa supériorité. Si l'un de ses camarades avait le malheur d'avoir des notes aussi bonnes ou même meilleures que les siennes, elle devenait violemment vindicative et n'hésitait pas à mentir ou à tricher pour reprendre la première place, tant et si bien que lorsqu'elle entra en huitième elle était déjà enviée et détestée par les autres élèves et surveillée de près par ses professeurs.

Personne ne fut surpris lorsqu'elle fut autorisée à passer directement en septième. Son professeur, Miss Bloch, boitait, se mettait de l'ombre à paupières et du Rimmel, et avait une assez singulière habitude : tous les jours, elle appelait à son pupitre l'un des élèves à qui elle remettait un peigne ; puis elle penchait la tête, fermait les yeux, et elle le priait d'enlever les épingles de ses cheveux épais et gras qui se défaisaient et lui tombaient dans le dos jusqu'à la taille.

— Qui peut me trouver la mer Caspienne ? demandait-elle alors, tandis que l'enfant derrière elle commençait de peigner ses cheveux.

— Qui sait où se trouve la mer Caspienne ? répétait-elle. (Et sans ouvrir les yeux elle ajoutait :) C'est Albert Crawford.

Alors celui qu'elle avait nommé s'approchait de la grande carte verte et bleue que l'on avait déroulée sur le tableau noir, et avec la baguette il indiquait le lieu.

— Doucement, mon chéri, murmurait-elle si le peigne crissait, mais sans manifester aucun mécontentement.

Les enfants n'aimaient guère cet étrange devoir, mais ils n'y pensaient plus une fois qu'ils avaient quitté la classe. Un jour, cependant, Carolyn mentionna chez elle qu'elle avait été l'élue, ce matin-là. Mrs. Bridge fut suffoquée ; jamais elle n'avait entendu parler de cette habitude de Miss Bloch. Elle questionna Carolyn et, convaincue qu'elle disait la vérité, résolut de téléphoner à l'école pour signaler la chose au proviseur. Elle n'y parvint cependant pas. Frissonnante de dégoût, elle décrocha plusieurs fois le téléphone mais le reposa chaque fois avec une expression de doute et d'inquiétude. Peut-être ferait-elle mieux d'aller voir le proviseur ? Mais cela aussi lui parut, sans qu'elle sût pourquoi, insurmontable. Finalement, elle dit à Carolyn : « Si ta maîtresse te redemande de la peigner, tu dois refuser. »

Puis Mrs. Bridge se dit que Miss Bloch ne constituait plus un danger et que l'affaire était close. Elle l'était en effet : Carolyn ne fut plus choisie pendant le trimestre, et à partir de septembre elle eut un autre professeur.

Par la suite, il arriva à Mrs. Bridge de douter : avait-elle bien agi ? Peut-être Miss Bloch se faisait-elle toujours peigner par les enfants. Aussi, lorsque Douglas entra en septième, s'inquiéta-t-elle de savoir qui serait son professeur. Ce n'était pas Miss Bloch. Si ç'avait été elle, elle aurait été trouver le proviseur et l'aurait prié d'intervenir. Mais ce n'était pas le cas et Mrs. Bridge, qui détestait avoir l'air de faire des histoires, se sentit soulagée. Elle n'avait plus à y penser.

9. *Des femmes et des dames*

Deux fois par an, Mrs. Bridge faisait nettoyer la maison de fond en comble et engageait pour cela un extra. Carolyn alla ouvrir la porte de service et vint avertir sa mère :

— La dame de ménage est là.

— Ah ! bien, dit Mrs. Bridge qui laissa son ouvrage et se rendit à la porte de service. Bonjour, madame, dit-elle avec un aimable sourire. Entrez, voulez-vous ?

Ce soir-là, elle fit à Carolyn un petit cours :

— On ne dit pas la « dame » de ménage, on dit la « femme » de ménage. Une dame, c'est quelqu'un comme Mrs. Arlen ou Mrs. Montgomery.

10. *Se tenir à table*

Mrs. Bridge disait que l'on pouvait juger les gens à leurs chaussures et à leurs manières à table. Une personne porte-t-elle des souliers éculés, ou qui n'ont pas été cirés depuis longtemps, ou dont les lacets sont cassés, vous pouvez être sûr qu'elle est tout aussi négligente sur d'autres chapitres. Voulez-vous savoir à quel milieu appartient Untel ou Unetelle ? Regardez comment il ou elle se tient à table.

Les enfants apprirent donc qu'il est mal élevé de parler la bouche pleine et d'ouvrir la bouche en mâchant. Puis, quand ils furent plus grands, on en vint à des détails plus subtils : on ne beurre pas une tartine entière, on ne prend pas plus d'un biscuit à la fois – à moins, bien entendu, que la maîtresse de maison n'insiste –, on ne lève pas les coudes quand on coupe sa viande, on tient son couteau et sa fourchette du bout des doigts, on ne nettoie pas son assiette avec un morceau de pain quand il reste de la sauce, on fait bien attention de toujours laisser un petit quelque chose dans son assiette – pas trop, ce serait du gaspillage, non, juste ce qu'il faut pour indiquer que l'on a bien mangé. Et, naturellement, dans un restaurant, une dame, ou un monsieur, ne replie jamais sa serviette.

Ruth et Carolyn digéraient ces leçons avec plus de facilité que Douglas qui avait tendance à demander la raison de tout ce qu'on lui enseignait ; il allait parfois même jusqu'à faire remarquer que c'était idiot. Manger avec la main gauche sur les genoux lui semblait en particulier inacceptable ; il voulait la laisser sur la table et pouvoir s'y appuyer. D'ailleurs, la laisser sous la table lui donnait mal au dos, ce qui selon Mrs. Bridge était absurde. Un jour où il demandait une fois de plus à sa mère pourquoi il ne pouvait pas mettre son coude sur la table elle lui répondit :

— Tu veux donc être différent de tout le monde ?

Douglas eut l'air indécis, puis sous le poids du regard tranquille de sa mère il finit par conclure que non.

L'usage américain de changer les couverts de côté continua néanmoins de lui causer des ennuis et de l'inciter à la révolte. Avec un soin méticuleux, il posait son couteau, passait sa main droite très haut au-dessus de son assiette, descendait à gauche pour aller prendre sa fourchette et revenait à son point de départ en décrivant le même arc.

— C'est fini, cette comédie ? lui dit-elle un jour au déjeuner.

— Ah ! là là, je suis bien sûr que les Égyptiens ils mangent pas comme ça, eux, marmonna-t-il, en donnant au mot « Égyptiens » un accent vengeur.

— Je l'ignore, répondit-elle calmement en découpant avec adresse un triangle d'ananas dans sa salade de fruits, mais tu n'es pas égyptien. Alors mange comme un Américain, et n'en parlons plus.

11. *Encore Alice Jones*

Mrs. Bridge trouvait que le samedi revenait bien souvent. Un samedi matin, alors qu'elle choisissait les petits pains au lait sur l'éventaire du boulanger, elle vit tout à coup Alice remonter l'allée, un long morceau de corde à linge à la main ; la première chose qui lui vint à l'esprit fut qu'elle l'avait volé.

— Bonjour, Alice, dit-elle.

Alice laissa tomber la corde à linge sur les marches de la porte de la cuisine et entra en courant dans la maison pour chercher Carolyn. Quelques minutes plus tard arriva le jardinier qui demanda, comme toujours, si sa fille ne dérangeait pas. Mrs. Bridge, ne sachant comment dire la vérité sans heurter les sentiments de ce brave homme, eut un bref sourire et fit non de la tête.

Au bout d'un moment, elle monta dans la chambre de Carolyn, où les petites filles jouaient au cochonnet, et leur demanda pourquoi elles n'allaient pas plutôt jouer dehors, puisqu'il faisait si beau. Il lui sembla, sans qu'elle en fût tout à fait sûre, que le visage de la petite Négresse revêtit une étrange expression. Quoi qu'il en fût, sa suggestion fut bien accueillie, car quelques minutes plus tard elle entendit des rires dans le jardin.

Un peu avant midi, elle rangeait des mouchoirs dans la commode de son mari lorsqu'elle entendit Carolyn qui chantait à tue-tête :

— Ma mémé, ta mémé elles habitent seize, dix-huit East Broadway. Tous les soirs, su' l' trottoir, qu'est-ce qu'est-c' disent comme sottises !

Et Alice entonna le refrain :

— Va t' faire fiche, Mère MacMiche, va t' faire fiche, va t' faire fiche.

Mrs. Bridge se précipita à la fenêtre. Un des bouts de la corde à linge était attaché au treillis de la roseraie. Carolyn tenait l'autre bout à deux mains et faisait sauter Alice.

Le samedi suivant, lorsque Alice arriva en courant comme toujours, elle trouva la moustiquaire de la cuisine fermée.

— Qui est-ce ? demanda Mrs. Bridge, qui était dans la cuisine.

— C'est moi, répondit Alice en secouant la porte.

— Un instant, Alice. Je vais voir si Carolyn est là.

Elle alla dans le salon chercher Carolyn, qui était plongée dans l'un des magazines de cinéma que Ruth commençait à acheter, et dit :

— Alice est là. Je vais lui dire que tu es occupée.

Mais, au premier mot, Carolyn avait sauté de son siège et couru vers la porte.

Vers dix heures, les deux petites filles vinrent à la cuisine chercher une bouteille de soda et demandèrent ce qu'il y aurait pour déjeuner.

— Corky aura de la crème de thon et des épinards, dit Mrs. Bridge, aimablement.

Alice fit remarquer qu'elle n'aimait pas les épinards, que c'était fait avec de vieux sachets de thé.

— Tu déjeunes avec ton papa, n'est-ce pas ?

Alice, qui avait remarqué dans la voix de Mrs. Bridge un accent que Carolyn ne sut pas discerner, releva la tête et lui jeta l'un de ces regards étranges et brillants qu'elle avait parfois.

— Oui, m'dame, répondit-elle après un instant de réflexion.

12. *Agréable conversation*

Les Van Metre n'étaient pas plus égyptiens que Douglas, mais Mrs. Bridge les regardait comme des étrangers, des gens vraiment bizarres. Wilhelm et Susan Van Metre avaient environ quinze ans de plus que les Bridge. Ils étaient un peu prétentieux, surtout Wilhelm, lisaient des revues littéraires dont personne n'avait jamais entendu parler, et couraient au théâtre chaque fois qu'une compagnie de passage donnait un spectacle de ballets ou d'opéra. Mrs. Bridge avait beau fouiller dans sa mémoire, elle ne pouvait se rappeler ni comment son mari et elle avaient fait la connaissance des Van Metre ni comment ils en étaient venus à s'inviter à dîner de temps à autre. Elle était d'ailleurs sûre que les Van Metre trouvaient tout aussi embarrassante qu'elle cette habitude qu'ils avaient prise de se rendre des dîners, mais enfin c'était ainsi.

Lorsque c'était le tour des Van Metre d'inviter, ils emmenaient leurs amis dans un country club situé à l'est de la ville et qui était passé de mode depuis dix ans. Wilhelm Van Metre ne conduisait jamais à plus de vingt kilomètres à l'heure ; très droit, tendu, les deux mains crispées sur le volant comme s'il s'attendait à chaque instant à une catastrophe épouvantable, il s'arrêtait à chaque carrefour ou presque, se taisait, regardait à droite et à gauche, puis, à moins que sa femme n'eût quelque chose à dire, continuait sa route. Aussi était-il rare que l'on arrivât au club avant vingt et une heures. Il engageait avec précaution sa vieille voiture dans l'allée de gravier circulaire et arrêtait le moteur devant le perron.

— Mesdames, disait-il de façon engageante, sur le ton monotone et pontifiant, un peu grognon, qui lui était habituel.

Mrs. Bridge et Mrs. Van Metre sortaient alors de la voiture, montaient les marches, et ce n'était qu'après les avoir vues passer saines et sauves le seuil du club qu'il remettait le moteur en marche. Puis il suivait, en première, l'allée circulaire jusqu'au parking.

— Pas une voiture, observa-t-il un soir. Je me demande vraiment où les gens peuvent bien aller.

Mr. Bridge, qui s'ennuyait déjà et réfléchissait à une affaire importante, ne se donna pas la peine de chercher une réponse.

Les dames attendaient dans le hall désert.

— Eh bien ! dit Van Metre en étouffant un petit rire, nous avons la maison pour nous ce soir.

— Les foules sont parfois si fatigantes, répondit Mrs. Bridge avec entrain.

Ils entrèrent tous les quatre dans le corridor qui menait à la salle à manger, à l'arrière du restaurant. Le sol de ce corridor était garni d'une série de petits tapis, de telle sorte que l'on marchait tantôt sur un tapis et tantôt sur le parquet. Chaque fois que leurs talons frappaient le plancher, le bruit se répercutait devant et derrière comme s'ils avaient été précédés et suivis.

Le silence devenant pénible, Mrs. Bridge tourna la tête et, souriant par-dessus son épaule, dit :

— On assure que le chef ici est le meilleur de la ville.

— Je crois qu'il s'y entend, acquiesça Wilhelm Van Metre qui marchait juste derrière elle, la tête un peu penchée.

Ainsi ils avancèrent deux par deux, dans ce long couloir. La direction du club, dans un effort désespéré pour en rompre la monotonie, avait disposé le long du mur, à intervalles réguliers, de petites tables dont l'une portait un vase de fleurs, l'autre une bougie éteinte, une autre un bol d'argent, une autre un annuaire téléphonique relié de cuir gris. Une demi-douzaine de miroirs étaient accrochés au mur.

Mrs. Bridge n'osait s'y regarder. Pendant un instant, elle crut qu'elle allait perdre le contrôle de ses nerfs. Où allons-nous ? pensait-elle. Pourquoi sommes-nous ici ?

— Les jolies tables, dit-elle.

Van Metre toussa pour s'éclaircir la voix.

— Elles sont évidemment très à leur place ici, reconnut-il.

— Nous devrions nous voir plus souvent, ajouta-t-elle.

— Oui. Nous disons souvent avec Susan : « Nous devrions aller voir Walter et India. »

Ils arrivèrent enfin à la porte de verre dépoli de la salle à manger.

— Mesdames, invita Van Metre en tenant la porte.

Il y avait deux personnes dans la salle à manger.

— Susan, je crois bien que c'est le petit Blackburn avec son père.

— Il doit être revenu de l'université.

— Il faut que j'aille leur dire un mot. Walter, India, voulez-vous m'excuser un instant ?

Il traversa lentement la salle à manger et s'entretint avec les deux hommes qui tournèrent la tête vers Mr. et Mrs. Bridge.

Au bout de quelques minutes, il revint en se frottant les mains.

— Voyons, voyons, regardons un peu. À quelle table allons-nous nous asseoir ? Quelqu'un a-t-il une préférence ?

— Mon Dieu, dit Mrs. Bridge, je ne crois pas qu'il y ait grande différence.

Toutes les tables étaient dressées. Une bougie était allumée sur chacune d'elles, comme si l'on avait attendu une grande foule.

— Comme vous le savez sans doute, ce club a été construit par Crandall.

Mrs. Bridge, qui n'avait jamais entendu parler de cet architecte, comprit au ton de Van Metre qu'elle aurait dû savoir qui il était.

— Voyons, dit-elle en se touchant la joue, Crandall, c'est l'architecte du City Hall ? Je devrais pourtant le savoir. Ce nom m'est si familier.

Van Metre se tourna vers elle et, faiblement, esquissa un sourire.

— Je ne crois pas que ce soit Crandall qui ait construit le City Hall, India. Non, je ne crois pas. (Et après une pause il ajouta :) À quel sujet avez-vous entendu parler de lui ?

— Il a été cité dans l'affaire de l'U.S.H.A.[1], intervint inopinément Mr. Bridge.

— Vous avez raison, Walter, dit Van Metre. Mais ce n'est pas à cela que je pensais. Crandall a également construit la fameuse Penfield House.

Il examina les tables vides, puis en choisit une et, avec un geste de courtisan :

— Et maintenant, mesdames, si vous voulez bien…

Ils s'assirent autour d'une table ovale, près des portes vitrées qui donnaient sur la terrasse.

On voyait une piscine vide illuminée, un grand nombre de chaises à dossier de toile, un mât de pavillon et un sentier de gravier sinueux bordé de rochers blanchis à la chaux. Dans le lointain, au-dessus du mur sombre formé par les arbres, les lumières de la ville baignaient le ciel d'une lueur rose et froide.

— Quelle jolie vue ! s'exclama Mrs. Bridge.

— Vous êtes trop indulgente, répondit Van Metre en dépliant sa serviette. Il n'y a vraiment pas grand-chose à voir.

Il se tourna vers les cuisines et fronça les sourcils.

1. United States Housing Administration (ministère du Logement des États-Unis). *(N.d.T.)*

— Sincèrement, je trouve cette piscine ravissante, avec ces lumières, renchérit Mrs. Bridge.

— Ces rochers sont absurdes, objecta Susan Van Metre.

— J'avoue qu'ailleurs ils auraient peut-être l'air un peu chichiteux, mais vous ne trouvez pas qu'ici, à la campagne, ils font vraiment bien ? Ils donnent une note intime.

— Nous ne sommes pas précisément à la campagne, India, dit Van Metre.

Il s'éclaircit la voix et, se tournant sur sa chaise, fronça de nouveau les sourcils en direction de la cuisine.

— Je commence à me demander si nous allons avoir un garçon ce soir.

— Oh ! dit Mrs. Bridge, nous ne sommes pas pressés.

Van Metre fit claquer ses doigts, et le père et le fils Blackburn levèrent la tête.

— On ne mange pas, ce soir ? demanda Van Metre avec une pointe de jovialité.

Le père dit un mot à son fils, qui se leva et alla entrouvrir les portes-tambours ; il dut parler à quelqu'un dans la cuisine, car un serveur philippin apparut aussitôt, une serviette pliée sous un bras.

— Voyons, lui demanda Van Metre, que nous recommandez-vous ce soir ?

Le garçon répondit que le rôti de bœuf était particulièrement succulent.

— Qu'en dites-vous, India ? Walter ? Susan ? Rôti de bœuf, tout le monde ?

— *Mer*veilleux, minauda Mrs. Bridge.

— Quatre rôtis de bœuf, reprit Van Metre en étouffant un petit rire. On dirait que je commande quatre bœufs. Quatre animaux entiers ! (Il but une gorgée d'eau, enleva ses lunettes, et, les examinant dans la lumière, continua :) Je ne sais plus si je vous ai raconté ce qui m'est arrivé l'année dernière en Illinois, quand je suis rentré de ma saison de pêche annuelle.

— Mais non, je ne crois pas, répondit Mrs. Bridge, attentive. Que vous est-il arrivé ?

— J'étais allé pêcher avec Andrew Stoner.

Ses gros sourcils blancs se soulevèrent, manifestement interrogateurs.

Mrs. Bridge eut un réflexe rapide :

— Les conserves Stoner ?

— Non, non, dit-il en riant. Oh ! non ! Les conserves Stoner, mon Dieu, non ! (Tout en continuant de rire discrètement, il remit ses lunettes et Mrs. Bridge remarqua avec un léger malaise que les poils de ses sourcils touchaient les verres.) Celui-là, je le connais. Non, India, pas les conserves Stoner, absolument rien de commun, absolument rien. *Andrew* Stoner, pas John Stoner. Le mien est dans une affaire de blé d'hiver. D'ailleurs, vous devez le connaître.

— Un petit homme qui a une très jolie femme ?

— Ah ! vous pensez au docteur Max Hamm, qui porte des lunettes à monture dorée et parle avec un accent allemand.

— Alors, je ne crois pas connaître les Stoner.

— Je suis sûr que vous l'avez rencontré quelque part.

— Oh ! certainement. Je ne peux jamais me rappeler les noms.

— Après tout, il se peut que vous ne le connaissiez pas, dit Van Metre en se frottant le menton d'un air pensif, après quoi il but une autre gorgée d'eau. Maintenant que j'y pense, il me semble que la femme d'Andrew est morte avant que vous ne veniez vous installer ici. Et Andrew est parti pendant quelques années. (Il tourna la cruche à eau ; le dessin qui y était gravé semblait l'intéresser.) Enfin, quoi qu'il en soit, nous revenions de notre saison de pêche annuelle, et nous avons dû passer la nuit dans un petit hôtel de l'Illinois. À Gilman, je m'en souviens. Pas très loin de Pretoria.

Son expression se fit de nouveau inquisitrice.

— Je ne crois pas y être jamais allée. Ce doit être charmant.

Van Metre mit sa serviette devant sa bouche et toussa.

— Mon Dieu, India, je ne choisirais pas d'y habiter, continua-t-il. Toujours est-il que nous y avons passé la nuit avec Andrew. Quant à vous dire pourquoi, je vous avoue que j'en serais incapable. Vous pouvez être sûre que c'était par erreur.

— Voilà qui s'annonce bien terrifiant.

— Oh ! je n'irais pas jusque-là.

— Ce n'est pas exactement ce que je voulais dire, mais, vous savez, l'atmosphère de ces petits villages de campagne peut être si déprimante.

— Je n'appellerais pas Gilman un village de campagne.

— Je ne voulais pas dire tout à fait un village.

— C’est une vraie petite ville. Avec un bon nombre d’usines. Je ne serais même pas étonné que Gilman connaisse dans l’avenir une forte extension.

— Vraiment ? Ce doit être tout à fait différent de ce que j’imagine.

Wilhelm Van Metre considéra un instant la nappe, comme si quelque chose l’ennuyait.

— Nous avons donc passé la nuit à l’hôtel de Gilman. La chambre n’était pas inconfortable, d’ailleurs. Un peu petite, seulement. Nous descendions pour dîner lorsque Andrew me propose : « Wilhelm, on prend un verre ? » Moi, je réponds : « Bonne idée, Andrew, buvons quelque chose. » Nous décidons de prendre un Martini. Pourquoi un Martini, je vous avoue que je n’en sais rien. Le propriétaire de ce petit hôtel saurait-il seulement ce que c’est qu’un Martini ? Enfin, nous décidons d’essayer.

Mrs. Bridge, pensant qu’il devait s’agir de quelque redoutable Martini, dit :

— C’était évidemment risqué.

— Eh bien ! dit Van Metre en se renversant sur sa chaise et en tapant sur la table, ce Martini était le meilleur que j’aie jamais bu.

— Mais quelle surprise ce dut être pour vous !

Le garçon arrivait, poussant à travers la salle une table roulante, avec le rôti de bœuf sous une grande cloche d’argent. Il les servit, leur versa de l’eau et retourna à la cuisine. Ils commencèrent à manger.

— Ce rôti n’est pas assez cuit, remarqua Van Metre, agacé.

Mais Mrs. Bridge lui assura qu'il était exactement à son goût.

13. *Serviettes pour invités*

Chacun sait que les garçons sont plus difficiles que les filles, mais Mrs. Bridge commençait à trouver que Douglas était à lui seul plus difficile que ses deux filles réunies. Ruth, la silencieuse Ruth, ne posait jamais aucun problème, au point que Mrs. Bridge parfois s'en inquiétait, comme d'un fait peu naturel. Avec Carolyn, en revanche, ce n'étaient qu'accès de mauvaise humeur et d'égoïsme. Mais ce n'était rien en comparaison de Douglas. Non pas, si étrange que cela puisse paraître, qu'il provoquât les ennuis, mais tout en lui, pour ainsi dire, était problématique : il y avait toujours quelque chose à reprendre ou à surveiller. Il ne semblait d'ailleurs pas en avoir conscience, ou tout au moins s'en inquiéter. Chaque fois qu'elle le voyait, c'était ceci ou cela, il avait faim, il était sale, il était en retard, il avait les cheveux trop longs, ses vêtements étaient devenus trop petits pour lui, il saignait du nez, il venait de se couper, il avait perdu quelque chose, ou tout simplement il était débraillé. Elle n'y comprenait rien. Elle avait beau l'emmener à la Plaza pour lui acheter une autre culotte courte de velours côtelé, une semaine plus tard il rentrait avec un trou au genou. La consternation de sa mère le surprenait toujours et le peinait légèrement, mais, puisqu'il se sentait bien, pourquoi s'inquiéter ?

Il éprouvait envers les serviettes de toilette réservées aux invités une sorte d'hostilité. Mrs. Bridge le savait, mais comme les serviettes pour invités ne regardent pas les petits garçons, il n'y avait jamais eu de conflit entre eux à ce sujet. Elle en avait un certain nombre – de petites serviettes de couleurs pastel de chez Margab, les plus belles, de l'avis de toutes ses connaissances – et lorsqu'elle recevait elle en mettait quelques-unes dans chaque salle de bains ; les serviettes ordinaires étaient rangées à l'office. Elles étaient très petites, ces serviettes, à peine plus grandes qu'un mouchoir, et jamais personne n'y touchait, aussi, lorsque ses invités étaient partis, les enlevait-elle soigneusement des porte-serviettes et les remettait-elle dans la boîte jusqu'à la prochaine fois. Évidemment, si personne n'y touchait, c'est qu'elles étaient trop jolies. Les invités faisaient ce qu'elle faisait elle-même lorsqu'elle était en visite : ils s'essuyaient les mains avec un mouchoir en papier.

Un après-midi, après un déjeuner qu'elle avait donné, elle fit comme d'habitude le tour de la maison pour ramasser les fameuses serviettes et fut toute surprise de voir que l'une de celles qu'elle avait mises dans la salle de bains de Douglas avait été utilisée. Elle était, en fait, dégoûtante. Si sale qu'il ne pouvait y avoir de doute sur l'identité de celui qui s'en était servi. Elle trouva Douglas à califourchon sur un arbre du terrain vague. Autant qu'elle pouvait en juger, il ne faisait rien, il se contentait d'être assis dans l'arbre. Elle s'approcha donc et le questionna sur la serviette, qu'elle tenait à bout de bras. Baissant les yeux, il considéra la serviette d'un air pensif. Oui, il s'était essuyé les mains avec.

— Ces serviettes-là sont réservées aux invités, dit Mrs. Bridge et, inexplicablement, elle se sentit au bord des larmes.

— Alors, pourquoi ils s'en servent pas ? demanda Douglas, en contemplant les toits.

— Descends, quand je te parle. Je n'aime pas m'époumoner comme ça.

— Je t'entends très bien, dit Douglas en grimpant un peu plus haut.

Mrs. Bridge sentit qu'elle allait se mettre en colère et s'en voulut de se laisser troubler ainsi pour une bagatelle. Elle commençait en outre à se sentir un peu ridicule, brandissant une serviette sous un arbre et parlant à un interlocuteur invisible pour les voisins susceptibles d'observer la scène : elle ne voyait elle-même que deux chaussures de tennis et une jambe. Et puis, elle savait bien au fond que Douglas avait raison ; enfin, en partie raison. Mais tout de même, quand on a des invités, on met des serviettes pour eux dans les salles de bains. C'était ce que tout le monde faisait, c'était ce qu'elle faisait, et elle était bien décidée à continuer.

— Ils n'ont qu'à prendre leur mouchoir, estima Douglas d'un air maussade du haut de son perchoir.

— Ne t'occupe pas de ça, répliqua Mrs. Bridge. Dorénavant, tu me feras le plaisir de laisser ces serviettes tranquilles.

Nulle réponse ne vint de l'arbre.

— Tu m'entends ?
— Oui, répondit Douglas.

14. *En retard pour dîner*

Peu après l'affaire des essuie-mains, Douglas arriva en retard pour dîner, et il était à peine entré dans la salle à manger que Mrs. Bridge lui demanda des explications. Sur un ton dégagé, mais où perçait une note d'excuse, comme s'il s'était fait rouler, il annonça :

— On m'a déculotté.

— On t'a quoi ? s'écria Mrs. Bridge en saisissant sa serviette.

Elle en était à la moitié du repas. Voyant qu'il n'arrivait pas, elle avait décidé de se mettre à table avec les filles sans l'attendre. Quant à Mr. Bridge, il n'était pas encore rentré du bureau.

Douglas enjamba le siège de sa chaise comme il eût fait d'une haie et s'assit à califourchon. Cette habitude exaspérait sa mère ; il le savait, et elle savait qu'il le savait.

— Pourquoi fais-tu cela ? demanda-t-elle.

Elle était soulagée qu'il fût rentré, mais elle ne pouvait s'empêcher de le gronder maintenant qu'elle le savait sain et sauf.

— Pourquoi je fais quoi ?

— Tu le sais parfaitement.

Quand ils discutaient de sa façon de s'asseoir sur sa chaise, il expliquait qu'il s'y prenait ainsi pour ne pas user le tapis : s'il tirait sa chaise chaque fois, cela finirait bientôt par y faire une marque, et on lui répétait tout le temps d'être plus soigneux avec le mobilier. L'argument était bien connu dans la famille.

— Allons, dit Mrs. Bridge en remettant sa serviette sur ses genoux et en beurrant un toast chaud, recommençons depuis le début.

Mais à peine avait-elle parlé qu'elle le regretta.

— Ils m'ont déculotté, répéta Douglas allégrement.

— Qu'est-ce que tu racontes ?

— Ben oui, quoi, ils m'ont enlevé ma culotte. Et puis ils l'ont lancée sur le toit du garage Goldfarb.

— Qui ça, « ils » ? demanda-t-elle en posant son toast sur la table.

Carolyn, qui imitait souvent sa mère, cessa de manger et arbora un air sévère. Ruth continua tranquillement son dîner.

— Ben, poursuivit Douglas, les garçons. Tu sais, Tim, et Louie, et les autres.

— Mais pourquoi ça ?

— Sais pas.

La conversation ne l'intéressait pas beaucoup. Il commença à se servir de tout ce qui se trouvait sur la table et à édifier dans son assiette un monticule qui, tout en dépassant légèrement les limites de la décence, n'était cependant pas de taille à déchaîner les foudres de sa mère. Il se rendait parfaitement compte qu'elle observait la construction de l'édifice.

— Enfin, pour l'amour du ciel, ils devaient bien avoir une raison ! Tu n'avais rien fait pour les provoquer ?

— Rien. On était juste en train de faire de la lutte dans l' terrain vague. On était les uns sur les autres, tu sais, et moi j'étais en dessous, alors tout d'un coup ils ont décidé de me déculotter, c'est tout.

Il était occupé à se servir de sauce : il avait construit un barrage semi-circulaire de purée, et la sauce représentait le lac.

— Ça suffit, tu m'entends ?

D'un air triste, il reposa la saucière et chercha autre chose.

— Comment peut-on avoir l'idée de faire une chose pareille ? continua-t-elle, un peu comme si elle se parlait à elle-même.

— Ben, ils avaient envie d' déculotter quelqu'un, j' suppose, expliqua Douglas de bonne grâce, alors comme j'étais en d'ssous, voilà. Y a quinze jours, on a déculotté Eliot Hoff, il criait comme un putois.

— Allons, allons, ça suffit, dit Mrs. Bridge. L'incident est clos.

— Et comment tu as fait pour rattraper ta culotte ? demanda Carolyn.

— Oh, j'ai grimpé au poteau du téléphone. Y a un gros câble qui va sur le toit du garage Shafer, alors j'ai été dessus et puis j'ai sauté sur le toit du garage Goldfarb. (Il devenait loquace.) Quand on les regarde comme ça, ils ont l'air tout près l'un de l'autre, mais quand on y est, j' t'assure que c'est plus pareil. J'ai bien cru que j'y arriverais pas. Tu me vois, là-haut, comme le type sur son trapèze, sans culotte et…

— Ça suffit ! interrompit Mrs. Bridge en le regardant droit dans les yeux.

— Ben…

— C'est fini.

— Bon, bon, marmonna-t-il, et d'un geste brusque il s'empara de la saucière.

15. *Nouvelles de vacances*

Le 15 de chaque mois paraissait le *Tattler*. C'était un magazine publié dans le quartier sud de Kansas City, en livraisons très minces, seize pages sur papier glacé, mais de grand format : la moitié d'un journal environ. La typographie, pour des raisons connues du seul éditeur, était de style 1910. Le *Tattler* était le journal mondain de Kansas City : il donnait les photographies des jeunes mariées de la bonne société, des personnalités reçues par la grande bourgeoisie de la ville, des abonnés, ainsi que de longues listes de noms où figuraient tous ceux qui, de quelque manière, avaient participé à la vie mondaine du mois. Ces énumérations étaient si longues que l'éditeur estimait nécessaire de les diviser en paragraphes et de les égayer de temps à autre d'une petite description.

Voici un exemple entre mille :

Rencontré mardi dernier, faisant honneur à l'exquis buffet délicieusement servi dans leur résidence de Lane Terrace par Mr. et Mrs. Bob Brewers (Mrs. née Nancy Page, de Santa Barbara, Californie), Humboldt Aupp Jr, Buzz Duncan au bras de sa charmante invitée de Dixie, Lola Anne Sharpe dans une étourdissante robe cramoisie à corsage de résille, Nathalie Blakely, Gordon A. Spencer III venu de Yale passer les fêtes de Noël, Jo Power accompagnée de sa belle-sœur de Gotham, Mrs. Andrew Koeppel, et de son mari (le nouveau président du conseil d'administration de Koeppel, Koeppel and Ingle), les jumelles McKinney, indiscernables l'une de l'autre dans leurs robes safran n'étaient le scintillement au bras de Wendy d'un bracelet de strass et l'assiduité auprès d'elle du séduisant lieutenant Hal Graves ; enfin, dans une somptueuse toilette de taffetas rose coquillage constellée de sequins, Mrs. Albert Tate, suspendue aux lèvres de Mrs. Russ Arlen racontant sa villégiature aux Bermudes.

Suivaient une liste d'une trentaine de noms, la description de la salle de jeux, puis d'autres noms encore.

Le *Tattler* ne manquait pas de mentionner Mr. et Mrs. Bridge chaque fois qu'ils participaient à un événement mondain de quelque importance, et il publiait de temps à autre leur portrait. La photographie la plus mémorable de Mrs. Bridge fut prise un été dans le Colorado. Elle avait toujours aimé les chevaux et montait assez souvent avant son mariage, mais ses activités sportives s'étaient considérablement ralenties depuis quelques années : elle avait un peu grossi et craignait qu'en culotte sa silhouette ne fût plus, sous certains angles, ce qu'elle avait été. Au moment où la photo fut prise, elle n'était pas montée depuis environ dix ans, le cheval venait malheureusement d'éternuer et il avait encore la tête entre les boulets ; Mrs. Bridge, partagée entre l'animal et le photographe, était penchée sur l'encolure de sa monture et son sourire trahissait son inconfort. *Mrs. Walter G. Bridge*, expliquait la légende, *n'aime rien tant qu'un léger galop sur l'allée cavalière de Rocky Point Lodge, Estes Park, Colorado, où elle passe l'été en compagnie de son mari et de ses enfants*.

16. *Question de goût*

À l'approche de Noël, le *Tattler* publiait les photographies des illuminations des magasins de la Plaza et de quelques maisons du quartier du Country Club dont la décoration était particulièrement réussie. Ces décorations de Noël jouissaient d'une grande vogue et Mrs. Bridge les appréciait elle-même beaucoup, tout en se retrouvant placée face au dilemme suivant : se faire remarquer en n'en mettant pas assez, ou se faire remarquer en en mettant trop. Le moins qu'elle pouvait faire était évidemment de suspendre à la porte d'entrée une grande couronne ; le plus qu'elle pouvait se permettre était une demi-douzaine de décorations en comptant l'arbre de Noël. D'année en année, elle prit l'habitude de s'en remettre au jugement de Carolyn, qui lui semblait meilleur que celui de Ruth ou de Douglas, encore qu'elle prît grand soin de garder pour elle cette opinion.

Chaque année, donc, la maison des Bridge arborait un air de fête discret. Une guirlande d'ampoules vertes éclairait le petit sapin près du porche d'entrée, une couronne décorait chacune des fenêtres du premier étage, et une grande couronne garnie de rubans rouges et d'un bouquet de clochettes était suspendue au marteau de la porte d'entrée. L'arbre de Noël était dressé dans un coin du salon, loin de la cheminée ; on coupait les extrémités des branches supérieures, ou tout au moins on les recourbait, pour éviter les taches sur le plafond, et un drap de lit enroulé autour de la base masquait les fils de fer qui maintenaient l'arbre droit. Les cadeaux étaient disposés sur le drap, sauf les plus petits qui étaient attachés aux grosses branches. L'arbre lui-même était garni de paillettes, de bonbons à la menthe, de pop-corn, de bougies électriques et de petits éléments de décoration si fragiles qu'il fallait chaque année en renouveler quelques-uns. Sur la cheminée, près d'une crèche de plastique, des anges aux grandes bouches peintes tenaient un livre de cantiques à la main ; le dessus de la cheminée était jonché des petites branches de sapin coupées au sommet de l'arbre, avec un petit peu de coton par-ci par-là pour imiter la neige.

Pendant les vacances de Noël, Mrs. Bridge emmenait les enfants en auto voir les décorations des autres maisons. Un jour, ils arrivèrent devant un bungalow bon marché avec un Père Noël en bois grandeur nature découpé sur le toit, six rennes dans la cour, des bougies à chaque fenêtre, et près de la porte d'entrée un énorme gâteau de fête en carton avec une bougie. On lisait sur le gâteau : *Bonne fête, petit Jésus*.

— Mon Dieu, dit Mrs. Bridge d'un air pensif, quelle exagération ! Ce doit être des Italiens.

17. *Adieu, Alice*

Alice ne venait plus qu'une fois par mois environ, bien que son père continuât de venir chaque samedi travailler chez les voisins. Elle passait la matinée avec Carolyn, et à midi repartait seule par le tram.

Elles avaient des conversations confidentielles, la plupart du temps dans la chambre de Carolyn, ou plus exactement dans la chambre que celle-ci partageait avec Ruth. Ruth était rarement à la maison le samedi, personne ne savait où elle allait. Alice Jones et Carolyn fermaient donc la porte de la chambre et causaient à voix basse, voire en chuchotant, de l'école, de leurs robes, de leurs amis, des garçons, de la façon dont elles élèveraient leurs enfants.

— Combien tu en auras ? demanda Carolyn.

— Onze, avança Alice d'un ton ferme.

— Oh ! là là ! s'affola Carolyn. Tu vois grand !

— Qu'est-ce que tu racontes ? s'étonna Alice. Tu en auras combien, toi ?

— Deux, je crois. Ça fait une gentille petite famille.

Un samedi, à déjeuner, peu après qu'Alice fut partie prendre son tram, Carolyn dit à sa mère que son amie l'avait invitée pour une petite fête le samedi suivant.

— C'est très gentil de sa part, répondit Mrs. Bridge en piquant dans sa salade de fruits une rondelle de banane, puis une feuille de laitue, avec une fourchette à dessert en argent. Où aura lieu cette petite fête ?

— Chez elle.

— Et où habite-t-elle ?

— Entre Thirteenth et Prospect.

Mrs. Bridge prit un couteau à dessert en argent et coupa un morceau de pêche qui était trop gros pour une bouchée. Elle ne s'était jamais aventurée du côté de Thirteenth ni de Prospect, mais elle savait que c'était un quartier très coloré.

— Je pourrai y aller, maman ?

Mrs. Bridge sourit affectueusement à sa fille.

— À ta place, ma chérie, je crois que je n'irais pas.

18. *Ne jamais parler aux étrangers*

Il faut toujours faire attention avec les gens que l'on ne connaît pas. Mrs. Bridge ne voulait certes pas être impolie, mais enfin, comme son mari le lui avait maintes fois rappelé et comme l'attestaient les journaux, il y a de tout dans le monde, et c'était là une des raisons pour lesquelles elle ne voulait pas que Carolyn allât courir dans le quartier nord de la ville.

Quelque temps après avoir décliné l'invitation d'Alice, Mrs. Bridge faisait des courses en ville. Elle prêtait fort peu d'attention aux personnes qu'elle croisait, lorsqu'elle se rendit compte qu'un homme la fixait. Elle ne put s'empêcher de lui lancer un coup d'œil. Tout ce qu'elle en vit fut qu'il devait avoir la quarantaine et était plutôt bien habillé. Elle tourna la tête aussitôt et se dirigea vers un autre comptoir. L'homme la suivit.

— Bonjour, commença-t-il en souriant et en touchant le bord de son chapeau.

Mrs. Bridge prit peur et chercha autour d'elle qui pourrait lui porter secours.

L'inconnu rougit et eut un petit rire gêné.

— Henry Schmidt, dit-il. (Puis, après un silence :) Le mari de Gladys Schmidt.

— Ô mon Dieu ! s'écria Mrs. Bridge, je ne vous avais pas reconnu !

Ils causèrent pendant quelques minutes. Il avait vu Ruth sortir du cinéma la semaine précédente : elle devenait une vraie beauté, lui assura-t-il, et Mrs. Bridge le remercia. Finalement, il souleva son chapeau et prit congé.

— J'ai été tellement heureuse de vous voir, fit-elle. Dites mille choses à Gladys pour moi. Il faut absolument que nous nous voyions un de ces soirs.

19. *Grace Barron*

Grace Barron était une énigme, une troublante énigme. Elle habitait le quartier du Country

Club, car Virgil était banquier, et pourtant elle ne semblait pas s'y plaire. Mrs. Bridge n'arrivait jamais à comprendre parfaitement ce que Grace Barron voulait, critiquait ou disait.

« India, lui avait-elle confié un jour, je n'ai jamais été nulle part, je n'ai rien fait ni rien vu. J'ignore comment vivent les autres, ce qu'ils pensent, ce qu'ils croient. Avons-nous raison ? Ce que nous croyons, est-ce la vérité ? »

À une autre occasion, comme Mrs. Bridge la complimentait gentiment sur son intérieur, Grace avait répondu : « Virgil a dépensé cinquante mille dollars dans cette maison. » Elle ne disait pas cela pour se vanter ; c'était l'expression d'un mécontentement.

Quand Mrs. Bridge participait à un déjeuner, à une réunion de l'Auxiliaire[1] ou à un cocktail, elle discutait du statut du comité, d'argenterie ancienne, de Royal Doulton ou de Wedgwood, du prix de la margarine par rapport à celui du beurre, de la longueur des jupes la saison prochaine. Mais depuis que Grace appartenait au même cercle, elle était complexée et cherchait quoi dire car Grace parlait art, politique, astronomie ou littérature. Après une telle conversation, Mrs. Bridge se sentait mal à l'aise et confuse. En rentrant chez elle, elle pensait à ce qu'elle aurait dû ou pu dire, au lieu de se contenter de sourire et de répondre : « C'est affreux », ou bien : « Mais oui, il me semble que vous avez tout à fait raison. »

1. Il s'agit d'un club féminin. *(N.d.T.)*

Un jour qu'elle parlait de Grace Barron à son mari, Mr. Bridge lui lança un regard par-dessus son journal :

— Demande-lui donc la tête qu'elle ferait si sa fille épousait un Noir…

— Tu sais bien qu'ils n'ont qu'un fils, répondit Mrs. Bridge, sur la défensive. (Elle se rendit aussitôt compte que sa remarque était stupide et s'empressa d'ajouter :) Je suppose qu'elle n'est pas si émancipée, mais…

— Si tu ne me crois pas, demande-lui, tu verras ce qu'elle te répondra.

— Mon Dieu, dit Mrs. Bridge en prenant le dernier *Tattler*, changeons de conversation. Je n'avais nullement l'intention de t'agacer.

Mrs. Bridge n'en continua pas moins de penser à Grace et à bien des choses qu'elle lui avait dites. Elle était si différente des autres. Elle l'avait rencontrée pour la première fois un après-midi d'octobre de l'année précédente ; c'était d'ailleurs le jour du premier raid aérien des Italiens sur l'Éthiopie. À Kansas City, le soleil brillait, les feuilles retrouvaient leur couleur automnale ; il faisait un temps superbe. Les Barron venaient d'acheter une très grande maison de style colonial près de Meyer Circle. Madge Arlen, dont le mari était allé au lycée avec Virgil Barron, devait passer chez eux dans l'après-midi pour faire leur connaissance. Mrs. Bridge l'accompagna. Dans la rue, près de la maison, une bande de gamins jouaient au football. Grace Barron devait être sortie, car personne ne vint ouvrir. Elles s'apprêtaient donc à repartir lorsque l'un des gamins arriva en courant. Il s'arrêta pour renvoyer d'un coup de pied le ballon à ses camarades, s'élança au-dessus d'un parterre de fleurs en poussant un cri et en agitant les bras, et continua sa course sur la pelouse.

— Ce doit être son fils, observa Madge Arlen.

— Eh bien ! si elle le voit sauter comme cela par-dessus ses fleurs ! dit Mrs. Bridge.

Elles le regardaient approcher, d'un œil légèrement critique. Il portait un sweat-shirt ample, des blue-jeans délavés, des chaussures de tennis sales et une casquette de base-ball. Il était mince, gracieux, à peu près de la même taille que Douglas ; lorsqu'il fut plus près, elles virent ses taches de rousseur et son nez retroussé. Il riait et haletait.

— Hello ! cria-t-il, et elles s'aperçurent alors que ce n'était pas un garçon, mais Grace Barron.

Mrs. Bridge se rappelait avec la même précision un soir où elle était allée à un concert en plein air avec Grace. La musique avait toujours été l'une des choses auxquelles Mrs. Bridge regrettait de ne pas être mieux initiée, aussi avait-elle été enchantée, bien qu'un peu surprise, quand Grace, qu'elle connaissait à peine, lui avait téléphoné un soir pour lui demander si elle voulait venir entendre un concert dans le parc. Elles s'assirent sur des fauteuils pliants et écoutèrent la musique. Ce fut pour Mrs. Bridge une expérience entièrement nouvelle. Le concert terminé, tandis que les musiciens rangeaient leurs instruments et que le chef d'orchestre signait des programmes, Grace proposa qu'elles se retrouvent pour le prochain concert.

— Quelle bonne idée ! s'écria Mrs. Bridge. Quand est-ce ? (Et lorsque Grace lui indiqua la date, elle dit avec regret :) Ô mon Dieu, les Noel Johnson nous ont demandé de venir prendre un verre ce soir-là, je…

— Tant pis, interrompit Grace. Je sais bien ce que c'est.

Un après-midi, elles s'étaient rencontrées en ville. Mrs. Bridge, qui avait entendu à la radio une réclame intéressante pour des plats à mettre au four et avait renoncé à les acheter après les avoir vus, se promenait un peu au hasard dans le magasin lorsqu'elle aperçut Grace Barron les yeux fixés sur un curieux objet – un système de petites clochettes d'argent tournant autour d'un bougeoir délicatement travaillé.

— Que c'est charmant ! dit Mrs. Bridge en regardant l'étiquette. Mais vraiment, le prix…

— Je me sens comme ces clochettes, dit Grace. Voyez-vous pourquoi elles tournent, India ? Le voyez-vous ? Grâce à la chaleur de la flamme. Ce que je veux dire, c'est que… oh ! je ne sais pas. Simplement, que le cercle est si étroit.

Elle se remit à considérer l'objet qui tournait lentement en émettant un faible tintement exquis.

20. *Que se passe-t-il, señora Bridge ?*

Mrs. Bridge avait depuis longtemps envie d'apprendre l'espagnol, et elle disait souvent à ses amies combien elle regrettait de ne pas l'avoir étudié en classe. Les enfants lui offrirent donc pour son anniversaire des disques où se trouvait enregistré un soporifique dialogue entre le señor Carreño, madrilène, et la señora Brown, une touriste américaine. Une brochure joliment présentée accompagnait les disques : elle donnait les instructions nécessaires et faisait quelques suggestions. Mrs. Bridge fut enchantée du cadeau et dit avec esprit qu'elle commencerait ses leçons *mañana*.

Malheureusement, le lendemain elle fut occupée, le surlendemain aussi, à cause d'une réunion de parents et de professeurs à l'école, puis le jour suivant également. Tant et si bien qu'un mois passa sans qu'elle pût trouver le temps de commencer ses leçons d'espagnol. Enfin un matin elle résolut de s'y mettre. Après avoir aidé Harriet à faire la vaisselle du petit déjeuner, elle chercha les lunettes qu'elle mettait pour lire et s'assit dans le salon afin d'examiner la brochure. Cela ne semblait vraiment pas difficile, et plus elle lisait plus elle était absorbée. Les instructions étaient claires : elle n'avait qu'à suivre attentivement le dialogue, puis, dans le silence ingénieusement ménagé après chaque intervention de la señora Brown, répéter ce qu'elle avait dit.

Elle plaça donc le premier disque sur le plateau et régla le son assez bas pour que le facteur ou un livreur ne l'entendent pas : ils la prendraient pour une folle. Puis elle s'assit sur le sofa, bien en face de l'appareil, la brochure à la main en cas de nécessité.

— *Buenos días, señora Brown*, commença le disque avec à-propos. *¿ Cómo está usted ?*

— *Buenos días, señor Carreño*, répondit la señora Brown. *Muy bien, gracias. ¿ Y usted ?*

Le disque attendit Mrs. Bridge, qui, craignant qu'il ne reprît avant qu'elle eût le temps de parler, se contenta de se pencher en avant, les lèvres entrouvertes. Elle se leva, alla vers le phonographe, souleva l'aiguille et la remit au début du disque.

— *Buenos días, señora Brown. ¿ Cómo está usted ?*

— *Buenos días, señor Carreño*, répondit une fois encore, avec la même bonne grâce, la señora Brown. *Muy bien, gracias. ¿ Y usted ?*

— *Buenos días, señor Carreño*, répéta Mrs. Bridge avec une assurance croissante. *Muy bien, gracias. ¿ Y usted ?*

— *Muy bien*, dit le señor Carreño.

Harriet annonça que Mrs. Arlen était au téléphone. Mrs. Bridge posa la brochure sur le sofa et alla dans la petite salle à manger où se trouvait le téléphone.

— Hello, Madge. Je voulais justement vous appeler pour vous dire que l'on a changé l'heure du déjeuner de l'Auxiliaire, vendredi prochain. Ce n'est plus midi et demi, c'est une heure. Vraiment, elles auraient pu se décider plus tôt.

— Charlotte me l'a dit hier. Vous savez que Grace Barron est au lit avec la grippe ?

— Non, vraiment ? Quelle malchance, la pauvre.

— Quand ce n'est pas une chose, c'en est une autre. Elle est couchée depuis deux jours. Je sors lui porter un peu de limonade et j'ai pensé que vous aimeriez peut-être venir avec moi. Je ne resterai qu'un quart de seconde. Il faut que je sois chez le coiffeur à onze heures.

— C'est que je suis en pantalon. Vous sortez tout de suite ?

— Dès que la blanchisseuse sera là. Cette fille ! Elle devrait être là depuis des heures. Vraiment, je vous assure, je suis au bout du rouleau.

— Ne me dites pas que vous avez les mêmes ennuis. Je me dis quelquefois qu'elles le font exprès pour mettre les gens hors d'eux. Je viens d'en prendre une nouvelle ; elle travaille bien, d'ailleurs, mais elle est d'une indépendance !

— Ah ! fit Madge Arlen, d'une voix lointaine comme si elle avait tourné la tête, la voilà. Mon Dieu, qu'est-ce qui va encore se passer ?

— Bon, je monte vite me changer, dit Mrs. Bridge. Après tout, le jardin attendra jusqu'à demain.

Après avoir informé Harriet qu'elle serait chez Mrs. Barron si quelqu'un l'appelait, elle se dirigea vers l'escalier.

— *¿ Qué tal, señora Brown ?* s'enquit le disque.

Mrs. Bridge se précipita dans le salon, arrêta le phonographe et monta.

21. *Les Leacock*

L'arrivée de nouveaux voisins ne manquait jamais d'alimenter les conversations. Avec le temps, on les connaissait mieux et naturellement ils perdaient de leur attrait. Les Leacock, en revanche, semblaient chaque jour plus surprenants. La famille se composait du docteur Gail Leacock – docteur, non en médecine, mais d'université ; il était professeur adjoint de psychologie –, de sa femme Lucienne, que l'on disait fort riche, et de Tarquin. Tarquin avait à peu près le même âge que Douglas, mais là s'arrêtait la ressemblance. Le bruit courait que Tarquin avait un Q.I. de 185. Mrs. Bridge n'avait pas la moindre idée du Q.I. de Douglas, et elle n'avait pas particulièrement envie de le faire « tester » – non qu'elle le crût bête, mais il était parfaitement capable de faire exprès de répondre de travers. La divergence des cerveaux de Douglas et de Tarquin, quelle qu'elle pût être, n'était que le point focal de la différence qui les séparait ; en bref, ils étaient comme chien et chat.

Le docteur Leacock, comme la majorité des maris, se montrait peu dans la journée, mais Mrs. Leacock et Tarquin aimaient rendre visite à leurs voisins, et quelques semaines après leur arrivée il était évident que, pour une raison quelconque, ils avaient pris Mrs. Bridge en amitié. Bien qu'un peu déconcertée par les idées progressistes de Lucienne Leacock et un peu effrayée par l'assurance de Tarquin, Mrs. Bridge ne pouvait s'empêcher d'être légèrement flattée de se voir l'objet de tant d'attentions.

Un après-midi où ils buvaient tous les trois du thé glacé sur la véranda, Douglas arriva d'un pas traînant. Il rentrait d'une partie de base-ball, pieds nus – ses souliers, dont il avait noué les lacets, pendaient à son cou et les pointes lui heurtaient la poitrine –, et il croquait une pomme ; lorsqu'il fut un peu plus près, on vit qu'il essayait de manger cette pomme sans se servir de ses mains, se tordant le cou et faisant mille grimaces. Il ne s'aperçut de la présence des visiteurs qu'après avoir ouvert la moustiquaire. Il s'arrêta net, regarda d'abord Tarquin, puis Mrs. Leacock, puis sa mère, puis de nouveau Tarquin. Sans aucun doute possible – Mrs. Bridge elle-même le vit –, la lèvre supérieure de Tarquin se plissa dans un ricanement. Tranquillement, Douglas ôta la pomme de sa bouche, et d'une voix basse, sur un ton où l'hostilité n'était guère dissimulée, déclara :

— Dis donc, tu veux mon poing dans la gueule ?

Mrs. Bridge plaçait la politesse au même plan que la propreté, l'honnêteté, l'économie, la considération et autres qualités du même ordre ; elle avait enseigné à ses enfants d'être courtois quoi qu'il arrive, et Douglas ne l'avait jamais déçue sur ce chapitre, malgré son esprit rebelle. Elle savait qu'il n'aimait pas être poli avec les invités, mais il l'était néanmoins ; en fait, bien qu'il grognât plus souvent que ses sœurs, elle avait remarqué non sans surprise que ces dernières risquaient plus facilement que lui d'être mal élevées. Il faisait de réels efforts pour être aimable, et elle savait qu'il lui en coûtait. Il s'était si bien tenu ces temps derniers qu'elle fut donc stupéfaite de sa conduite envers Tarquin, ainsi que de l'antagonisme que manifestait maintenant toute son attitude : debout devant la moustiquaire, il serrait les poings et penchait la tête en avant. Elle était si abasourdie que pendant quelques secondes elle ne put prononcer un mot. Dès qu'elle se fut reprise, elle voulut se lever, mais Mrs. Leacock, qui depuis l'arrivée de Douglas le regardait en souriant d'un air un peu grave, l'en empêcha.

— Et ensuite, Doug, qu'est-ce que tu ferais ? dit Mrs. Leacock. Dis-nous un peu.

Douglas la regarda alors longuement, d'un air sinistre. Il y avait des années que Mrs. Bridge n'avait reçu un tel choc. Sans un mot, comme s'il n'y avait eu personne dans la véranda, Douglas remit la pomme dans sa bouche, sortit lentement à reculons et disparut au coin de la maison.

— Mon jeune ami – Mrs. Bridge agitait furieusement son index dans sa direction lorsqu'elle le trouva assis sur les poutres du garage après le départ des Leacock –, je ne sais pas quelle mouche t'a piqué et d'ailleurs je ne veux pas le savoir, mais tu peux être sûr que tu vas avoir des nouvelles de ton père quand il va rentrer.

Douglas sauta sur une autre poutre et examina un nid de guêpes dans un coin.

— Enfin, qu'est-ce qui t'a pris de te conduire de cette façon ? demanda Mrs. Bridge, aussi désemparée qu'humiliée.

Douglas marmonna quelque chose qu'elle ne put comprendre.

— Cela m'est tout à fait égal que tu l'aimes ou que tu ne l'aimes pas, continua-t-elle, supposant qu'il avait fait allusion à Tarquin. Quand nous avons des invités, j'entends que tu te tiennes correctement. Qu'est-ce que tu dirais si nous étions chez eux et si Tarquin se tenait comme tu viens de le faire ?

— Je n'ai pas l'intention d'aller chez eux, répondit-il en continuant de regarder le nid de guêpes.

— Quoi qu'il en soit, dit Mrs. Bridge après un silence, je n'ai jamais eu aussi honte de ma vie.

Douglas regrettait d'avoir embarrassé sa mère, mais il ne pouvait le lui dire. Les bras étendus pour conserver son équilibre, il commença à marcher le long de la poutre.

— Tu vas tomber et te casser les reins, dit Mrs. Bridge.

Douglas ne répondit pas. Tout à coup, il vacilla légèrement, et Mrs. Bridge eut le souffle coupé : il avait seulement voulu l'effrayer, mais il avait véritablement perdu l'équilibre et avait eu peur lui-même. Il se rassit et balança ses jambes dans le vide.

— La prochaine fois qu'ils viendront, tu surveilleras tes manières, c'est entendu ?

Elle avait pris le ton le plus sévère dont elle était capable, mais elle avait déjà compris qu'en un sens c'était lui qui avait le dessus.

Il émit un vague son affirmatif. Sans doute était-il inutile d'espérer en tirer rien d'autre, au moins pour l'instant, et elle repartit en réfléchissant à la violence de la réaction de son fils. Tarquin, c'est vrai, avait été extrêmement grossier de ricaner ainsi, et Mrs. Bridge, d'ailleurs, ne l'aimait pas non plus. Mais elle n'en était pas moins déconcertée par l'extraordinaire hostilité manifestée par Douglas, et elle s'inquiétait de l'avenir.

Les Leacock continuèrent à venir une ou deux fois par mois sans s'annoncer, Tarquin toujours avec un livre à la main. Douglas devait les sentir approcher, car il disparaissait régulièrement quelques minutes avant leur arrivée et demeurait introuvable jusqu'à leur départ. Mrs. Bridge avait beau désapprouver certaines des choses que Tarquin disait ou faisait, elle ne pouvait s'empêcher d'être impressionnée par sa prestance.

L'éducation progressiste était l'un des sujets de conversation favoris de Lucienne Leacock ; la politique venait en second. Mrs. Bridge, elle, n'était guère experte en ces matières. Mrs. Leacock était socialiste et votait démocrate parce que, disait-elle, « nous autres, pauvres socialistes, n'avons jamais eu notre chance ». Mrs. Bridge n'avait jamais rencontré de socialistes et peu de démocrates – toujours des modérés, d'ailleurs –, et se sentait un peu coupable lorsque sur la véranda ou dans le salon elle écoutait Mrs. Leacock vilipender les conservateurs.

Quant aux méthodes de l'instruction publique, Mrs. Leacock ne pouvait en parler sans blasphémer, et à chaque parole Mrs. Bridge se sentait défaillir intérieurement. Tout comme les socialistes, les enfants surdoués n'avaient jamais eu leur chance. Le système était axé sur la médiocrité bourgeoise. Tarquin, on l'aurait aisément deviné, fréquentait une école privée, et, bien qu'il n'eût jamais mis les pieds dans un lycée, ses attaques contre l'instruction publique n'étaient pas moins brillantes que celles de sa mère. Il semblait mépriser tout particulièrement le lycée de Douglas. Mrs. Leacock l'écoutait avec une expression profonde et intense, puis reprenait ses arguments en des termes plus énergiques.

L'éducation progressiste avait développé chez Tarquin un sens profond de l'individualité, et certaines de ses réactions étaient si surprenantes que Mrs. Bridge en perdait l'usage de la parole. Dans la roseraie, un après-midi d'avril, Mrs. Leacock renversa tout à coup la tête en arrière, éclata d'un rire qui tenait du hennissement puis fixa Mrs. Bridge d'un regard pénétrant.

— Impayable ! dit-elle. Il faut que je vous raconte cela. Il y a deux ans, nous habitions, voyons, New Haven ?

Elle regarda Tarquin pour vérifier si sa mémoire était fidèle.

— New Haven, dit Tarquin avec un large sourire.

— Ce petit monstre nous a fait une de ces colères, mais une de ces colères ! Il a tout simplement mis le feu au garage.

— J'ai pris de l'essence, dit Tarquin d'un air indifférent en effeuillant l'une des plus belles roses de la roseraie. J'aurais mieux fait de prendre du kérosène.

Mrs. Bridge repensa souvent à cet après-midi. D'un côté, les Leacock n'avaient pas eu l'air de plaisanter ; mais, d'un autre côté, comment admettre que Tarquin pût être aussi irréfléchi ? Intriguée, mal à son aise, elle ne savait en vérité quels sentiments éprouver envers les Leacock ; lui arrivait-il de les trouver carrément antipathiques, un instant après elle en avait honte. Si seulement Tarquin n'avait pas juré ! Mrs. Bridge détestait la profanation. Elle avait toujours considéré la chose comme non seulement vulgaire mais encore inutile, et elle était désolée de voir que Lucienne Leacock encourageait son fils à jurer. De plus, Tarquin fumait la cigarette et restait debout le soir aussi longtemps qu'il lui plaisait. Ce n'était tout de même pas une grande personne que ce garçon – ce grand garçon à la démarche traînante, bien en chair, haut en couleur, le visage couvert de taches de rousseur, les lèvres humides et rouge foncé. Ses yeux étaient vifs et rusés, vitreux, d'un brun jaunâtre et intelligents comme ceux des chiens. Tout ce qu'elle pouvait faire, c'était le regarder droit dans les yeux. Hélas, elle savait qu'il s'en rendait compte et s'en délectait. Il prenait évidemment plaisir à saisir et à retenir son attention jusqu'à ce qu'elle pût à peine se retenir de frissonner.

— Voyons, si tu racontais à India ce que tu as dit hier à ton professeur de sciences ? suggéra Mrs. Leacock, qui aurait eu l'air d'une écolière avec ses mocassins, ses chaussettes blanches de gymnastique, sa chemise ample et son chandail, si son visage n'avait été chiffonné et ridé comme celui d'une très vieille femme.

— Écoute, Lucienne ! Que puis-je affirmer à propos d'un homme si insipide ?

Et d'un air las il tira une bouffée de sa cigarette.

Mrs. Bridge était à la fois fascinée et exaspérée lorsqu'elle le voyait prendre une cigarette ; cela dépassait son entendement.

Douglas avait beau être introuvable chaque fois que Mrs. Leacock et Tarquin étaient là, il ne devait pas être loin, car un soir où il avait une discussion avec son père à propos de son argent de poche, il laissa échapper :

— C'est vrai, quoi, comment veut-on que je m'affirme avec cinquante malheureux cents par semaine ?

— Qu'est-ce que tu racontes ? demanda Mr. Bridge en baissant le journal au travers duquel il avait mené la discussion.

— Il faut bien que je m'affirme, non ?

— T'affirmer ? répéta Mr. Bridge en regardant son fils d'un air surpris.

— C'est ce que fait Tarquin, il s'affirme chaque fois qu'il en a envie.

Mr. Bridge et Douglas se scrutèrent l'un l'autre pendant un instant, l'un stupéfait, l'autre provocant, tandis que Mrs. Bridge attendait avec une légère inquiétude ce qui allait se passer.

— Tu t'affirmeras quand je te le dirai, répondit calmement Mr. Bridge, qui secoua son journal et reprit sa lecture.

22. *Victime des circonstances*

Il y avait dans le quartier un autre adepte de la personnalité affirmée : un garçon un peu plus âgé que Tarquin Leacock ; Douglas l'évitait avec le même soin, quoique pour des raisons différentes. Il s'appelait Peters. C'était une brute.

Un soir, Douglas rentra alors que la nuit était tombée depuis longtemps. Il était épuisé et d'une saleté repoussante, ce qui en soi n'avait d'ailleurs rien d'extraordinaire.

— Où étais-tu ? s'écria Mrs. Bridge en se précipitant vers lui dès qu'il pénétra dans la maison. Nous t'avons cherché partout. J'allais téléphoner à la police.

— C'est la faute de ce salaud de Peters, dit Douglas à voix basse.

Il s'essuya le nez sur la manche de sa chemise et monta d'un pas lourd l'escalier pour aller dans sa chambre.

— Enfin, remercions le ciel que tu sois sain et sauf, reprit-elle lorsqu'il descendit, un peu plus présentable. Veux-tu me faire le plaisir de me dire où tu étais ?

Il répondit qu'il était sur le toit du garage Pfeiffer.

— Jusqu'à neuf heures moins vingt ? demanda-t-elle du ton le plus sarcastique qu'elle put trouver, mais le sarcasme n'était guère son fort.

— Oh ! je croyais qu'il était bien plus tard que ça, grommela-t-il d'un air maussade. J'aurais dit qu'il était minuit.

Elle le suivit jusqu'à la petite salle à manger, où Harriet mettait son couvert.

— Et qu'est-ce que tu faisais sur le toit du garage Pfeiffer ? Je suis sûre que tu n'as pas le droit d'y aller.

Il allait répondre, lorsqu'il éternua. Il allait s'essuyer le nez sur le revers de sa main, puis, se reprenant, sortit son mouchoir.

— Je me cachais, dit-il, puis il éternua de nouveau.

— Tu te cachais ? Et de qui, s'il te plaît ?

— De cet imbécile de Peters, répondit-il d'un air contrarié, comme si elle aurait dû le savoir. Qu'est-ce que tu croyais que j'allais faire, montrer ma tête et me la faire enlever ?

— Mon jeune ami, tu ferais mieux de t'expliquer un peu plus clairement, ou bien ton père va en entendre parler.

— Comme tu veux, marmonna-t-il.

— Alors, commence par le commencement.

— Eh bien, dit-il en beurrant d'un air las une tartine, il m'a couru après, alors je me suis réfugié là-haut.

— Mais qu'est-ce que tu racontes ? Qui est-ce qui t'a couru après ?

Il posa sa tartine et expliqua avec emphase :

— Ce gros empoté de Peters. Il m'a forcé à me réfugier sur le toit du garage Pfeiffer et il voulait pas me laisser descendre. Chaque fois que je passais la tête il me tirait dessus. Il a failli m'avoir deux fois.

— Tu veux dire qu'il avait un fusil ?

— Ben, avec quoi tu voulais qu'il me tire dessus ?

Il lança à sa mère un regard incertain car il se rendait compte qu'il venait d'être un peu impertinent, mais il vit aussitôt qu'il s'en tirerait pour cette fois : il connaissait cette expression bouleversée.

— Quelle sorte de fusil ?

— Oh ! un fusil à pompe. Il a dû pomper soixante-dix fois, à chaque fois qu'il me tirait dessus, le coup enlevait un morceau de ciment. (Et il ajouta pensivement :) Avec un bon fusil à pompe, si on pompe assez longtemps on pourrait tuer un cheval.

Mrs. Bridge ne comprenait pas très bien de quoi il parlait, mais il était clair qu'il comprenait, lui.

— Mais enfin, pourquoi te tirait-il dessus ? demanda-t-elle faiblement.

C'était la première fois qu'elle se trouvait devant une telle situation.

Douglas haussa les épaules.

— Ça l'amusait, sans doute. Je lui ai pas demandé, tu peux être sûre. Il m'aurait fait sauter la tête.

— Mais tu avais dû le provoquer ?

— Ah ! ça, alors ! Un type qui est quinze fois plus gros que moi, avec un fusil à pompe ! Tu rigoles !

— Je vais téléphoner à la police, dit-elle résolument.

Il lui semblait que c'était la chose à faire.

— Si tu veux, dit Douglas. Ils n'auront pas de peine à le trouver s'ils vont faire un tour près du garage Pfeiffer. Il a déjà dû en faire grimper un autre, à l'heure qu'il est.

— Mais enfin, qui est ce garçon ? Il habite par ici ?

— Je sais pas. Tout ce que je sais, c'est qu'il rôde autour de ce garage.

— Mais *pourquoi ?*

Il y avait une atmosphère de cauchemar dans toute cette histoire.

Douglas, lui, n'était pas le moins du monde dérouté.

— Ben, c'est un bon garage pour coincer les gens. On ne peut pas s'échapper. Le toit est plat, avec une espèce de petit mur autour. Alors il se promène par là et à la sortie de l'école il en attrape un et il se met à lui tirer dessus, alors l'autre évidemment il grimpe sur le poteau du téléphone et il va se planquer derrière le mur. Il les a toujours comme ça, ajouta-t-il en manière de conclusion. Moi, les autres jours, je fais un détour, mais ce soir je devais penser à autre chose, j'ai oublié. Alors, tout d'un coup, zing ! Tu aurais dû me voir sauter en l'air ! J'avais qu'une chose à faire, c'était de grimper sur le poteau du téléphone, il a beau être un gros patapouf, il m'aurait rattrapé à la course. Mais une fois là-haut y avait plus d'autre moyen de redescendre, et il était en bas avec son vieux fusil à pompe. Ah ! là là ! j'ai bien cru que j'en sortirais jamais.

— Pourquoi n'as-tu pas appelé au secours ?

— C'est pour le coup que j'aurais été flambé.

Tout s'embrouillait dans la tête de Mrs. Bridge, qui ne comprenait absolument pas ce qu'il voulait dire ; elle le regardait d'un air éperdu.

— Alors, tu ne sais pas où habite ce garçon ?

Douglas secoua la tête.

— Il doit bien aller en classe quelque part ?

Douglas n'en savait rien.

— Peut-être qu'il va au lycée, il a une tête à ça, sauf qu'il doit être trop bête. Il a dû se faire renvoyer.

— Mais tu dois bien savoir quelque chose de lui.

— Cette espèce de gros salaud ! dit Douglas en s'enflammant brusquement.

Cela l'énervait que sa mère lui posât tant de questions. Il avait été coincé sur le toit d'un garage, il s'en était sorti, c'était tout. Le fait qu'il détestât Peters n'avait rien à voir avec l'affaire. Si seulement sa mère avait bien voulu changer de sujet de conversation !

Mrs. Bridge commençait à se demander si l'aventure était aussi grave qu'elle l'avait cru au début. Elle était prête à téléphoner au poste de police de Sixty-Third Street – elle était sûre que Douglas disait la vérité, et une balle de fusil peut parfaitement vous crever un œil –, mais enfin c'était tout de même un peu gênant d'appeler la police pour signaler un lycéen avec un fusil à pompe, et rien d'autre.

— Alors, tu ne peux rien me dire sur lui ? Rien du tout ?

Douglas secoua la tête. Il aurait pu se renseigner, mais à quoi bon ? La seule chose à faire, c'était de ne plus jamais passer près du garage Pfeiffer.

— Je vais parler de ce garçon à ton père, dit-elle avec assurance. Il faut absolument faire quelque chose.

— D'accord, dit Douglas. Je veux encore des pommes de terre avec de la sauce.

— Je *voudrais*.

— Je voudrais encore des pommes de terre.

23. *Bataille de pierres*

Mr. Bridge ne sut rien de cette aventure, mais la suivante ne lui échappa pas.

C'était juste avant le début des vacances d'été. Douglas rentrait du collège un après-midi lorsqu'il vit Tarquin assis sous un châtaignier : un livre sur les genoux, il semblait innocemment occupé à lire. Douglas tenait une herbe qu'il venait de cueillir et dont il se servait pour fouetter le cheval imaginaire sur lequel il fuyait devant les Indiens.

— Whoa ! fit-il doucement, en tirant sur ses rênes pour arrêter son cheval.

Puis, voyant que Tarquin le regardait en ricanant, il abandonna son jeu et jeta l'herbe.

— Salut, dit Tarquin sans bouger.

— Salut, répondit Douglas après un moment d'hésitation.

Il y eut un nouveau silence ; il examina les branches du châtaignier, se gratta consciencieusement une cheville, puis l'autre.

— Qu'est-ce que tu fais là ? se décida-t-il à ajouter.

— J'ai pas le droit d'y être ?

Douglas réfléchissait à cette question lorsque Tarquin lui lança une pierre qu'il avait tenue cachée sous son livre. Douglas la vit arriver et se baissa, mais il ne put éviter qu'elle lui éraflât le côté de la tête.

— Mon vieux, dit-il, c'est toi qui l'as voulu, et il se précipita en avant les poings serrés.

Lorsqu'il rentra, tard dans l'après-midi – il s'était arrêté au lycée pour regarder l'équipe d'athlétisme s'exercer et chercher des objets de valeur perdus dans les gradins –, il fut déconcerté tout d'abord de trouver son père à la maison à une heure pareille, ensuite de s'apercevoir qu'il était déjà au courant de sa bataille avec Tarquin. Mrs. Leacock lui avait téléphoné au bureau pour l'en informer.

— Ben, c'est lui qui a commencé, dit Douglas, sur la défensive. (Puis, son père lui ayant demandé de lui exposer sa version de l'histoire, il continua :) Il a sauté en l'air et il s'est sauvé en traversant les rails du tram vers Wornall Road, alors je lui ai couru après – j'ai bien cru que je l'aurais pas – et lui il se retournait tout le temps pour me crier que je ferais mieux de pas le toucher, qu'il était bon en jiu-jitsu, que…

— Qu'est-ce que tu veux dire exactement quand tu dis que tu as bien cru que tu ne l'aurais pas ?

— C'est que le tram a bien failli m'avoir. En tout cas, il…

— Veux-tu me répéter ce que tu viens de dire ? dit en s'asseyant Mr. Bridge, qui était jusqu'alors resté debout et écoutait le récit de son fils avec une extrême attention. Veux-tu dire, continua-t-il, que Tarquin, après t'avoir jeté cette pierre, t'a fait traverser les rails au moment où un tram arrivait ?

Douglas approuva de la tête avec enthousiasme. Il avait bien failli être touché.

— Je vois, dit Mr. Bridge, qui resta perdu un long moment dans ses réflexions. (Il finit cependant par lever les yeux et ajouta :) Je crois comprendre que tu l'as finalement attrapé.

— Oh ! bien sûr. Il court comme une fille, il a les genoux cagneux.

— Et ensuite, que s'est-il passé ?

Douglas regarda son père d'un air hésitant.

— Eh bien, que s'est-il passé ?

— Oh ! ben, c'est-à-dire, je sais pas. J'ai dû lui donner un ou deux swings dans le nez.

— Tu crois ?

— J'ai l'impression.

— Et ç'a été fini ?

— À peu près. Je sais pas, c'est peut-être parce qu'il s'est mis à chialer comme un mioche, alors… euh… voilà…

— Continue.

Douglas poussa un gémissement et fit une mine de supplicié. Sachant qu'il s'était mal conduit, il était gêné de continuer son récit. Malheureusement, il n'y avait pas moyen de détourner l'attention de son père comme il le faisait d'ordinaire avec sa mère, et il n'essaya même pas de changer le cours de la conversation.

— Je ne peux pas supporter les pleurnichards, dit-il à contrecœur.

— Continue.

Douglas poussa un profond soupir.

— Bon, bon. J'ai pris du large et je lui ai envoyé mon pied dans l'estomac.

— Alors qu'il était à terre ?

— Il était debout. Enfin, je veux dire, il était debout quand je lui ai envoyé mon pied dans l'estomac. Alors il est retombé et il se relevait plus. J'avais beau me moquer de lui, il se levait pas. Il restait là par terre à hurler qu'il allait me tuer à coups de couteau.

Douglas s'aperçut que l'attitude de son père avait changé. Il le regarda d'un air légèrement inquiet, puis vit sa mère qui s'était attardée dans l'entrée pour écouter la conversation, et conclut avec une fierté modeste :

— Avec ce qu'il a pris, je pense qu'il n'embêtera plus personne, cette fois.

Il fut tout étonné que son père avançât la main et le prît par le bras.

— Je peux lui régler son compte ! cria-t-il.

Il avait peur sous la pression de son père et ne comprenait pas ce qui se passait.

— Écoute, fiston, dit son père sérieusement. Si ce gamin recommence à te provoquer, je veux que tu fasses une chose. Tu m'écoutes ?

— Que je fasse quoi ?

— Je veux que tu t'en ailles. Sans le quitter des yeux, simplement tu t'en iras. C'est compris ?

Douglas essaya en vain de se dégager ; il avait mal au bras. La force de son père le stupéfiait. Il était perplexe et défiant. Tout ce qu'il voyait dans cette histoire, c'est qu'on lui demandait de fuir une bagarre, et avec un garçon sur lequel il savait avoir le dessus, en plus.

— Tu as compris ?

— Oui. Mais pourquoi ?

— Ne t'occupe pas de ça.

— Bon, fit-il de mauvaise grâce. (Mais dès que son bras eut été libéré il ajouta :) Seulement il ferait mieux de pas s'amuser à me jeter des pierres.

— Sous aucun prétexte, tu m'as compris, n'est-ce pas ?

— D'accord, dit-il.

Il était vexé et honteux. Rien ne lui faisait plus horreur que l'idée de passer pour un lâche. Lorsqu'il fut monté, Mr. et Mrs. Bridge gardèrent le silence pendant quelques minutes. Mr. Bridge était pensif, Mrs. Bridge attendait qu'il parlât.

— Ce petit Leacock finira par tuer quelqu'un, dit-il.

— Il est certain qu'on lui laisse un peu trop de liberté, acquiesça-t-elle, mais vraiment je ne le crois pas capable de faire quelque chose de mal.

— Tu verras, dit-il avec colère.

— Je dois dire, admit-elle, que cette histoire où il a mis le feu au garage est bien étrange. (Puis elle ajouta :) Ce n'est certes pas moi qui encouragerais ces enfants à se battre, mais Douglas a l'air d'être capable de se débrouiller tout seul.

— Douglas est un enfant, il a des réactions d'enfant. Tarquin Leacock a une mentalité d'adulte.

— Eh bien ! dit Mrs. Bridge en mettant ses lunettes et en ouvrant le dernier numéro du *Tattler*, dans ce cas, il n'y a pas de raison de s'inquiéter.

24. *Formation supérieure*

Les apparences étaient pour Mrs. Bridge une constante préoccupation. Un soir où Ruth se préparait à sortir, elle s'enquit :

— Tu ne prends pas de sac, ma chérie ?

Ruth répondit d'une voix enrouée que tout ce dont elle avait besoin tenait dans ses poches.

— Carolyn prend toujours un sac, dit Mrs. Bridge.

Ruth était debout devant la glace de l'entrée, dans une attitude qui déplaisait à Mrs. Bridge bien qu'elle eût été incapable d'expliquer pourquoi – à moins que ce ne fût parce que Ruth avait les pieds trop écartés et les hanches un peu trop en avant. Elle avait essayé de la guérir de cette mauvaise habitude en lui faisant faire le tour de la maison avec un livre en équilibre sur la tête, mais dès que le livre n'était plus là, Ruth recommençait à se tenir de cette manière peu convenable.

— Et c'est toi qui es l'aînée, continua Mrs. Bridge en fronçant les sourcils.

Mais, devant sa fille aînée, comment Mrs. Bridge aurait-elle pu continuer de froncer les sourcils ? Ruth était véritablement charmante, le mari de Gladys Schmidt avait raison : si seulement elle n'en avait pas à ce point conscience, si seulement elle ignorait qu'on se retournait pour la regarder – car on s'arrêtait dans la rue, les femmes comme les hommes, et de façon parfois si délibérée que Mrs. Bridge en était gênée. Elle ne pouvait s'empêcher de penser que Ruth, par son attitude, par sa démarche provocante, encourageait ces regards.

— On vient te chercher ?

— Je vais au drugstore.

— Qu'est-ce que tu vas faire au drugstore ? dit Mrs. Bridge après un silence. Madge Arlen m'a dit qu'elle t'y avait vue l'autre soir assise toute seule à une table. Elle a supposé que tu attendais quelqu'un.

Ruth, visiblement, s'était raidie, et Mrs. Bridge eut envie de répéter : Tu attendais quelqu'un ? Mais elle eut peur de lui demander si elle attendait un jeune homme – peur non pas de la question, mais de la réponse.

— Je n'aime pas que tu restes assise comme cela dans les drugstores. Je suis sûre d'ailleurs que ton père n'aimerait pas cela non plus, ajouta-t-elle, impuissante devant le fait évident que sa fille l'écoutait d'une oreille plus que distraite. Tu pourrais tout de même trouver autre chose à faire. Pourquoi ne t'amuses-tu pas avec Carolyn et ses amies ?

Ruth ne se donna pas la peine de répondre.

— Je vais te prêter mon sac de daim bleu, si tu veux, dit Mrs. Bridge avec confiance.

Pas de réponse. Ruth s'admirait toujours dans la glace.

— Il ne doit pas tenir grand-chose dans ces poches-là.

Ruth se recula, ferma à demi les yeux et défit le premier bouton de sa blouse.

— Mon Dieu, remarqua Mrs. Bridge d'un ton un peu acide, tu ne peux tout de même pas sortir sans emporter ce qu'il te faut ! Et pour l'amour du ciel boutonne-toi. Tu as l'air d'une fille…

— Bonsoir, dit Ruth d'une voix morne en se dirigeant vers la porte.

— Mais, ma chérie, une dame ne sort jamais sans son sac ! s'exclama Mrs. Bridge tandis que la porte se refermait.

25. *D'un autre monde*

Contrairement à Carolyn, qui dépensait dans l'instant son argent de poche, le plus souvent pour s'acheter une écharpe ou un pull-over, bien que les tiroirs de sa commode regorgent d'écharpes et de pull-overs, Ruth n'était pas particulièrement dispendieuse. Mais Mrs. Bridge n'approuvait pas ses goûts. Son argent passait en colliers, en blouses transparentes, en invraisemblables breloques. Ses boucles d'oreilles étaient vraiment inadmissibles. Mrs. Bridge, qui en matière de bijoux appréciait la discrétion – une perle, par exemple, très simplement montée –, avait peine à se contenir chaque fois qu'elle voyait sur Ruth un objet particulièrement excentrique. Un matin, Ruth descendit pour le petit déjeuner avec des « huaraches » mexicains, un pyjama de soie japonaise dont les manches roulées mettaient en valeur un petit pansement cachant une coupure qu'elle s'était faite en se rasant les avant-bras, des lunettes bleues à monture de corne, et deux grappes de clochettes d'or aux oreilles qui tintaient au moindre mouvement. Elle aurait encore pu s'en tirer ce matin-là si elle n'avait sans cesse contracté et décontracté ses doigts de pied en mangeant, ce qui faisait craquer ses huaraches.

— Ma petite fille, dit Mrs. Bridge avec plus d'autorité qu'elle ne s'en sentait réellement, tout en laissant tomber une tartine dans le grille-pain automatique, on ne porte pas de tels pendentifs dès le matin. On va te prendre pour une créature d'un autre monde.

— Et alors ? fit Ruth sans lever les yeux de son journal.

— Et alors quoi ?

— Alors, ça m'est bien égal.

— Mais ça ne m'est pas égal, à moi ! s'écria Mrs. Bridge, soudain au bord de l'hystérie. Ça ne m'est pas égal du tout !

26. *La Tour, prends garde*

Douglas eut une drôle d'idée.

Au lieu de se construire une grotte, ou une maison dans un arbre, comme faisaient ses amis, il eut l'idée de bâtir une tour. Une tour faite de détritus.

— Voilà qui va être très amusant, dit Mrs. Bridge d'un air un peu absent lorsqu'il lui fit part de son projet.

Puis, sachant que les enfants aiment que leurs parents s'intéressent à ce qu'ils font, elle demanda quelle serait la hauteur de la tour.

Douglas prit un air vague et se contenta de répondre que ce serait la tour la plus haute que l'on ait jamais vue. Mrs. Bridge sourit et lui caressa affectueusement la joue. Il la regarda longuement, haussa les épaules d'une manière étrange et retourna dans le terrain vague où il avait décidé de construire son édifice.

Il y avait trouvé quelques piquets, un certain nombre de vieilles briques et un demi-sac de ciment. Ne sachant d'où venaient ces matériaux, il attendit quelques jours pour voir s'ils appartenaient à quelqu'un. Personne n'étant venu les reprendre, il se les attribua, prit une pelle et commença sa construction.

Après avoir creusé un trou d'un peu plus de un mètre de profondeur, il en garnit les bords de briques et de ciment, planta les piquets solidement et arrosa généreusement ces fondations. Cela fait, il attendit le passage de ses amis les ramasseurs d'ordures et suivit leur camion dans le quartier. Entre le moment où une poubelle était roulée jusqu'au bord du trottoir et celui où la benne s'arrêtait, Douglas s'emparait de tout ce qui lui semblait intéressant. Il réunit ainsi un grand nombre d'objets utiles avec en sus une quarantaine ou une cinquantaine de couvercles de boîtes de céréales qu'il envoya par la poste dans des endroits tels que Battle Creek, où se trouvait une compagnie de céréales, et en échange desquels il reçut toutes sortes de cadeaux.

En une semaine il accumula assez de matériaux pour un long travail. À demi cachés dans l'herbe haute et les massifs du terrain vague gisaient un tas d'anneaux de rideau en cuivre que les Arlen croyaient désormais au dépotoir municipal, un rouleau de chatterton et une casserole bosselée provenant de la poubelle des Pfeiffer, une hachette dont le manche était fendu, une boîte à cigares pleine de clous rouillés, une canne à pêche cassée, plusieurs longueurs de corde à linge et de fil de fer, des portemanteaux, des bouteilles, deux cageots de pommes, un vieil imperméable et une paire de caoutchoucs usés, une chambre à air crevée, de très vieux clubs de golf à manche de bois, le cylindre d'une tondeuse à gazon, des ressorts de fauteuil et, entre autres articles du même acabit, un nouveau produit de l'involontaire générosité des Arlen : une valise de cuir moisie.

— Eh bien ! s'exclama Mrs. Bridge lorsqu'il lui eut annoncé qu'il travaillait à sa tour, on fera de toi un architecte ou un ingénieur quand tu seras grand. En attendant, c'est aujourd'hui mon jour de bridge. Nous déjeunerons de bonne heure, alors ne t'éloigne pas.

Douglas expliqua qu'il ne quitterait pas le terrain vague.

Un soir de la semaine suivante, il réussit à voler un sac de ciment en poudre dans une maison voisine en construction. Une fois les ouvriers partis, il ouvrit le sac et en versa le contenu dans une brouette qu'il parvint à pousser jusqu'au terrain vague ; puis il déchargea la brouette dans le trou et arrosa soigneusement le ciment. Après cet exploit, il cessa de parler de sa tour : si on lui demandait ce qu'il faisait dans le terrain vague, il répondait laconiquement qu'il jouait.

Alimentée de pots, de pierres, de boîtes de conserves, de branches d'arbres, de tessons de bouteilles et de tous les détritus qu'il pouvait ramasser et ficeler, clouer ou cimenter le long des piquets, la tour continua de grandir, tant et si bien qu'un dimanche matin un dénommé Ewing, qui habitait de l'autre côté du terrain vague, la vit pointer au-dessus de sa haie. Elle avait ce jour-là exactement un mètre quatre-vingts de haut. Ewing vint aussitôt voir ce qui se passait. Apercevant Douglas qui le regardait venir de derrière un sycomore, il lui dit :

— Eh bien, mon petit ami, qu'est-ce que c'est que ça ?

— C'est rien, répondit Douglas en s'écartant du sycomore. C'est une tour, c'est tout. Ça fait de mal à personne.

Ewing examina la tour de tous côtés, puis porta son attention sur Douglas ; plutôt que l'édifice, c'était en fait l'architecte qui était étonnant. Embarrassé par ce regard scrutateur, Douglas ramassa un bout de tuyau et en frappa la tour d'un coup sonore évidemment destiné à prouver qu'elle était aussi solide qu'elle paraissait.

Mrs. Bridge à son tour vit son sommet dentelé pointer au-dessus de la haie du terrain vague. Elle vint aussitôt en inspection, se frappant légèrement une dent avec un ongle. Un peu plus tard dans l'après-midi, elle dit à Douglas d'un air dégagé :

— Eh bien ! En voilà une belle tour !

Douglas mit ses mains dans ses poches et fixa la pointe de ses souliers d'un air distant.

— Tu as déjà pensé, continua-t-elle en lui passant la main dans les cheveux (il avait encore besoin d'aller chez le coiffeur), à ce qui t'arriverait si elle s'écroulait sur toi ?

Douglas savait que sa tour pourrait arrêter un camion : il se contenta de soupirer en faisant la moue.

Mrs. Bridge supposa que l'enthousiasme des premiers jours était déjà passé, qu'il ne tarderait pas à la démolir et ne s'inquiéta donc pas outre mesure. Mais, quinze jours plus tard, elle se rendit compte qu'il y travaillait toujours : elle aperçut en effet un cruchon à cidre et une cage à poulets attachés avec du fil de fer à la chaise cassée qui, lors de sa dernière visite, couronnait l'édifice (son trône, avait-elle pensé : Douglas aimait jouer au roi de la montagne, il devait avoir construit la tour pour s'y installer un trône). Intriguée, elle retourna dans le terrain vague en se demandant jusqu'à quelle hauteur il avait l'intention de l'élever. Cette fois, elle y demeura un peu plus longtemps. Elle appuya une main sur la tour, dont la solidité la troubla. Une fois encore, elle appuya la paume de sa main, puis une nouvelle fois plus fort. La tour ne broncha pas. Elle commençait à se demander s'il serait jamais capable de la démolir – en admettant qu'on pût l'en convaincre.

Elle décida de lui parler le jour même, mais elle ne savait trop par où commencer : comme sa tour, il grandissait, on aurait dit qu'il lui échappait. Ce n'était plus un petit garçon que l'on pouvait convaincre avec des caresses et le jour approchait où il faudrait raisonner avec lui comme avec une grande personne. Cette idée l'ennuyait. Elle n'était plus sûre d'elle-même. Deux jours, puis trois, puis une semaine, puis deux passèrent sans qu'elle lui en parlât. Un jour, enfin, comme si elle y pensait soudainement, elle dit :

— Ma parole, on dirait que cette vilaine tour est de plus en plus haute.

La tour était, en vérité, à peine plus haute qu'avant. Douglas ne répondit rien, ne regarda même pas sa mère qui eut envie de le prendre par les épaules et de le secouer pour voir ce qui se passait dans sa tête.

— Vraiment, Douglas, je me demande comment un grand garçon comme toi peut s'amuser à construire une chose aussi vilaine, dit-elle, pleine d'espoir.

Il leva sur elle des yeux un peu moqueurs, comme s'il lisait dans ses pensées.

— Je vais te dire ce que nous allons faire, ajouta-t-elle en se penchant pour pouvoir le regarder bien en face. Tout de suite après le dîner, nous allons prendre des pinces, un marteau, un tournevis, un… enfin, tout ce qu'il faudra, et nous irons tous les deux démolir la tour. Ce sera amusant, n'est-ce pas ?

Il détourna la tête et dit très doucement :

— Non.

— Comment, non ?

Après un moment, Douglas se frotta le nez et murmura qu'il y avait trop de béton.

— Oh ! je suis bien sûre que… (Mrs. Bridge hésita. Généralement ses intuitions étaient tardives, mais celle-ci était arrivée à temps.) Je crois que tu as raison, continua-t-elle avec une franchise perfide. Personne n'arrivera jamais à la démolir, pas même toi.

Il allait se laisser prendre au piège. Il était sur le point de dire qu'il le pourrait s'il le voulait, et si seulement il le disait, la partie serait déjà à demi gagnée. Il allait ouvrir la bouche, elle voyait le défi dans ses yeux, dans toute son attitude. Mais au lieu de répondre, il réfléchit, et Mrs. Bridge perdit alors contenance. Toute sa vie elle avait mis un point d'honneur à répondre dès qu'on lui adressait la parole. Lui faisait-on un compliment, aussitôt elle remerciait avec grâce ; lui demandait-on son avis sur le prix du beurre ou la situation en Italie – peu importe –, du moment qu'on lui posait une question elle répondait immédiatement. Et voilà que son fils était là devant elle, muet comme une carpe, la figure toute plissée par la réflexion. Que faire ? Elle ne pouvait qu'attendre.

— Peut-être, dit Douglas après un long silence.

Et les choses en restèrent là pour le moment.

27. *Un moment sentimental*

Mrs. Bridge était seule à la fenêtre et songeait à la fuite des ans. Les enfants grandissaient si vite, et son mari… Soudain elle changea de position, mal à l'aise. Tous ces nouveaux jeunes ménages, des gens qu'elle connaissait à peine… Comme le temps avait passé. Elle s'y attendait, évidemment, mais elle éprouvait une curieuse impression ; on aurait dit que quelque chose, petit à petit, régulièrement, s'éloignait. Qui sait si son mari avait la même sensation ? Il faudrait qu'elle le lui demande, ce soir, quand il rentrerait. Elle se rappelait leurs rêves de jadis, les plans d'avenir qu'il faisait et qu'elle écoutait d'une oreille un peu distraite (un sourire se dessina sur ses lèvres), le peu de cas qu'elle faisait de ses propres ambitions, parce que la seule chose qui l'intéressait alors vraiment, c'était lui. Il lui suffisait. Les longues heures qu'il passait au bureau ne dureraient pas toujours, pensait-elle ; lorsque sa clientèle se serait étendue, il resterait plus longtemps à la maison. Mais les choses avaient tourné autrement. Et Mrs. Bridge comprenait désormais qu'elle ne le verrait jamais beaucoup. Ils étaient partis ensemble pour une quête merveilleuse… Il était vrai qu'il y avait eu des moments exquis, mais tout de même, comment se faisait-il qu'ils n'aient pas… que rien ne se soit… que tout ce qu'ils… ?

Il pleuvait. Le tonnerre à travers les nuages bas grondait d'un roulement monotone, comme si l'on avait déplacé des meubles dans le grenier. Le vent balançait les arbres de la cour d'entrée, les persiennes claquaient sous la soudaine violence de la pluie. Tiens, une branche de l'érable était tombée dans l'allée, arrachée par le vent, et les feuilles bruissaient.

Harriet vint demander si Madame voulait une tasse de chocolat.

— Non merci, Harriet, dit Mrs. Bridge, mais faites-en pour vous.

Elle était vraiment charmante, cette Harriet, et comme elle travaillait bien ! Mrs. Bridge était fière de l'avoir, elle se rendait compte qu'il serait à peu près impossible de la remplacer. Et pourtant, il lui arrivait presque de désirer qu'elle s'en allât. Pourquoi, elle ne le savait pas elle-même, à moins que ce ne fût simplement qu'avec Harriet dans la maison qui faisait tout le travail elle se sentait souvent en proie à un ennui profond. Au début de son mariage, elle avait la cuisine, le ménage, la lessive ; et les instants de loisir lui semblaient si agréables ! Maintenant, chose étrange, tout ce temps libre lui pesait. Elle n'aurait jamais osé l'avouer à personne. D'ailleurs, elle donnait souvent l'impression d'être très prise par tout ce qu'elle avait à faire – téléphoner à la blanchisseuse, à l'épicier, conduire Ruth chez le dentiste, Carolyn à son cours de claquettes, Douglas chez le coiffeur, et ainsi de suite. Mais la vérité était là, elle s'imposait chaque jour davantage.

La lumière s'alluma dans l'entrée. La toux de Mr. Bridge résonna, puis le grincement de la porte du placard et le bruit familier de la serviette sur l'étagère du haut. Submergée tout à coup par le besoin d'être rassurée, Mrs. Bridge se détourna rapidement de la fenêtre et se précipita vers son mari avec une expression de désir intense, sachant ce qu'elle voulait sans savoir comment le demander.

Il entendit le bruit de sa robe et ses pas rapides sur le tapis. Lorsqu'elle fut près de lui (il était en train d'accrocher son manteau), il dit, sans irritation mais avec un peu de lassitude parce que ce n'était pas la première fois que cela arrivait :

— Tu as oublié de faire graisser la voiture.

28. *Doux présent*

Ses difficultés avec Ruth et Douglas étaient probablement inévitables, se disait-elle ; après tout, bien des années avaient passé depuis qu'elle avait leur âge.

Elle célébrait ses propres anniversaires sans joie, avec résignation et un peu de doute : ils arrivaient et s'en retournaient comme ils le devaient. Quelques mois plus tard, elle se sentait inexplicablement déprimée et inquiète à cause de son âge. Trente, trente-cinq, quarante, ils étaient tous venus lui rendre visite comme des parents à remontrances, et ils avaient tous disparu sans laisser de traces. Et maintenant, une fois de plus, elle attendait.

Il y avait quelqu'un à la porte d'entrée : le carillon tintait doucement. C'était le facteur avec un paquet de Memphis. Elle coupa le ruban, souleva les bords du carton et trouva sous les copeaux un plateau d'étain en forme de trèfle. Elle le prit par la tige pour le sortir, mais il s'affaissa au lieu de rester rigide comme tous les autres plateaux. L'alliage était trop mou pour supporter le poids du plateau, si bien qu'au bout de quelques secondes il pendait presque à angle droit par rapport à la poignée. Mrs. Bridge ne fut pas étonnée. Elle redressa l'objet, le remit dans la boîte qu'elle porta ensuite au grenier, et écrivit dans l'après-midi sa petite lettre de remerciements annuelle à Lulubelle Watts, sa cousine issue de germains. Les années précédentes, Mrs. Bridge avait reçu pour son anniversaire un réveil de cuisine verdâtre, un coussin à longs poils, une vue encadrée des Great Smokies, et une paire de lourdes boules de bronze qui aurait dû être accompagnée d'une notice explicative.

Elle avait souvent essayé de comprendre si Lulubelle la détestait et le faisait exprès, ou si c'était simplement qu'elle avait le plus mauvais goût du monde. Il lui venait aussi parfois l'envie de choisir quelque chose d'aussi grotesque et de le lui envoyer en remerciement ; mais, songeant à la règle d'or, elle envoyait toujours à Memphis un très joli cadeau pour l'anniversaire de Lulu – un agenda relié en cuir, des serviettes de toilette, une pelle à gâteaux, une figurine en biscuit.

29. *Rien de spectaculaire*

Sur les recommandations de sa femme, Mr. Bridge s'était rendu au terrain vague pour examiner l'excentrique et surprenant mémorial que Douglas avait construit et qu'il n'avait toujours pas abandonné. Mr. Bridge essaya de le renverser, puis simplement de le secouer. Rien ne bougea. Il fut satisfait de constater qu'il ne s'écroulerait pas pendant que Douglas et ses amis seraient là, et, supposant qu'ils auraient assez de bon sens pour ne pas s'empaler sur les pointes qui le hérissaient, il retourna à son journal du soir et n'y pensa plus.

Mais Mrs. Bridge n'était pas tranquille. Elle sentait que tout le voisinage avait eu vent de l'existence de la tour. Elle ne s'alarma néanmoins que le jour où, dans un cocktail, quelqu'un qui venait de lui être présenté mentionna aussitôt qu'il avait fait un crochet en voiture pour aller voir la tour.

— Mais quelle horreur ! s'écria-t-elle afin de bien marquer sa position. En parle-t-on en ville ?

Et son air badin cachait un sérieux parfait.

— Quel étrange moyen de protestation ! répondit son interlocuteur en bourrant sa pipe. (Puis, après l'avoir regardée un instant droit dans les yeux, il ajouta :) Bien entendu, vous connaissez le motif qui a poussé votre fils…

À quoi elle répondit en souriant poliment. Un peu perdue, elle prit mentalement note que cet homme avait bu.

Le lendemain matin, dès que Douglas fut parti pour l'école, elle téléphona aux pompiers. Tout le monde appelait les pompiers dès qu'il y avait un problème inhabituel.

Peu avant midi un petit camion rouge vint s'arrêter devant la maison. Deux pompiers – elle n'avait jamais parlé à un pompier de sa vie et trouva l'expérience assez étrange – entrèrent dans la maison comme si c'était la chose la plus naturelle du monde et écoutèrent ce qu'elle leur dit de la tour.

Puis ils allèrent se rendre compte par eux-mêmes. D'abord amusés, ils furent vite ébranlés. Mais ils en avaient tellement vu avec toutes ces maîtresses de maison qui les appelaient pour les travaux les plus inattendus qu'ils décrochèrent leurs outils et se mirent au travail. Il faisait presque nuit lorsque enfin la tour fut réduite à un monceau de détritus ; plusieurs mètres carrés étaient jonchés de morceaux de bois, tessons de bouteilles, fil de fer, gros blocs de ciment sablonneux, bref, tout ce qui avait concouru à l'érection de l'édifice ; l'air était saturé de poussière comme s'il venait de se produire une explosion d'un nouveau genre. Les pompiers dirent qu'ils feraient un rapport sur la tour et sa démolition, et que le terrain vague serait nettoyé d'ici un jour ou deux.

Douglas, qui était rentré quelques minutes avant le départ des pompiers, les regardait dans un silence attristé. Mrs. Bridge le vit d'une des fenêtres du premier étage, elle vint le rejoindre, posa ses mains sur ses épaules, et de temps à autre elle passait la main dans ses cheveux.

— Elle devenait vraiment trop grande, tu sais, dit-elle doucement. Les voisins commençaient à s'inquiéter.

30. *La quête d'amour*

Bien qu'elle estimât avoir fait le nécessaire, et donc avoir bien agi, Mrs. Bridge repensait sans cesse à la monstrueuse tour. Et la raison pour laquelle elle y repensait tant était qu'elle avait remarqué un changement dans l'attitude de Douglas à son égard. Il devenait de plus en plus renfermé.

Avec le temps, elle sentait grandir en elle un besoin de réconfort. Son mari n'avait jamais été démonstratif, même aux premiers temps de leur mariage. Elle n'attendait donc pas trop de lui, mais il y avait des moments où elle se sentait envahie par un besoin terrifiant, indicible. Un soir où ils finissaient de dîner seuls – les enfants étaient sortis – elle lui demanda un peu brutalement s'il l'aimait. Elle fut elle-même surprise de son audace et du ton presque acariâtre de sa voix, qui correspondait si peu à ses sentiments. Elle vit son air étonné, son expression qui disait clairement : Que diable penses-tu que je ferais ici si je ne t'aimais pas ? Qu'est-ce qui te prend ?

Mrs. Bridge sourit à travers les fleurs qui décoraient la table – ces fleurs qu'elle avait arrangées avec tant de soin et dont elle comprit soudain qu'elles étaient en ce moment tout ce qui la séparait de son mari – et, d'un ton un peu pitoyable, ajouta :

— Je sais que je suis stupide, mais il y a si longtemps que tu ne me l'as pas dit.

Mr. Bridge grogna et finit son café. Elle savait qu'il n'était pas fâché contre elle, mais simplement incapable de faire la déclaration désirée. C'était bien peu, et beaucoup à la fois. Ils étaient là, assis l'un en face de l'autre, ne sachant trop que faire, et elle se sentit gênée. Dans sa gêne, elle remua les pieds et appuya involontairement sur la sonnette cachée sous le tapis. Harriet parut à la porte et demanda si Madame avait sonné.

31. *Trahison*

Lorsque Mrs. Bridge parlait d'Harriet, elle employait souvent le mot « perle » et ajoutait qu'elle était depuis plus de neuf ans dans la maison et qu'elle se demandait ce qu'elle ferait si jamais il lui prenait l'idée de s'en aller. Étant donné que les cuisinières et les chauffeurs du quartier sud de Kansas City restaient souvent vingt ou trente ans dans la même place, les neuf ans d'Harriet n'étaient pas un grand sujet de gloire, mais elle était si connue des bonnes maîtresses de maison qui la voyaient à l'arrêt d'autobus et qu'elle avait servies avec élégance à des déjeuners et des cocktails, que, bien que nouvelle venue, elle avait la réputation d'être en effet « une vraie perle ».

Il y avait bien en elle quelques détails qui n'étaient pas tout à fait du goût de Mrs. Bridge. Par exemple, elle fumait et savait exhaler la fumée par le nez et faire des ronds comme un homme ; il avait fallu plusieurs fois lui dire de ne pas ouvrir la porte une cigarette aux lèvres. Cela mis à part, Mrs. Bridge avait rarement l'occasion de lui faire une observation. Parfois en été, lorsqu'il faisait cette chaleur moite et qu'elle était seule à la maison, elle enlevait son uniforme et revêtait un corsage bain de soleil et une grande jupe froncée de paysanne : une ou deux fois on l'avait surprise dans cet accoutrement. Mais elle était travailleuse, ne buvait pas, était excellente cuisinière, et les enfants et Mr. Bridge lui-même l'appréciaient. Ce fut donc un choc pour Mrs. Bridge lorsque par pur hasard elle entendit Harriet frayer avec Mrs. Ralph Porter. Les Porter et les Bridge n'avaient jamais été intimes, mais ils appartenaient au même cercle. C'était un jour de printemps orageux et Mrs. Bridge, qui avait la migraine, eut l'idée de téléphoner à son mari au bureau pour lui demander de lui rapporter des comprimés d'aspirine. Elle était dans sa chambre à l'étage ; elle alla sur le palier et décrocha : la ligne était occupée. Elle allait reposer le récepteur lorsqu'elle entendit la voix d'Harriet qui demandait :

— Combien payez-vous ?

Son instinct avertit Mrs. Bridge de ce dont il s'agissait, et pendant un moment elle n'eut pas la force de reposer l'écouteur.

— Je suis prête, répondit la voix de Mrs. Porter, à vous donner dix dollars de plus que ce que vous percevez actuellement.

— Vraiment ? murmura Harriet, sans que sa voix trahît ses sentiments.

Mrs. Bridge, glacée au téléphone du premier, croyait la voir, assise sur le tabouret de l'office, les jambes croisées, faisant des ronds avec la fumée de sa cigarette.

Le moment était critique. Il y eut un silence. Mrs. Bridge n'osait plus reposer l'écouteur, parce que le déclic se serait entendu. Il ne lui restait qu'à se contenir et à attendre.

— Je crois, murmura Harriet, que Mr. et Mrs. Bridge ne s'en remettraient pas si je les quittais. (Puis, avec un aplomb glacial, elle ajouta :) De toute façon, je vous remercie infiniment d'avoir appelé.

32. *Pas de scènes à l'église*

Les Porter allaient régulièrement à l'église et, après l'incident du téléphone, Mrs. Bridge ne pouvait réprimer un mouvement d'exaspération chaque fois qu'elle y voyait Mrs. Porter. Il était vraiment difficile d'imaginer comment on pouvait concilier une telle dévotion et une telle fausseté – mais Mrs. Porter était ainsi.

Mrs. Bridge ne la voyait d'ailleurs pas souvent là, pour la simple raison qu'elle n'aimait pas aller seule à l'église et qu'elle avait grand-peine à persuader Mr. Bridge de l'y accompagner. Mr. Bridge se souciait peu de religion et, lorsqu'il n'allait pas au bureau le dimanche matin, il préférait rester au lit à lire des prospectus de vacances ou bien, vêtu d'un vieux costume, passer la matinée dans la cour avec un bidon de poison contre les escargots. De temps à autre, elle s'inquiétait de son indifférence religieuse ; après avoir entendu un sermon du pasteur Foster sur les conséquences de l'athéisme, elle se décida, un peu craintivement, à attaquer le sujet.

— Quand je veux apprendre quelque chose, répondit-il avec une netteté terrible, je vais trouver quelqu'un qui en sait plus long que moi.

C'était évidemment une pierre dans le jardin du pasteur Foster.

— Mais tu ne trouves pas qu'il a de très bonnes idées ? insista-t-elle. Cela ne te ferait vraiment pas de mal d'y aller de temps en temps. Et les gens me demandent où tu es.

Ainsi, deux ou trois fois par an, il la conduisait en silence à l'église. Ils montaient à la tribune – pourquoi à la tribune, elle ne le sut jamais – et là, dans une atmosphère humide et étouffante, leurs têtes touchant presque les poutres de chêne peint, ils écoutaient le sermon.

Un dimanche de Pâques – il faisait particulièrement chaud ce jour-là –, le pasteur Foster venait de se lancer dans les descriptions familières : la tombe vide, et ainsi de suite. Tout à coup, le parfum des lis devint accablant. Ou bien était-ce la vue de Mrs. Porter, image même de la vertu ? Toujours est-il que Mrs. Bridge se sentit défaillir. Elle tendit la main vers le rebord du balcon pour se soutenir et chuchota dans un vertige qu'elle allait s'évanouir. Mr. Bridge, qui somnolait, s'éveilla, tourna la tête et la fixa d'un œil sévère.

— Pas ici ! Attends que nous soyons sortis, lui dit-il, si haut que toute la tribune l'entendit.

— Très bien, j'essaierai, murmura-t-elle.

Elle avait cru qu'il allait l'emmener, mais, voyant qu'il ne bougeait pas, elle finit par comprendre qu'il voulait qu'elle attendît la fin de l'office. Il n'y avait rien à faire qu'essayer de ne pas s'évanouir ; elle essaya, et y parvint.

33. *Richesse de vocabulaire*

Le vocabulaire du pasteur était si impressionnant que Mrs. Bridge se sentait poussée à enrichir le sien. Elle y songeait depuis un certain temps, mais l'occasion ne s'était encore jamais présentée, lorsque un jour elle reçut, comme second prix au club de bridge, un petit ouvrage qui expliquait comment l'on pouvait acquérir un vocabulaire plus riche en trente jours. La jaquette d'un rouge éclatant promettait à tout lecteur qui consacrerait chaque jour quelques minutes à ce travail que sa faculté d'expression serait tellement développée au bout de deux semaines que ses amis seraient muets d'admiration. Il était prouvé, disait en outre la couverture, que la grande majorité des employeurs possédaient un vocabulaire plus riche que leurs employés : c'était là, insinuait la jaquette, la raison de leurs situations respectives.

Bien que Mrs. Bridge n'eût l'intention de devenir ni employeuse ni employée, elle fut enchantée de recevoir ce prix. Tout le monde à Kansas City le lisait, et elle avait décidé, si elle ne le trouvait pas à la bibliothèque de prêt, de l'acheter. À peine rentrée chez elle cet après-midi-là, elle en entama la lecture. Le lendemain, elle fut occupée, mais le surlendemain elle passa près de trois heures à l'étudier et acheva plusieurs leçons, remplit tous les blancs et fit les exercices à choix multiples qui se trouvaient en fin de volume. Elle en parla avec enthousiasme à ses amies, dont la plupart l'avaient déjà lu ou avaient l'intention très ferme de le lire, à l'exception de Grace Barron qui lisait toujours des livres dont personne n'avait entendu parler.

Au bout de deux semaines, elle étudiait la treizième leçon – elle se trouvait donc presque à jour – quand le téléphone sonna. C'était Madge Arlen qui l'appelait pour lui dire qu'un camion de livraison venait d'écraser le boxer de leurs voisins. Les chiens se faisaient toujours écraser par des camions de livraison : les Bridge avaient perdu un colley quelques années plus tôt, et des gens du nom d'Ilgenfritz qui habitaient dans le pâté de maisons voisin avaient perdu deux teckels.

— Non ? commença Mrs. Bridge. Mais quelle horreur !

— Je suis bouleversée ! répondit Madge. Quand Édith me l'a annoncé, j'ai été tellement secouée que je ne pouvais plus dire un mot.

La conversation dévia bientôt vers le manuel de vocabulaire. Mrs. Bridge en fit un grand éloge et le recommanda très vivement à Madge, qui répondit qu'elle venait de le finir.

La nouvelle surprit fort Mrs. Bridge.

— Vraiment ? demanda-t-elle d'une voix incertaine, car le livre n'avait évidemment pas enrichi le vocabulaire de Madge.

— Oui, c'est merveilleux ! Tout le monde devrait le lire.

Après cette conversation, Mrs. Bridge se sentit un peu moins enthousiaste ; elle n'en continua pas moins les leçons chaque fois qu'elle en trouvait le temps. Elle voulait terminer le livre, ne fût-ce que parce qu'elle rencontrait sans cesse des gens qui lui demandaient si elle l'avait lu, et au bout d'un mois elle en était à la vingtième leçon, celle où l'on apprend à transformer les adverbes en substantifs. Aucune de ses amies n'ayant encore manifesté l'étonnement promis par l'argumentaire, Mrs. Bridge était légèrement découragée. Le livre commença de traîner un peu partout dans la maison : sur le guéridon du salon, d'abord, puis sur le fauteuil qui se trouvait près de la fenêtre de la petite salle à manger ; puis il passa environ une semaine dans un tiroir de la commode de la chambre du haut, après quoi il fit un bref séjour dans la chambre de Carolyn et Ruth, d'où il revint dans la petite salle à manger. Enfin, après un séjour au sous-sol, ses pages jaunies et sa jaquette réparée au scotch finirent par mourir sur une étagère, entre T.E. Lawrence et le *Roubayyat*.

34. « *La Route au tabac*[1] »

Bien que Madge et Grace fussent très différentes l'une de l'autre, Mrs. Bridge se sentait attirée vers elles deux, et elle était navrée qu'elles ne s'aiment pas. Elle avait parfois l'impression, mais n'en était pas tout à fait sûre, qu'elles se disputaient son amitié ; c'était à la fois émouvant et alarmant. Elle pensait souvent à ces deux femmes. Elle se

1. *Tobacco Road*, de Erskine Caldwell (1903-1987), paru en 1932 ; célèbre roman d'un réalisme cruel et caricatural sur les pauvres Blancs du Sud.

sentait plus à l'aise et plus détendue avec Madge, qui aimait tout ce qui touchait à Kansas City ; avec Grace Barron, il lui fallait toujours surveiller ce qu'elle disait, regarder autour d'elle, et elle ne pouvait jamais deviner ce que Grace allait dire ou faire.

On jouait *La Route au tabac* en version non expurgée, et Madge Arlen – peut-être était-elle jalouse des attentions de Grace Barron – téléphona à Mrs. Bridge pour lui proposer de l'accompagner à la matinée du mercredi. Mrs. Bridge n'y avait pas encore pensé, mais elle n'avait aucune raison de refuser, d'autant que tout le monde y allait en dépit de la réputation douteuse de la pièce, et elle accepta.

Dès le début du spectacle, Mrs. Bridge fut stupéfaite. Une stupéfaction passagère mais intense. L'une des actrices ressemblait à Ruth quand elle n'était pas peignée. Un instant, elle crut vraiment que c'était elle. Bien entendu ce n'était pas elle, et Mrs. Bridge put ensuite se rendre compte que l'actrice était légèrement plus âgée.

Ni elle ni Madge Arlen n'aimèrent la pièce et elles partirent après le deuxième acte.

— Vraiment, dit Mrs. Bridge en sortant du théâtre, je ne vois pas la nécessité d'une pièce comme *La Route au tabac*.

— Nous savions que ce serait grossier, observa Madge Arlen avec une certaine douceur, mais je suis de votre avis. Cela va beaucoup trop loin.

35. *Un matin d'été*

Il faisait très chaud cet été-là. D'aussi loin qu'elle se souvienne, Mrs. Bridge avait su que, à moins qu'elle ne fût en pantalon – et l'on ne se met en pantalon que pour jardiner –, elle devait porter des bas. Cela pouvait être inconfortable en été, mais c'était ainsi, il en avait toujours été ainsi, il n'y avait donc qu'à se résigner. Mrs. Bridge mettait donc des bas. Où qu'elle allât, fût-ce seulement au grand magasin de Sixty-Third Street, dût-elle même ne pas sortir de la journée.

Un beau matin, néanmoins – la journée promettait d'être extrêmement chaude, car il n'était pas dix heures et le goudron de la chaussée miroitait déjà –, elle décida de ne pas en mettre. C'était le jour de sortie d'Harriet, Ruth et Carolyn se baignaient au lac Lotawana, et Douglas était à une réunion d'avions miniatures à Swope Park ; personne ne verrait donc la différence. Elle choisit la robe la plus légère qu'elle pût trouver dans son armoire, mit des socquettes bleues et les sandales à semelles de bois qu'elle portait à la piscine du Country Club, puis se regarda dans la glace : ce qu'elle vit lui fit hocher la tête, mais, bravement, elle descendit.

Ce fut ce matin-là que choisirent les sœurs Beckerle, deux vieilles veuves que l'on voyait rarement dans le quartier, pour rendre visite à Mrs. Bridge.

— Ô mon Dieu ! s'écria-t-elle en les accueillant à la porte. J'ai vraiment l'air de sortir de *La Route au tabac* !

La Route au tabac l'avait à ce point choquée qu'elle en restait obsédée. Elle s'en servait comme casier fourre-tout : tout ce qui désormais lui paraissait irréel, bizarre, antipathique, inconvenant, malodorant ou, plus généralement, insipide, inattendu et désagréable était dans *La Route au tabac*, en venait ou aurait pu y être. C'est ainsi que, voyant son fils avec des chaussures de tennis en lambeaux, elle ne lui cacha pas d'où il venait. Il ne s'en montra pas affecté. Les questions vestimentaires ne l'avaient jamais inquiété, ni dans un sens ni dans l'autre, sauf s'il lui arrivait de s'attacher à un vêtement en particulier, auquel cas il le portait jusqu'à ce qu'elle le jetât. Chaque fois qu'il fallait lui acheter un costume, c'était toute une histoire. Finalement, après beaucoup de discussions, mère et fils partaient ensemble en voiture pour un magasin de confection pour jeunes gens où un vendeur expert en ce genre de situations prenait Douglas en main, et une fois qu'ils étaient tous trois complètement épuisés le marché se concluait. La discussion que souleva le costume gris fut typique.

— J'en ai déjà un, de costume.

— C'est un costume d'été, rétorqua-t-elle.

Il regarda dans son placard et en trouva un autre.

— Et celui-là, alors ?

— Il est trop petit, et d'ailleurs il est temps que tu en aies un autre.

— Je l'ai jamais porté, dit-il triomphalement, sa voix changeant de registre au cours de la phrase.

— C'est absolument ridicule. Nous partons immédiatement à la Plaza te choisir quelque chose, que cela te plaise ou non.

— Ce costume me va très bien. Je n'en veux pas d'autre.

— Tu imagines ton père allant au bureau avec un vieux costume ? Il serait la risée de la cour !

Douglas dit qu'il ne voyait pas ce qu'il y aurait de si drôle et qu'en plus il ne voyait pas du tout la différence que cela ferait. Elle, de son côté, ne comprenait pas pourquoi il ne voulait pas de vêtements neufs. Comme toujours, cela se termina à la Plaza, où on lui acheta un très joli costume gris. En rentrant, il déclara d'un ton amer qu'il ne le mettrait jamais. Ils savaient fort bien l'un et l'autre qu'il le mettrait, et effectivement il finit par le porter. Mais il ne voulait pas admettre qu'il l'aimait. Il décida même qu'il lui donnait des palpitations. Mrs. Bridge fut si abasourdie par cette nouvelle qu'elle resta un bon moment sans voix.

— Tu vois bien, dit-il en titubant et en portant la main à sa poitrine. Il est trop lourd. Je ne peux pas respirer.

— Mon petit ami, la seule chose qui cloche avec toi, c'est ton imagination débordante.

— Bon, bon, répondit-il d'un air ténébreux.

Et il s'éloigna lentement, la tête basse, s'arrêtant tous les deux ou trois pas pour tâter son cœur. Arrivé à la porte, il hésita et, avant de sortir, il dit farouchement :

— Mais je t'ai prévenue, hein. Si je tombe raide mort, tu ne t'étonneras pas.

— Entendu, dit-elle, je ne m'étonnerai pas.

37. *La belle-fille du pacha*

Mr. et Mrs. Bridge recevaient ce jour-là – non qu'ils en eussent grande envie, mais il le fallait. C'était comme pour les dîners avec les Van Metre : une fois que vous avez accepté une invitation, il faut la rendre. C'est ce que Mr. Bridge avait un jour appelé les « représailles ».

Quatre-vingts personnes environ étaient là, debout ou déambulant de long en large, mangeant, buvant, parlant et fumant. Il y avait Grace et Virgil Barron – Grace, bronzée, couverte de taches de rousseur, toute menue et l'air un peu pensif –, les Arlen (qui arrivèrent dans une Chrysler neuve), les Heywood Duncan, Wilhelm et Susan Van Metre (l'un et l'autre desséchés, sérieux et donnant l'impression de s'être trompés de soirée), Lois et Stuart Montgomery, Noel Johnson, immense et seul, avec une casquette en papier sur la tête, Mabel Ong, essayant d'engager des conversations sérieuses, et, entre autres, les sœurs Beckerle en robes perlées datant d'au moins vingt ans, donnant l'une et l'autre l'impression qu'elles n'avaient pas oublié le matin où Mrs. Bridge les avait reçues en socquettes. Même le pasteur Foster était là : il souriait avec indulgence sous son nez rouge et s'arrêtait de temps en temps pour prendre une cigarette ou un whisky sour et gronder quelques hommes pour leur partie de golf du dimanche.

Il y avait aussi un vendeur d'automobiles du nom de Beachy Marsh, qui était arrivé très tôt dans un veston croisé à rayures ; il se sentait mal à l'aise dans un milieu qui n'était pas le sien et faisait son possible pour être drôle. Ce n'était pas vraiment un ami de la maison, mais il avait fallu l'inviter avec quelques autres.

Mrs. Bridge allait et venait, froufroutante, dans sa grande maison élégante et bien éclairée, veillant à ce que tout fût comme il se devait. Toutes les deux ou trois minutes, elle allait donner un coup d'œil aux salles de bains et constater que les serviettes de toilette des invités, semblables à des mouchoirs de couleur pastel, étaient toujours sagement pliées les unes sur les autres, immaculées (à la fin de la soirée deux seulement avaient été touchées, fait qui aurait donné à Douglas, s'il l'avait su, une satisfaction morose). Elle alla aussi à la cuisine recommander à l'extra qu'elle avait engagée pour aider Harriet d'épingler le haut de son corsage amidonné.

Mrs. Bridge allait, venait, souriait avec grâce, s'arrêtait ici et là pour causer un instant, puis, toujours alerte, vérifiait les sandwichs à la dinde, les crackers, les saucisses grillées, ouvrait doucement les fenêtres pour que la fumée se dissipe, enlevait discrètement les verres mouillés sur les tables d'acajou, et s'esquivait de temps à autre pour vider les solides cendriers de cristal de Suède.

Et Beachy Marsh s'enivra. Il tapait sur l'épaule des gens, racontait des histoires drôles, riait aux éclats, s'amusait à vider lui-même les cendriers de leurs mégots couleur cerise, tout en essayant de maîtriser les pointes humides de transpiration de son col de chemise qui se redressaient comme deux cornes.

Il suivit Mrs. Bridge sur le tapis de l'escalier jusqu'à mi-étage et dit d'un ton plein de confiance :

« La bell' fille du pacha
Est très fière de son chat.
Non, monsieur, vous vous trompez,
Ce n'est pas c' que vous croyez,
Il a de longues moustaches et
Il attrape tous les rats. »

— Ô mon Dieu ! s'exclama Mrs. Bridge par-dessus son épaule avec un sourire poli mais sans s'arrêter, tandis que le vendeur d'autos tirait misérablement sur son col.

38. *Révolte des masses*

Les soirées se faisaient plus fraîches : septembre était là, l'automne n'était pas loin et les arbres bruissaient, comme incommodés.

Après avoir téléphoné à l'épicier et passé le reste de la matinée à écouter la radio sans trouver autre chose à faire, Mrs. Bridge annonça à Harriet, qui fumait furieusement cigarette sur cigarette dans la cuisine en coupant des dattes pour un pudding, qu'elle allait faire des courses à la Plaza et qu'elle rentrerait tard dans l'après-midi. En disant cela, elle se sentait un peu coupable. En réalité, elle n'avait pas de courses à faire. Mais les enfants étaient retournés en classe, Harriet faisait la cuisine et le ménage, la blanchisseuse venait une fois par semaine faire la lessive, et Mrs. Bridge trouvait les journées très longues. Elle se sentait nerveuse et malheureuse, et passait des heures entières à se remémorer le passé avec mélancolie, à se rappeler ces premières années de son mariage où les journées étaient trop courtes.

Après avoir déjeuné dans son salon de thé préféré, elle eut l'idée de chercher des chandeliers. Depuis quelque temps elle pensait à en acheter des neufs : pourquoi pas aujourd'hui ? Elle se dirigea du côté de chez Bancroft, qui avait les plus jolis objets de toute la Plaza. En chemin, elle entra dans une pharmacie acheter une boîte d'aspirine, puis s'arrêta devant la vitrine d'un libraire où son attention fut attirée par le titre d'un livre qui y était exposé : *Théorie de la classe désœuvrée*. Un flot de colère lui monta à la gorge. Pendant quelques secondes, elle fixa le volume d'un regard hostile, comme s'il avait été vivant et avait pu prendre conscience de sa présence, puis elle entra dans la librairie et demanda à voir le livre. De ses mains gantées, il lui était difficile de tourner les pages ; elle rendit donc le volume au vendeur, le remercia et, l'air mécontent, poursuivit son chemin vers Bancroft.

39. *Pastorale*

Lorsqu'elle achetait un livre, c'était soit un best-seller dont elle avait entendu parler ou dont elle avait vu une publicité, soit un ouvrage destiné au perfectionnement du lecteur, ou enfin un livre dont l'auteur était de Kansas City, quel que soit le sujet traité. Le dernier cas se présentait rarement, mais enfin il arrivait de temps à autre que surgît au centre de Kansas City une histoire de la guerre civile ou de l'ancien village de Westport Landing, ou qu'un éditeur local publiât une mince plaquette de vers ou un volume d'essais. Ce fut précisément un ouvrage de cette dernière catégorie qui demeura dans le salon des Bridge plus longtemps qu'aucun autre livre, exception faite toutefois d'une très vieille édition des *Frères Karamazov* en deux volumes reliés en cuir doré, que personne dans la maison n'avait jamais lue et qui avait appartenu au grand-père de Mr. Bridge. Ces deux volumes reposaient gravement sur la cheminée entre deux têtes de chefs indiens en bronze – unique cadeau de la cousine Lulubelle Watts dont Mrs. Bridge eût pu trouver l'utilisation – et une fois par semaine ils recevaient des mains d'Harriet quelques légers coups d'un plumeau de plumes de paon.

L'ouvrage, donc, qui ne le cédait qu'aux *Frères Karamazov*, était un recueil de pensées du pasteur Foster, homme fort petit et sympathique, dont l'énorme tête, à laquelle on ne faisait jamais allusion sans employer l'épithète « léonine », était couronnée d'une chevelure d'un blanc doré qu'il portait très longue et qu'il brossait vers le haut de son crâne afin de paraître plus grand. Il avait mis plusieurs années à composer ces essais, qu'il songeait depuis quelque temps à réunir en un volume. Il faisait parfois allusion, en riant, à ce qu'il appelait ses mémoires : on s'exclamait alors qu'il n'avait pas le droit de les garder pour soi jusqu'à sa mort, sur quoi, posant la main sur le bras de son interlocuteur, ou même se dressant sur la pointe des pieds, il riait de bon cœur et répondait : « Nous verrons, nous verrons. » Puis il s'éclaircissait la voix.

Enfin, après qu'il eut prêché dix-sept ans à Kansas City et que sa réputation fut bien établie (son nom était souvent mentionné dans le *Tattler*, et même dans le journal local), un petit éditeur prit ses essais, qu'il avait déjà proposés plusieurs fois. Le livre parut avec une couverture noire, sous une jaquette gris et violet d'une grande dignité où l'on voyait l'auteur à la fenêtre de son bureau, les mains derrière le dos et un pied légèrement en avant, contemplant d'un air calme le crépuscule.

Le premier essai commençait ainsi : « Me voici assis à mon bureau, ce bureau qui depuis tant d'années a été pour moi source de réconfort et d'inspiration. La nuit tombe, les ombres doucement se glissent dans mon petit, mon délicieux jardin, et je songe, comme souvent en de pareils moments, au sort de l'Humanité. »

Mrs. Bridge lut le livre du pasteur, qui le lui avait dédicacé, et elle fut surprise de découvrir que ce petit homme était si profond, si sensible à la beauté du crépuscule ; jamais elle n'aurait pensé qu'il se levait régulièrement pour le contempler. Elle souligna plusieurs passages qui semblaient avoir pour elle un sens particulier, et ce petit travail lui permit de discuter de l'ouvrage avec ses amies, qui toutes étaient en train de le lire.

Ce livre vint à elle comme une branche d'olivier, l'assurant de l'amour de Dieu pour l'homme, de l'amour de l'homme pour Dieu. Dans l'ombre sans cesse grandissante des Hitler et des Mussolini, sa foi fut restaurée, son cœur s'ouvrit aux rassurantes méditations de son pasteur.

40. *La poétesse*

Écrivain, Mabel Ong l'était elle aussi, quoique dans un genre bien différent. Le bruit courait avec insistance qu'elle était poète – poète de valeur – et que l'un de ses poèmes avait été publié dans une revue. Mrs. Bridge avait discrètement, mais vainement, tenté de découvrir le nom de la revue et le titre du poème, aussi fut-elle fort heureuse lorsque Lois Montgomery annonça que Mabel avait exceptionnellement consenti à donner lecture de quelques-unes de ses œuvres à l'issue de la prochaine réunion de l'Auxiliaire. Mabel Ong était une femme d'environ trente-cinq ans, vigoureuse, musclée, avec des cheveux coupés très courts et le front parsemé de grains de beauté ; elle portait souvent un manteau de tweed et mettait les mains dans ses poches comme un homme. Parlant avec assurance, en tournant la tête de temps en temps pour tousser ou rire, elle exprimait en termes amers ses griefs contre le capitalisme et racontait comment elle tenait de source parfaitement sûre que des femmes mouraient en couches pour n'avoir pu payer l'hôpital, ou même le montant de l'assurance. « Si je devais avoir un enfant », aimait-elle à dire en guise d'exorde, après quoi elle parlait d'honoraires de médecin.

Le jour dit, Mabel Ong se dirigea vivement vers le fond de la pièce avec une serviette qu'elle portait comme un livre. Elle posa sa serviette sur une table à jeu, ouvrit la fermeture Éclair et, les sourcils froncés, fouilla pendant quelques minutes dans ses papiers. Ayant enfin trouvé ce qu'elle cherchait, elle versa dans un verre un peu de l'eau glacée qui se trouvait dans une carafe, alluma une cigarette, puis, un œil fermé à cause de la fumée, se remit à fouiller dans ses papiers. Mrs. Bridge la regardait faire avec beaucoup d'attention : Mabel ressemblait certainement à un poète.

Après avoir bu un verre d'eau, la poétesse écrasa sa cigarette, se passa la langue sur les dents et contempla l'espace en fronçant les sourcils. Puis, tout à coup, elle commença :

— Du sein sauvage il sort, sanglotant…

Mabel souffrait d'une légère ankyloglossie, et Mrs. Bridge, qui était au dernier rang, ne savait pas si elle avait dit « il sort, sanglotant » ou « il sort, s'arc-boutant » ; elle décida néanmoins de ne pas s'en informer. Lorsque la lecture eut pris fin, elle applaudit avec les autres, se leva et resta quelque temps à écouter les questions que posaient quelques-unes des spectatrices à l'auteur, désireuses d'éclaircir le sens de tel ou tel vers. Mrs. Bridge n'avait pas aimé les poèmes – ils étaient trop libres pour elle, trop peu poétiques – et elle espérait que personne ne lui demanderait ce qu'elle en avait pensé. Effectivement, personne ne le lui demanda, mais un jour elle fut toute surprise de s'entendre elle-même dire qu'elle ne les avait pas aimés ; embarrassée soudain de ce jugement, car elle avait conscience de ses limites, elle ajouta vivement : « Mais je serais bien loin de pouvoir en faire autant ! »

41. *Vote*

Bien qu'elle ne se fût jamais intéressée à la politique, comme certaines femmes, elle écoutait attentivement ce qui se disait lorsque la conversation dans des déjeuners ou des réunions du cercle portait sur des sujets tels que les excédents agricoles ou les entreprises de travaux publics. Elle ressentait son ignorance, souhaitait se perfectionner et avait souvent résolu de s'y mettre sérieusement, mais tant de choses surgissaient, toujours au mauvais moment. Et puis, elle ne savait trop par où commencer. De temps à autre, elle pensait bien à interroger son mari, mais elle se disait après réflexion qu'elle allait sans doute poser des questions stupides, et il était si préoccupé par sa vie professionnelle qu'elle ne voulait pas l'en distraire. D'ailleurs, qu'aurait-elle pu faire par elle-même ?

Tel fut l'argument qu'elle essaya de faire valoir à Mabel Ong, un jour où elle avait laissé échapper que son mari lui avait toujours dit pour qui voter.

— Vous n'avez donc pas d'opinion personnelle ? lui demanda Mabel en prenant un air menaçant. Mon Dieu, réveillez-vous ! Nous avons été émancipées, que diable, continua-t-elle en se balançant d'avant en arrière, les mains derrière le dos, les sourcils froncés et le regard fixé sur le tapis du club.

— Vous avez certainement raison, s'excusa Mrs. Bridge en évitant discrètement le ruban de fumée qui s'échappait de la cigarette de Mabel. Mais vous ne trouvez pas difficile de savoir *que* penser ? Il y a tant de scandales et de fraudes partout, et j'imagine que les journaux n'impriment que ce qu'ils veulent bien nous faire savoir.

Elle hésita, puis, éleva la voix avec assurance :

— Comment faites-vous pour vous faire une opinion ?

Mabel Ong, sans retirer sa cigarette de ses lèvres, considéra le plafond, puis le tapis, puis, d'un œil sévère, une reproduction de Degas qui ornait le mur, comme si elle réfléchissait à la réponse qu'il convenait de faire à une question aussi naïve et suggéra enfin que Mrs. Bridge commençât par acquérir les premiers principes en lisant attentivement certains livres dont elle nota les titres sur la marge d'une feuille de carnet. Mrs. Bridge n'avait entendu parler que de l'un de ces livres, parce que l'auteur s'était suicidé, et elle décida de le lire.

La dame qui s'occupait de la bibliothèque où elle était inscrite n'avait jamais entendu parler de ce livre, ce qui, après tout, était assez flatteur, et, puisqu'elle avait décidé de le lire, Mrs. Bridge partit pour la bibliothèque municipale. Là, elle le trouva enfin, et elle entama aussitôt la lecture réfléchie conseillée par Mabel Ong. Le nom de l'auteur était Zokoloff, ce qui évidemment avait quelque chose d'un peu terrifiant ; aussi bien était-il question dans le premier chapitre de la corruption des tribunaux de correctionnelle.

Lorsqu'elle fut assez avancée dans sa lecture pour se sentir capable de parler du livre, elle le laissa sur la table de l'entrée. Mr. Bridge ne l'aperçut cependant qu'après trois jours. Mrs. Bridge, qui le surveillait de loin, vit ses narines se dilater lorsqu'il lut le titre, et elle attendit nerveusement sa réaction. Il ouvrit le livre, lut quelques phrases, poussa un grognement et reposa le volume sur la table. C'était un peu décevant. En fait, maintenant que l'entreprise était sans danger, elle avait du mal à finir sa lecture ; ç'aurait été plus simple dans un condensé de magazine. Mais enfin elle arriva au bout et rapporta le livre à la bibliothèque.

— Je ne peux pas dire que je sois d'accord avec l'auteur sur tous les points, dit-elle d'un air discrètement entendu, mais il est certainement bien informé.

Certains des arguments de Zokoloff demeurèrent présents à l'esprit de Mrs. Bridge : plus elle y pensait, plus ils lui paraissaient logiques. Il était évidemment temps de changer de gouvernement. Aussi décida-t-elle de voter libéral aux prochaines élections, et lorsque le moment approcha elle se sentit emplie d'un tel enthousiasme et d'une telle détermination qu'elle envisagea de discuter avec son mari de sa nouvelle position. Elle ne doutait pas qu'elle pourrait le persuader de changer son vote lui aussi. La politique, après tout, n'avait rien de mystérieux. Elle l'entreprit donc sur le sujet. Mr. Bridge ne parut pas spécialement intéressé ; en vérité, il ne répondit même pas ; il étudiait un dossier et se contenta de lancer à sa femme un coup d'œil ennuyé. Elle attendit donc le lendemain soir qu'il fût disponible ; cette fois, il la regarda avec insistance et étonnement, comme pour la sonder, puis renifla.

La veille des élections, néanmoins, elle était bien décidée à remettre le sujet sur le tapis et à citer des phrases de Zokoloff. Mais Mr. Bridge rentra si tard, si épuisé, qu'elle n'eut pas le courage de l'ennuyer. Après tout, mieux valait le laisser voter comme il l'avait toujours fait, elle ferait comme elle l'entendait. Sur le chemin du bureau de vote, qui était fort commodément installé dans le quartier commerçant du Country Club, elle commença cependant à douter. Enfin, quand elle dut à son tour abaisser la manette, elle souhaitait de nouveau que le monde restât tel qu'il était.

42. *Serments*

Au cours d'une réunion de l'Auxiliaire, une discussion s'éleva : ne serait-ce pas une bonne idée que d'amender la Constitution afin d'y inclure les mots « devant Dieu » ? Grace Barron regarda par la fenêtre tout le temps de la discussion. Toutes ces dames furent d'avis que c'était une excellente idée, sauf Mabel Ong – particulièrement stricte ce jour-là dans un tailleur qu'éclairait une cordelière nouée en guise de cravate ; il était clair que Mabel, en sa qualité d'intellectuelle, était contre la majorité plutôt que contre l'amendement en question. Tard dans l'après-midi, la résolution fut mise aux voix. Sur cinquante-six dames présentes, quarante-quatre votèrent pour que Dieu fût inclus. Mabel vota contre. Grace s'abstint ; en fait, à l'appel de son nom, elle sursauta et dit : « Quoi ? »

Mrs. Bridge aurait voulu que le vote fût unanime, l'unanimité était une chose si satisfaisante ! Chaque fois qu'elle entendait dire ou lisait qu'un vote avait été unanime, elle se sentait envahie d'une vague de fierté, et aussitôt, sans savoir pourquoi, elle pensait aux Pèlerins[1]. Elle aimait prêter serment et le faisait régulièrement, mais elle était circonspecte lorsqu'on exigeait sa signature : les signatures engagent, pensait-elle, et elle avait l'impression que l'on devait souvent les photographier, les falsifier, je ne sais quoi : des gens sans scrupules doivent pouvoir faire tant de choses avec une signature !

Les résolutions orales, en revanche, lui semblaient sans danger ; elles lui donnaient l'impression de participer à quelque chose et elle aimait en discuter.

1. Les « Pilgrim Fathers », colons anglais qui fondèrent Plymouth. *(N.d.T.)*

On l'entendait souvent presser d'autres dames, qu'elle connaissait à peine, de se joindre à elle et aux autres : « Cela peut être utile, expliquait-elle, et en tout cas cela ne fait de mal à personne. »

43. *Une autre victime des circonstances*

Lois Montgomery était l'un des membres les plus actifs de l'Auxiliaire. Mrs. Bridge ne lui avait jamais accordé une attention particulière bien qu'elle la connût depuis des années, jusqu'au jour où Mabel Ong fit intentionnellement allusion à l'époque où Lois avait été violée. L'expression souriante et neutre du visage de Mrs. Bridge ne changea pas, comme si elle savait tout de l'affaire, ou du moins comme si elle en savait long sur ce genre de choses, mais par la suite elle en apprit davantage. Lois Montgomery était maintenant une grande femme imposante avec une grosse poitrine d'un blanc de neige et un parfum un peu entêtant. Elle nouait ses cheveux noirs en un gros chignon de danseuse abondamment laqué, sous lequel on percevait un petit toupet de faux cheveux bruns. Mrs. Bridge n'aurait jamais pensé que ce fût là le genre de personnes auquel s'attaquerait un maniaque, mais enfin la chose, pour autant qu'elle pût s'en assurer, était vraie. Cela s'était passé bien des années auparavant, alors que les Montgomery habitaient Butte, dans le Montana, où Stuart avait une bonne situation dans les chemins de fer. Comment l'histoire les avait suivis de Butte à Kansas City après tant d'années, il était impossible de le découvrir.

Mrs. Bridge se représentait la scène : Lois dans sa robe de Fifth Avenue, avec son renard argenté, descendait noblement une rue obscure du Montana où s'engouffrait le vent du Canada. Puis l'homme bondissait de derrière un buisson, ou bien contournait rapidement un arbre. Il portait un vêtement râpé dont le col était relevé, il n'était pas rasé, à moins qu'il ne portât une veste de cuir et un masque, ou même une cagoule. Elle essayait d'imaginer Lois luttant avec lui dans les ténèbres, appelant au secours. Peut-être l'homme l'avait-il bâillonnée avec son renard argenté ? Ensuite, la malheureuse s'évanouissait sur le trottoir et l'homme s'enfuyait. Plus tard, elle était couchée sur un lit d'hôpital, on lui avait donné un sédatif, et des inspecteurs de police vêtus d'uniformes de serge mal taillés lui posaient des questions embarrassantes. Enfin des parents et des amis entraient avec des fleurs. La scène se terminait toujours à l'hôpital, dans une chambre pleine de fleurs et du parfum de Mrs. Montgomery.

Et surtout Stuart Montgomery, jusqu'à quel point avait-il été affecté par cette tragédie ? À Kansas City, c'était un homme grand et robuste au visage dur et bulbeux comme ceux que l'on voit sur les tire-bouchons ou les pommeaux de canne. Lorsqu'elle le rencontrait dans la rue avec sa drôle de serviette jaune, il n'avait pas grand-chose à lui dire : c'était à peine s'il se donnait la peine de sourire en touchant le bord de son chapeau. Avait-il pleuré lorsqu'il avait appris ce qui s'était passé ? Avait-il essayé de s'excuser de l'avoir laissée rentrer seule ce soir-là, ou au contraire l'accompagnait-il et l'homme l'avait-il fait fuir en le menaçant de son fusil, ou bien frappé à la tête ? Respectait-il encore sa femme ?

Mrs. Bridge aurait voulu faire un geste pour dire à Lois Montgomery sa sympathie, mais que faire, après tout, puisque jamais personne n'en parlait et que Lois était là, souriante, et bavardait et mangeait des sandwichs au crabe comme tout le monde ?

44. *Léda*

Au cours d'un déjeuner, elle eut avec Grace Barron une conversation sur l'art qui amena les deux femmes à quitter le club et à partir pour la William Rockhill Nelson Art Gallery, où elles restèrent jusqu'à l'heure de la fermeture. Mrs. Bridge se sentait nerveuse et coupable à la pensée de ce départ quasi clandestin, mais Grace était ainsi.

Goya, Holbein, Dürer, Corot – tous ces noms, à la fois si familiers et si vides pour Mrs. Bridge, étaient pour Grace Barron de vieux amis. Aussi Mrs. Bridge comprit-elle rapidement que ce jour-là serait pour elle un jour mémorable, comme ces jours de février où les nuages se dissipent après des mois de ciels menaçants.

Bien qu'un peu gênée, et sans en parler à Grace, Mrs. Bridge s'inscrivit à un cours de peinture pour adultes dans une école d'art proche du musée. Elle s'acheta une trousse qui contenait des tubes de peinture, des pinceaux, une palette – elle croyait que toutes les palettes avaient cette jolie forme si particulière qu'elle connaissait et fut un peu déçue de voir que celle de la trousse était simplement rectangulaire –, une bouteille d'huile de lin, une bouteille de térébenthine et deux gobelets de métal dont le vendeur lui expliqua qu'ils servaient pour la térébenthine et pour l'huile. Elle acheta également un chiffon pour essuyer ses pinceaux et une blouse brodée de petits oiseaux, et ainsi équipée commença ses cours de peinture, trois fois par semaine. Elle y alla régulièrement pendant près d'un mois, sauta un soir, y retourna plusieurs fois, sauta trois soirs, y retourna irrégulièrement pendant un autre mois, puis elle finit par abandonner. Elle peignait avec un certain goût, du sentiment, son œil n'était pas dépourvu de justesse. Le professeur lui fit même d'aimables compliments et l'encouragea à continuer. C'était un petit homme d'une quarantaine d'années, morose et ridé ; il avait mauvaise haleine, des poches sous les yeux et se grattait souvent la tête en disant : « Bon, les enfants, ce soir on se laisse aller, d'accord ? »

Il y avait parfois un modèle, généralement un vieil homme déguisé en immigrant avec des bottes et un foulard sur la tête ; d'autres fois, les élèves devaient peindre une composition de bois mort et de bouteilles de vin. Un soir, Gadbury, le professeur, leur proposa de peindre d'imagination une scène mythologique : il suggéra Wotan, mais ajouta que chacun était libre de faire ce qu'il voulait. Wotan ne disait absolument rien à Mrs. Bridge, qui se rappelait, en revanche, avec une clarté parfaite la légende de Léda et du cygne. Elle peignit donc un petit cygne d'un blanc bleuâtre aux côtés duquel se dressait avec raideur une Léda aux pieds dans l'eau jusqu'aux chevilles et aux mains derrière le dos – les pieds et les mains lui donnaient toujours beaucoup de mal –, et elle revêtit Léda d'un costume de bain de couturier qui n'était pas sans rappeler le sien propre.

Mr. Gadbury s'arrêta un instant dans son inspection pour contempler Léda par-dessus l'épaule de Mrs. Bridge. Il objecta qu'à son avis le lac était trop bleu.

45. *La pendule*

Mrs. Bridge passait de longs moments à regarder dans le vide, oppressée par un sentiment d'attente. Attente de quoi ? Elle ne savait. Quelqu'un allait venir, quelqu'un avait sûrement besoin d'elle. Mais chaque jour passait comme celui qui l'avait précédé. Rien d'intense, rien de désespéré n'arrivait jamais. Le temps ne passait pas. La maison, la ville, le pays, la vie même étaient éternels ; pourtant, elle avait le pressentiment qu'un jour, sans avertissement et sans pitié, tout ce qui lui était cher, tout ce qui comptait pour elle serait détruit. Ainsi, de temps en temps, ses pensées se faisaient-elles, par des voies détournées, plus profondes, descendant en spirale en quête de l'ultime sanctuaire, en quête d'une vie plus immuable que celle qu'elle avait transmise à ses enfants en les mettant au monde.

Un soir où elle était seule avec son mari – Harriet était à l'église et les enfants étaient sortis –, elle connut un instant d'une profondeur insondable. Il pleuvait, le vent soufflait. Depuis une heure, peut-être plus, chacun d'eux lisait de son côté, lui, la page financière du journal, elle, le compte rendu des mariages du jour. La pluie battait doucement contre les vitres, les persiennes ballottaient, et le brise-bise d'étain commençait à gémir au-dessus de la porte d'entrée. Mrs. Bridge, son journal sur les genoux, écoutait le grondement et le roulement du tonnerre sur la maison. Dans un calme parfait, la chambre fut tout à coup illuminée par un éclair. Mr. Bridge leva la tête, sans plus, mais quelque chose s'émut en Mrs. Bridge. Elle regarda intensément son mari.

— La pendule a sonné ? demanda-t-il.

— Je ne crois pas, répondit-elle, attendant.

Il s'éclaircit la voix. Ajusta ses lunettes. Continua sa lecture.

Jamais elle ne devait oublier ce moment où elle avait failli appréhender le sens même de la vie, des étoiles et des planètes, oui, et l'envol de la terre.

46. *La comtesse Mariska*

La seule personne qu'elle rencontra qui avait sans doute connu des moments semblables était une comtesse russo-italo-hongroise qui traversa Kansas City comme une feuille dans le vent.

— La comtesse Mariska Mihailova Strozzi, ainsi la présenta Lois Montgomery – qui venait d'être élue présidente de l'Auxiliaire – à un déjeuner.

— Mesdames… commença la comtesse, et elle continua pendant une heure.

Mais ce fut une heure qui sembla une minute. Personne ne murmura ni ne quitta la pièce. La comtesse était électrisante, et celles qui manquèrent sa causerie en entendirent parler pendant des mois. Fille d'un vieux diplomate russe qui, jusqu'à une certaine intrigue de cour, avait été l'intime du tsar Nicolas II, elle était née à Shanghai : la famille avait été exilée, il y avait eu des meurtres, des enlèvements, de l'espionnage, Dieu sait quoi. À quatorze ans, elle avait épousé un milliardaire italien qui se disait le descendant direct de la grande famille de la Renaissance qui s'était dressée contre les Médicis, mais elle l'avait quitté. Plus tard, elle avait épousé un riche Grec. Elle en était maintenant divorcée et se rendait à San Francisco sur l'invitation d'un armurier. Elle parla de ses expériences, mais surtout des nazis : ne disait-on pas que juste avant de venir en Amérique elle avait tué un colonel nazi avec le revolver de celui-ci ? Mrs. Bridge, assise au premier rang, le regard levé vers les yeux violets et scintillants, le croyait volontiers.

La comtesse était très petite et très élégante dans une robe fourreau noire. Elle ne portait qu'un bijou, un grand saphir étoilé qui faisait ressortir une étrange cicatrice d'un blanc bleuâtre sur le dessus de sa main. Mrs. Bridge était sûre que tout le monde mourait d'envie de savoir ce qui avait causé cette cicatrice, mais personne n'osait poser de questions. Ce n'était là que l'un des mystères de la comtesse. Délicate et follement féminine, elle avait en même temps la brusquerie d'un homme. On devinait qu'elle avait été le témoin de mille folies et de mille sagesses, de mille agonies et de mille joies. Soudain, elle se tut et glissa nonchalamment une cigarette européenne dans un fume-cigarette d'ébène ; plusieurs minutes durent s'écouler tandis qu'elle fumait et regardait au-delà de son auditoire, mais tout le monde était pétrifié et personne ne bougea. Elle écrasa sa cigarette, puis continua dans son anglais parfait, un peu lourd : « Nous devons détruire le fascisme… »

Plus tard, Mrs. Bridge se présenta à la comtesse, car c'était ce que tout le monde faisait, et elles causèrent pendant quelques minutes. Deux images devaient rester gravées dans la mémoire de Mrs. Bridge : une marque rouge toute fraîche sur la petite gorge dorée, une marque comme en laisserait une bouche d'homme, et cette voix voilée qui murmurait : « La peur, croyez-moi, madame, est la chose la plus terrible qui soit au monde. »

47. *Feuilles de thé*

Peu après le départ de la comtesse pour San Francisco et son accueillant armurier, Mrs. Bridge déjeuna à la Plaza avec Grace Barron. Grace semblait abattue et Mrs. Bridge, pour l'égayer un peu, regarda dans sa tasse et fit semblant d'étudier les feuilles de thé. Un doigt sur une narine, elle dit :

— Mon sang de bohémienne me dit que vous…

— Mon destin ? interrompit Grace d'un air absent. Je connais mon destin.

Et deux grosses larmes roulèrent sur ses joues sous les yeux ébahis de Mrs. Bridge.

48. *Libéral*

Était-ce inscrit dans les feuilles de thé ou simplement en Grace elle-même, Mrs. Bridge l'ignorait. Toujours est-il que Grace perdit les pédales au cocktail donné en l'honneur de Mrs. Albert Tate, en partance pour un tour du monde. Les Arlen recevaient plus de cent personnes dans leur nouvelle résidence de style colonial de Shoat Drive. Les invités étaient censés rester de six heures à neuf heures et demie du soir, mais à dix heures la foule était toujours aussi dense quand on commença à murmurer que Grace Barron se disputait avec le maître de maison dans la salle de jeux du sous-sol.

— … de l'ethnocentrisme, voilà ce que c'est ! disait Grace au moment précis où Mrs. Bridge descendait au sous-sol avec une précipitation inquiète.

Russ Arlen fronça les sourcils et grommela quelque chose. Grace but une grande gorgée de Martini et se passa la langue sur les lèvres.

— Bien mieux, annonça-t-elle à la foule, si nous entrons de nouveau en guerre, savez-vous qui j'accuse ? La presse américaine ! Des titres alarmants font vendre les journaux, n'est-ce pas ? J'accuse. *Monsieur, j'accuse*[1] !

Andrew Koeppel, que l'on avait félicité toute la soirée pour l'achat d'un nouvel hôtel, intervint :

— Puis-je dire un mot ? Il y a quelques minutes, vous mentionniez une Sémite de vos amies qui estime qu'un pogrom est aussi probable dans ce pays qu'en Allemagne. Laissez-moi vous dire ceci. L'Allemagne nazie est la plus fasciste de toutes les nations du monde, et si votre amie ne se plaît pas ici, qu'elle s'en aille. C'est en luttant contre les Juifs que j'ai acquis tout le bien que je possède, et j'ai l'intention de le garder. Mon père, écoutez-moi bien, est arrivé dans ce pays sans un sou en poche, il avait trente-six ans lorsque…

Et il se lança dans une longue histoire d'un intérêt médiocre, où il était question de tiges de blé arrachées pour onze cents par jour.

L'attention se portait de nouveau sur Grace lorsque parvinrent du rez-de-chaussée des cris de « Au feu ! au feu ! ». Tout le monde, verre en main, se précipita dans l'escalier. Il y avait bien le feu, mais pas dans la maison ; le siège arrière de la Cadillac des Porter était en train de brûler. L'alarme n'avait pas été donnée plus tôt parce que chacun pensait que son voisin s'en chargerait. Une voiture de pompiers parut bientôt dans

1. En français dans le texte. *(N.d.T.)*

Ward Parkway à grand renfort de klaxon et vira dans Shoat Drive, l'une des échelles égratignant au passage les garde-boue de plusieurs autos. Les pompiers brisèrent la vitre de la Cadillac et commencèrent à arroser le siège arrière, tandis que la fumée sortait en nuages et que Mrs. Porter, en larmes, les suppliait de cesser. Les pompiers étaient d'avis qu'une cigarette mal éteinte avait dû provoquer l'incendie, mais les sœurs Beckerle, qui étaient venues dans cette voiture sur cette banquette arrière, le niaient absolument.

Quelques minutes plus tard, tout le monde était de retour dans la maison, et Grace recommençait, dans la bibliothèque, sous un portrait en pied de Madge cette fois. Mrs. Bridge entendit en entrant :

— … et les Modocs et les Nez-Percés ! Et l'apache de Membreno, les Sioux tetons, et la violation délibérée du traité de 1868, et…

— Crevettes ?…

C'était Madge qui, pour sauver sa soirée, se précipitait suivie de sa nouvelle bonne chargée d'un immense plateau d'argent débordant de hors-d'œuvre.

— Un autre Martini ! dit Grace. Et les Séminoles, donc ? Ils ne nous avaient jamais rien fait, et nous avons envahi leurs marécages, nous les avons décimés.

Mrs. Bridge sentait bien que la discussion la dépassait, mais, dans l'espoir d'apaiser ce qui menaçait de tourner en une scène regrettable, elle intervint avec confiance :

— En effet, Grace, il semble bien que nous ayons commis là des actes terribles, mais, si vous poussiez votre enquête assez loin, qui sait si vous ne découvririez pas que c'étaient les Séminoles qui nous avaient attaqués les premiers ?

La conversation se poursuivit pendant quelque temps. Grace Barron en était toujours le centre, vociférant tantôt contre la censure des livres, tantôt contre la surveillance par la police du courrier des personnes soupçonnées de fascisme ou de communisme. Une ou deux fois, Mrs. Bridge essaya de faire dévier la conversation en faisant l'éloge du portrait vraiment royal de Madge qui dominait la situation, ou en reparlant de l'incendie de la Cadillac, mais au moment même où elle était sur le point de réussir, Grace provoquait quelqu'un et tout recommençait.

Cette soirée eut une suite. Le lendemain soir, quelqu'un déboulonna les essuie-glaces de l'auto des Barron, qui était dans la rue devant leur porte : on les trouva tout tordus dans le ruisseau, quelques mètres plus loin.

Le chef de la troupe de scouts dans laquelle David Barron était enrôlé reçut une lettre anonyme lui conseillant de surveiller le jeune Barron. Le chef scout n'avait jamais reçu de lettre anonyme de sa vie, ne savait qu'en faire et la remit au pasteur Foster, qui téléphona à la police et leur parla longuement de choses et d'autres avant d'expliquer pourquoi il appelait. La lettre comportait un post-scriptum demandant depuis combien d'années le jeune Barron jouait du violon, et ajoutait triomphalement qu'il n'avait pas été admis à faire partie d'une association de lycéens.

Les jours passèrent. L'affaire semblait oubliée. Puis un jour Madge Arlen mentionna que son mari avait fermé son compte à la banque de Virgil Barron et en avait ouvert un à la Security First.

— Mon Dieu ! soupira Mrs. Bridge. Qu'en a pensé Virgil ?

— Russ m'a dit qu'il n'avait pas ouvert la bouche. (Madge s'arrêta pour allumer une cigarette, secoua l'allumette pour l'éteindre, respira profondément et ajouta :) Nous n'avons pas été les premiers à le faire.

Mrs. Bridge crut un instant qu'elle allait s'évanouir, mais la tête avait déjà cessé de lui tourner lorsqu'elle s'entendit dire d'un ton compatissant :

— Je suppose que c'était la meilleure chose à faire.

49. *Le monde privé de Wilhelm et Susan*

Les seules personnes à ignorer les excès de Grace Barron étaient manifestement Wilhelm et Susan Van Metre.

— Nous passions dans le quartier, dit Wilhelm Van Metre en s'éclaircissant la voix par deux fois, alors j'ai dit à Mrs. Van Metre : « Susan, puisque nous sommes dans le quartier, pourquoi ne pas nous arrêter un petit moment chez les Bridge ? » (Il s'éclaircit la voix de nouveau.) Décidément, il y a quelque chose qui ne va pas dans mes cordes vocales. En tout cas, Susan a été de mon avis.

Il se tourna pour lui sourire.

— Quelle merveilleuse surprise ! répondit Mrs. Bridge. Voyons, donnez-moi vos manteaux. (Elle alla au pied de l'escalier et appela :) Walter ! Devine un peu qui est là ?

Walter allait devoir laisser son roman policier, ou ses brochures de vacances, ou ce à quoi il était occupé pour l'instant, sortir du lit, s'habiller et descendre.

— Voyons, reprit-elle après les avoir fait asseoir et avoir demandé à Harriet de préparer le thé. Voyons, racontez-moi un petit peu ce qui vous est arrivé de beau !

Wilhelm étouffa un petit rire et se frappa le genou.

— Susan, tu as entendu India ? Dis donc, continua-t-il en s'adressant toujours à sa femme, est-ce qu'il nous arrive jamais rien de beau, à nous ? Pas grand-chose de beau, j'en ai peur, non, pas grand-chose.

Il se renversa en arrière et se toucha les deux narines l'une après l'autre comme pour s'empêcher d'éternuer.

— Non, pas grand-chose, pas grand-chose.

Mr. Bridge ne vint se mêler à la conversation qu'après un bon moment ; il avait reconnu les voix et largement pris son temps. Pendant près de trois heures, ils restèrent assis dans le salon autour de la théière. Mrs. Bridge, qui craignait que son mari ne quittât la pièce et ne retournât se coucher, essayait de soutenir la conversation. Elle tenta d'intéresser ses hôtes à un jeu de courses de chevaux qui était très à la mode, puis suggéra les cartes. Wilhelm eut une meilleure idée : une partie de dominos avec Mr. Bridge. Mais il n'y avait pas de dominos dans la maison. Wilhelm proposa les échecs ; il n'y avait pas de jeu d'échecs. Pendant un moment, on put croire que Wilhelm allait chercher le sien chez lui. Enfin, Mrs. Bridge réussit à lui faire oublier le sujet. Il lui demanda ensuite son opinion sur la troupe du ballet qui venait de terminer une série de spectacles à Kansas City.

— Mon Dieu, dit-elle rapidement, voyons voir… les ballets… ah ! oui, c'était ces jours-ci, n'est-ce pas ?… Grace Barron…

— J'ai trouvé l'interprétation du premier danseur vraiment trop vieux jeu, déclara Wilhelm en tapant du bout des doigts et en fronçant les sourcils. Susan, elle, si ma mémoire est bonne, n'était pas de mon avis, sauf pour *Le Lac des cygnes*. Nous avons tous les deux beaucoup aimé *Le Lac des cygnes*.

Il demanda également à Mrs. Bridge ce qu'elle pensait de la critique sur Kafka qui avait paru dans le dernier numéro d'une revue littéraire.

— Tiens, cela m'a échappé, répondit-elle.

Elle n'avait jamais entendu parler de la revue en question.

Pour finir, la conversation tomba inévitablement sur le sujet favori de Wilhelm : son métier. Il était ingénieur depuis trente ans. En dépit de son expérience, il dit :

— J'estime qu'il est mauvais de se fier à sa mémoire. Je mets ma foi dans les instruments. Je ne sais, India, si la loglog duplex decitrix vous est familière.

Tout le monde avait l'air louche, avec Harriet.

Après un moment de réflexion, Mrs. Bridge se leva et traversa la cuisine. Il neigeait, et sur la dernière marche se tenait un petit homme voûté avec une expression pitoyable : il tremblait de tous ses membres et frappait des pieds. Il tenta de sourire en voyant Mrs. Bridge et sa bouche forma le mot « Hello ». Mrs. Bridge ne put d'abord se rappeler où elle l'avait vu ; puis elle l'identifia : c'était le professeur de peinture des cours du soir qu'elle avait suivis quelque temps. Elle ouvrit la porte en prenant soin de laisser la contre-porte de verre fermée.

— Mais c'est Mr. Gadbury !

Pour une raison quelconque, il avait vraiment l'air louche, plus perdu et défait que dans son atelier. Il essaya de parler, mais ses paroles étaient inaudibles à travers la vitre de la contre-porte. Mrs. Bridge était peut-être influencée par les pressentiments d'Harriet quoiqu'elle en eût l'habitude et elle hésitait à le faire entrer.

— Puis-je faire quelque chose pour vous ? demanda-t-elle.

Une rafale de neige s'abattit sur Mr. Gadbury. Il essaya une fois encore de sourire. Ce n'était pas tout à fait un étranger, mais ce n'était pas non plus un ami. Il ne semblait pas avoir bu, malgré son nez rouge, et n'avait pas non plus l'air violent ; elle ignora donc Harriet qui se tenait debout les bras croisés en agitant énergiquement la tête et ouvrit la porte.

— Vous n'entrez pas, Mr. Gadbury ? Il doit faire froid dehors.

Mr. Gadbury entra. Il claquait des dents et avait peine à marcher. On aurait cru qu'il était resté sous la neige pendant des heures. Il suivit Mrs. Bridge dans le salon, son chapeau à la main, en regardant derrière lui s'il ne laissait pas de traces sur le tapis : il en laissait. Elle le pria de s'asseoir. Il s'assit donc et ne trouva pas de place pour son chapeau mouillé, qu'il posa sur un de ses genoux. Il ne cessait de trembler. Son visage, à l'exception de son nez rouge et humide, avait pris la couleur jaune marbré et bleu grisâtre d'une saucisse qui serait restée plusieurs semaines dans un réfrigérateur. Il était animé de mouvements convulsifs et ne semblait pas respirer. Il ne faisait aucun effort pour parler. Son menton était enfoncé dans son col, ses genoux s'entrechoquaient, et ses pieds sautaient de temps en temps en l'air de leur propre initiative.

Mrs. Bridge l'observa un instant et dit :

— Je vais dire à Harriet de vous préparer un peu de thé.

Elle traversa la pièce et tendit la main vers la sonnette qui n'était autre qu'une bande de tissu d'environ deux mètres cinquante – on aurait dit un échantillon de tapis persan – suspendue à un levier atteignant presque le plafond, qui pendait le long du mur près du secrétaire. Il était plus simple d'aller jusqu'à la cuisine et de parler directement à Harriet, mais lorsqu'il y avait des invités Mrs. Bridge utilisait la sonnette. Elle la saisit donc à soixante centimètres environ du bas et tira doucement, lentement ; elle ne pouvait s'empêcher de penser qu'un jour de réception la sonnette lui tomberait autour du cou comme une chasuble de prêtre catholique. Harriet parut aussitôt, l'air exagérément insouciant comme si elle soupçonnait une intrigue.

— Je crois que nous prendrions volontiers une tasse de thé, dit Mrs. Bridge.

Puis elle retourna à son siège et attendit que Mr. Gadbury parlât. Mais il ne fit aucun effort pour cela. Il continuait à se crisper et à trembler. Elle aurait aimé qu'il trouvât un moyen quelconque de cesser de claquer des dents.

Se sentant observé, Mr. Gadbury tira un mouchoir de sa poche et se moucha faiblement. Puis il dit :

— J'ai bien froid.

— Ce n'est guère étonnant, répondit Mrs. Bridge. Le journal dit que ce matin à six heures le thermomètre est descendu en dessous de zéro.

Harriet reparut, poussant la table roulante. Elle la plaça devant Mrs. Bridge, qui servit le thé. Harriet porta une tasse à Mr. Gadbury ; il la but aussitôt et reluqua la table sur laquelle se trouvait la théière d'un air grave et plein d'espoir.

— Une autre tasse, Mr. Gadbury ?

Il accepta et en prit même une troisième.

— Et comment va la peinture ? demanda-t-il.

— Voilà des semaines que je n'ai eu un moment de liberté, Mr. Gadbury.

— Je n'ai pas oublié cette bouteille de sherry en malachite, dit-il. (Puis, après une pause :) Vous vous étiez laissée aller ce jour-là…

Mrs. Bridge sourit aimablement dans l'attente qu'il exposât la raison de sa visite. Mr. Gadbury regardait autour de lui. Ses yeux s'arrêtèrent sur une gravure représentant une cathédrale accrochée au-dessus du sofa et que personne dans la maison n'avait regardée depuis des années.

— Ça, je me demande, dit Gadbury en examinant la gravure avec attention. Peut-être bien que oui, mais après tout peut-être bien que non. Il y a quelque chose, on ne peut pas dire.

Il avisa l'eau qui avait coulé de son chapeau et de son manteau sur le tapis, et il posa nerveusement le pied sur la tache. Il finit enfin par comprendre que Mrs. Bridge attendait et sortit de sa poche un petit journal froissé intitulé *Le Doberman*, qu'il lui tendit.

— Oh ? fit Mrs. Bridge.

— Je me demande si vous ou Mr. Bridge voudriez vous abonner à ceci ?

Elle se doutait bien qu'il venait vendre quelque chose, et elle était sûre d'avance qu'elle n'en n'aurait pas besoin.

— En fait, Mr. Gadbury, je n'avais pas l'intention de m'abonner à de nouveaux journaux.

Il hocha la tête en signe de parfaite compréhension.

— Évidemment, vous ne le feriez que si vous aviez un doberman.

Puis une idée lui vint, et il se redressa sur son siège.

— Vous n'en avez pas, n'est-ce pas ?

— Non.

— Personne n'en a, dit-il avec découragement. Je crois que ça mange énormément.

— Ah oui ? Vous n'en avez pas vous-même ?

— Non. Mais j'avais un chien quand j'étais enfant.

Il regarda si ce fait éveillait son intérêt. Voyant qu'il n'en était rien, il s'essuya le nez sur sa manche, avisa son journal et se lança dans son boniment.

— Dans ce numéro, il est question d'un doberman qui travaillait pour la police à Tolède et ne mangeait que du faux-filet.

Il rumina un instant cette information et ajouta avec à-propos :

— Il s'appelait Lieutenant.

Il ouvrit le journal à la double page du milieu sur les photographies de neuf dobermans et le lui tendit.

— Mon Dieu, qu'ils ont l'air féroce !

Mr. Gadbury regarda de nouveau les photographies.

— Ma foi oui. Tiens, je n'y avais pas pensé.

Mrs. Bridge inclina légèrement la tête pour montrer qu'elle examinait les photos de plus près. L'enthousiasme s'empara de Mr. Gadbury.

— Ce journal paraît tous les mois, dit-il. (Il fut pris d'un frisson, renifla, tapa des pieds et regarda sauvagement autour de lui.) Il vous explique comment élever ces chiens, dit-il rapidement et, ah ! ah ! ah ! atchoum ! (Mr. Gadbury éternua.) J'ai pris froid, dit-il faiblement, puis il perdit toute sa vivacité et resta assis la tête penchée, silencieux, tandis que d'autres gouttes d'eau sombraient dans les poils du tapis. Ce n'est pas que l'école ne me donne pas de quoi vivre, continua-t-il sans lever la tête. Seulement, ma fille a eu des ennuis et elle a dû rentrer à l'hôpital. Je ne savais pas que l'hôpital coûtait si cher.

Il roula le journal et s'en frappa la paume de la main.

— Vous avez placé beaucoup d'abonnements ?

Mr. Gadbury n'essaya même pas de répondre.

— Depuis combien de temps…

— À peu près deux mois, répondit-il tranquillement.

Mrs. Bridge inspira profondément et joignit les mains.

— Mr. Gadbury, dites-moi la vérité. Vous en avez vendu ou pas ?

— Non. Mais il y a une dame, il y a quinze jours, qui m'a dit qu'elle en parlerait à son mari.

— Très bien, dit Mrs. Bridge. Vous pouvez m'inscrire pour un abonnement.

Il leva la tête, profondément étonné.

52. *Deuxième leçon d'espagnol*

En rangeant le placard de l'entrée, Mrs. Bridge trouva les disques d'espagnol et la petite brochure d'accompagnement. Les disques étaient couverts de poussière et l'un d'eux était cassé. Elle abandonna aussitôt le placard, porta les disques au salon et mit ceux qui n'étaient pas cassés sur le tourne-disque.

Puis elle s'assit et ouvrit la brochure pour se rafraîchir la mémoire : elle se rappelait sans difficulté la marche à suivre et mit l'aiguille sur le premier disque.

— *Buenos días, señora Brown. ¿ Cómo está usted ?*

— *Buenos días, señor Carreño. Muy bien, gracias. ¿ Y usted ?*

À la pause, elle était prête :

— *Buenos días, señor Carreño*, dit-elle plaisamment. *Muy bien, gracias. ¿ Y usted ?*

— *Muy bien.*

Le disque crissa et craqua, craqua de nouveau puis continua. Le señor Carreño fit remarquer que la señora Brown se trouvait à Madrid. La señora Brown en était bien consciente.

— *Estoy en Madrid.*

— *Estoy en Madrid*, répéta Mrs. Bridge.

Du premier, Carolyn appela :

— Maman !

— Qu'est-ce qu'il y a, mon chéri ? cria Mrs. Bridge.

— *¿ Le gusta Madrid ?*

— *Si, mucho.*

— Maman !

Mrs. Bridge se leva en soupirant et vint au pied de l'escalier.

— Qu'est-ce qu'il y a, Corky ? Je suis occupée.

— Je ne trouve pas mes sandales.

Mrs. Bridge retourna au salon, arrêta le tourne-disque et revint poser sa main sur la rampe de l'escalier.

— Je ne t'ai pas entendue, mon chéri. Qu'est-ce que tu as dit ?

— Où sont passées mes sandales ? Je les avais sorties pour qu'Harriet les nettoie, elles ne sont plus là.

Mrs. Bridge commença à monter : il était évident qu'une dispute couvait, et elle n'aimait pas crier dans l'escalier.

— Je les ai données à blanchir. Elles étaient dégoûtantes, tu ne pouvais plus les porter comme ça.

Carolyn poussa un grognement et se balança sur ses talons, sa façon ordinaire d'exprimer son désespoir.

— Alors, qu'est-ce que je vais mettre pour la surprise-partie ?

Mrs. Bridge s'était arrêtée sur le demi-palier pour reprendre son souffle. Elle gravit les marches restantes.

— Voyons, mon petit chéri, tu n'allais tout de même pas porter des sandales pour danser ?

— C'est pas pour danser, maman, dit Carolyn lentement et distinctement. C'est une surprise-partie au gymnase, après l'école.

— Je croyais qu'on dansait à une surprise-partie…

— On danse, oui, mais c'est pas la même chose. Pas du tout. (Carolyn recommença à se balancer sur ses talons.) Tu comprends, c'est déjà la fin de ma pause, et il faut que j'y retourne pour le latin, alors tu ne voudrais pas que je mette ces mocassins, même pour une surprise-partie. Il ne manquerait plus que ça.

Elle tendit son petit pied revêtu d'un mocassin et agita son orteil.

— Tu pourrais porter tes oxfords marron, ils sont tout neufs. Ils ont coûté assez cher.

— Oh ! là là ! ce que tu retardes, alors.

— Je retarde peut-être, dit sèchement Mrs. Bridge, mais je te prie de ne pas être impertinente.

— Oh ! maman, je te demande pardon, mais tu sais, c'est dramatique. Je t'assure, il faut absolument faire quelque chose.

— Bon, la seule chose à faire, c'est d'aller tout de suite à la Plaza t'acheter une autre paire de sandales.

— On n'a pas le temps ! J'ai ce sacré latin !

— Mon Dieu ! mon Dieu ! dit Mrs. Bridge avec lassitude, car il y avait toujours des problèmes à résoudre. Je dois prendre Madge Arlen à deux heures, mais s'il faut absolument que tu les aies je peux aller tout de suite à la Plaza et te les déposer à l'école. Vraiment, je crois que je passe bien la moitié de ma vie à arranger l'emploi du temps de la famille !

— Tu n'auras qu'à les laisser dans le bureau du principal, dit Carolyn, qui ne voulait pas qu'on vît sa mère apporter une paire de chaussures.

53. *Entrée de service*

Tout le monde empruntait la porte de service lorsque c'était plus commode ; Douglas, lui, semblait avoir une prédilection pour elle. Mrs. Bridge, du haut de la fenêtre de la lingerie, avait remarqué qu'en revenant de l'école il contournait souvent la maison pour rentrer par-derrière. Cette habitude lui déplaisait. Tous les membres de la famille et les invités entraient et sortaient normalement par la porte de devant, la porte arrière servant essentiellement à la blanchisseuse et aux livreurs, et bien entendu à Harriet.

Un jour, au déjeuner, incapable de le supporter plus longtemps, elle demanda brusquement :

— Tu as l'entrée-de-servicite, ou quoi ?

Douglas venait d'entamer son corned-beef ; il baissa son couteau et sa fourchette et regarda sa mère d'un air stupéfait.

— Il faut que tu retournes te faire couper les cheveux, poursuivit-elle machinalement, en remarquant combien il était ébouriffé. Et enlève ce crayon de ton oreille. On va te prendre pour un épicier.

— Quoi ? dit Douglas, clignant des yeux.

— Qu'est-ce que tu as à toujours entrer par la porte de service ?

— Je ne sais pas, répondit Douglas.

— Eh bien ! alors, pourquoi ne fais-tu pas comme tout le monde ?

Douglas parut réfléchir à cette question. Finalement, il dit du même ton vide :

— Je ne sais pas.

— Eh bien, trancha Mrs. Bridge, puisqu'il y a une entrée devant la maison, tu me feras le plaisir de passer par là.

Douglas admit que cela lui semblait raisonnable, mais il n'avait pas l'air convaincu.

54. *Rumpy*

Les problèmes de l'adolescence étaient sans fin. Carolyn s'épanouissait. Ses formes se précisaient, et comme elle se tenait le dos voûté, elle fut bientôt connue parmi les garçons du lycée sous le sobriquet de Rumpy[1]. L'un de ces garçons l'appela au téléphone chez elle et la désigna ainsi sans faire attention. Le lendemain, Mrs. Bridge, qui faisait un joli cache-nez au crochet pour le cas où quelqu'un en aurait besoin, lui demanda ce que c'était que ce surnom.

— C'est rien. Si tu entendais comment ils appellent Ruth ! dit Carolyn.

Mrs. Bridge reprit son crochet avec une expression contrariée.

55. *La Chrysler et le peigne*

Mrs. Bridge, en vidant les corbeilles à papiers, trouva un peigne sale dans celle de Ruth.

— Qu'est-ce que ça fait là ? s'enquit Ruth en voyant le peigne sur sa coiffeuse lorsqu'elle rentra en fin d'après-midi.

1. Des collégiens français l'auraient peut-être appelée Croupette. *(N.d.T.)*

— Je l'ai trouvé dans la corbeille à papiers. Qu'est-ce qu'il faisait *là* ?

Ruth dit qu'elle l'avait jeté.

— Crois-tu que nous fabriquons l'argent ? demanda Mrs. Bridge. Quand un peigne est sale, on ne le jette pas, ma petite fille, on le nettoie.

— Ça coûte un *nickel*, fit Ruth avec colère, en jetant ses livres sur son lit et en retirant sa veste.

— Les nickels ne poussent pas sur les arbres, répondit Mrs. Bridge, irritée par sa façon de faire.

— Les nickels ne poussent pas sur les arbres ! répéta Ruth en écho.

Elle était debout près de la fenêtre, les mains sur les hanches ; puis, exaspérée, elle montra du doigt la nouvelle Chrysler de son père, qui tournait dans l'allée.

— Tu mets le peigne dans une cuvette d'eau chaude avec un peu d'ammoniaque et tu le laisses tremper, continua Mrs. Bridge. Au bout de quelques minutes tu peux rincer le…

— Je sais, je sais, je sais !

Ruth défit la fermeture Éclair de sa jupe, la laissa tomber et la lança dans le placard. Puis elle s'assit sur son lit et commença de se limer les ongles.

— Alors, on va laisser un nickel diviser la famille ? demanda-t-elle d'un air renfrogné.

— Je lave mon peigne et j'entends que tu fasses de même. Cela ne nous fera de mal ni à l'une ni à l'autre, répondit Mrs. Bridge. Qui prend sans remettre touchera vite le fond, ajouta-t-elle avant de quitter la pièce, et elle ferma la porte derrière elle.

Ruth resta tranquillement assise sur son lit, limant ses ongles en se mordillant la lèvre inférieure pendant quelques minutes. Puis elle prit le peigne et le cassa en deux.

56. *Pas de prosélytisme*

Pour Ruth, d'après ce qu'en pouvait juger Mrs. Bridge, le christianisme ne signifiait rien. Elle alla à l'église à contrecœur, renfrognée et silencieuse, jusqu'à ce qu'elle eût l'âge de narguer sa mère, sachant que son père ne s'inquiétait guère qu'elle y allât ou non.

— Ma parole, lui dit un jour sa mère pour amorcer la discussion, tout le monde va te prendre pour une habitante des îles des mers du Sud !

Ruth se contenta de soupirer et de murmurer :

— Laisse-moi tranquille, maman.

Les réactions de Douglas à la religion furent bien différentes. Petit garçon, il protestait violemment, mais plus tard, lorsqu'il eut découvert que l'église avait une équipe de basket-ball dans laquelle il pourrait entrer s'il assistait aux offices avec une relative régularité, il devint plus accommodant.

Carolyn, elle, ne donnait de ce point de vue aucun ennui. Enfant, elle semblait aimer l'école du dimanche, et lorsqu'elle eut quatorze ans elle entra dans la chorale. Peu après, elle lisait la Bible à la maison pendant la semaine et, le dimanche, écoutait attentivement les sermons sirupeux du pasteur Foster. Elle se joignit aussi au groupe d'adolescents qui se réunissait le mercredi soir dans le sous-sol de l'église. Mrs. Bridge l'y conduisait le plus souvent et lui permettait de se faire raccompagner par l'un ou l'une de ses camarades plus âgés. Le fait que Carolyn ait cette activité procurait à Mrs. Bridge un plaisir profond proche du bonheur. Elle ne s'était jamais elle-même rapprochée de l'Église comme elle aurait voulu – sans d'ailleurs savoir exactement pourquoi –, se tenait pour responsable de la conduite de Ruth et, dans une moindre mesure, du fait que, sans l'équipe de basket-ball, Douglas aurait tout laissé tomber. Le mercredi soir, elle se sentait fière et rassurée. Ces jeunes gens bien habillés, propres, souriants, bien élevés, qu'elle voyait sur les marches de l'église, paraissaient joyeux et confiants. Non, disaient leurs visages, aucun mal ne peut nous atteindre. Non, pensait-elle en écho, aucun mal.

La chorale, les sermons du dimanche, les réunions du mercredi soir – cela n'était pas encore assez pour l'appétit religieux de Carolyn. Elle devenait insatiable. Elle passait des heures à lire la Bible ; elle lisait les apocryphes ; elle avait de longues conversations avec le pasteur Foster. Ce n'était pas encore assez. Un soir, elle annonça à sa mère qu'elle allait entrer dans un groupe d'évangélistes.

Mrs. Bridge vit aussitôt huit à dix petits-bourgeois au coin d'une rue du centre de la ville, les femmes avec des bonnets et des robes noires informes, les hommes ressemblant tous plus ou moins à Mr. Schumann, qui dirigeait l'orchestre du lycée. Les tubas sous la pluie, le tambourin que l'on passe à la ronde – elle avait toujours regardé ce genre de gens avec un mélange de pitié et de respect ; et lorsqu'elle ne pouvait éviter le tambourin, elle y déposait une pièce de vingt-cinq cents.

— Eh bien ! dit-elle, voilà une excellente idée. Je me demande seulement si tu seras heureuse. Nous verrons ce que ton père en pensera.

Mr. Bridge rentra vers neuf heures. Sa serviette était bourrée, il était harassé et nerveux ; il demanda à Harriet de lui préparer un sandwich et du café et de les lui porter dans son bureau. Carolyn voyait bien que ce n'était guère le moment d'annoncer sa décision, mais elle était trop excitée pour attendre.

— Il n'en est pas question, lui dit-il lorsqu'elle l'arrêta dans l'escalier. Tu vas continuer tes études. J'ai déjà envoyé ta demande d'inscription à l'université.

Cela résolut la question. Carolyn était furieuse, mais elle n'osa pas discuter : Ruth était peut-être la seule à n'avoir pas peur de son père.

Mrs. Bridge la prit par la taille et lui dit doucement pour la réconforter :

— Sans doute papa juge-t-il mieux que nous. Mais c'est merveilleusement gentil de ta part, Corky, d'avoir eu une idée comme celle-là.

57. *Chaperon*

Le téléphone sonna. C'était Naomi Gattenberger, l'élève la plus grosse du lycée, qui portait toujours un manteau d'un rouge éclatant qui lui tombait jusqu'aux chevilles et des lunettes à monture d'écaille incrustée de strass. Son père s'était depuis peu enrichi dans le commerce des voitures d'occasion.

— Bonsoir, Naomi, comment allez-vous ? demanda Mrs. Bridge.

— Ça va très bien, répondit Naomi.

— J'ai rencontré votre maman, l'autre jour.

— C'est ce qu'elle m'a dit.

Cette conversation ayant épuisé leurs intérêts communs, Mrs. Bridge ajouta :

— Je vais voir si Corky est rentrée.

Elle posa l'écouteur et alla voir, mais Corky n'était pas rentrée de chez le coiffeur.

— Ça ne fait rien, dit Naomi, de toute façon je ne voulais pas lui parler. Je suis présidente du comité pour la soirée dansante de notre sororité[1], alors on vous a désignée pour être l'un de nos chaperons.

— Mais que c'est gentil à vous ! Voilà une vraie surprise.

Naomi reconnut qu'en effet ce devait être une surprise.

— Et..., et quand cette soirée doit-elle avoir lieu ? demanda Mrs. Bridge, prise de court.

— Vendredi en quinze, de huit heures à minuit et demi, à l'Elbow Room.

Toujours pour gagner du temps, Mrs. Bridge demanda ce que c'était que l'Elbow Room.

1. Association d'étudiantes faisant pendant aux « fraternités » de garçons. *(N.d.T.)*

— C'est en ville. Autrefois, c'était une salle de billard. On a dû enlever les tables de billard.

Après un silence, Naomi ajouta avec confiance :

— Je crois qu'il y a beaucoup de fraternités qui font leurs fêtes là-bas.

— Ce doit être très joli.

Naomi acquiesça.

Il y eut un nouveau silence, plus long celui-là. Mrs. Bridge entendait Naomi respirer. Évidemment, la question avait été déjà posée, et l'on attendait une réponse.

— Voyons, une petite minute, Naomi, je vais voir ce que nous faisons ce soir-là.

Elle mit la flèche de son agenda de plastique sur la date indiquée et appuya : le couvercle sauta en l'air, et Mrs. Bridge, consternée, vit qu'il n'y avait rien d'indiqué pour la soirée.

— J'espère que vous allez être libre, dit piteusement Naomi. J'ai déjà demandé à presque toutes les mères.

Un peu déconcertée par cette confession, Mrs. Bridge fut néanmoins touchée par le désespoir de Naomi. Par ailleurs, Carolyn était membre de la sororité depuis plus d'un an, et Mrs. Bridge n'avait été sollicitée comme chaperon pour aucune de leurs réunions. Aussi dit-elle :

— C'est entendu, Naomi, je le marque tout de suite.

Et tout en mettant une note sur son agenda elle demanda :

— Quel genre de décoration préparez-vous ?

Naomi répondit que l'on n'avait pas encore pris de décision pour l'organisation, mais que ce serait sans doute une soirée hawaiienne.

— Vous avez encore le temps d'y penser. Je suis sûre que ce sera très réussi.

— J'espère, répondit Naomi d'une voix abattue.

Ces paroles semblant concluantes, Mrs. Bridge, après un silence, ajouta :

— Je dirai à Carolyn que vous avez téléphoné.

— Elle le sait déjà.

— Oh ! Eh bien ! merci de m'avoir demandée, Naomi, je suis très flattée.

— Je vous en prie, dit Naomi, flegmatique. Au revoir.

Mrs. Bridge reposa l'écouteur et murmura : « Ô mon Dieu ! », tant la soirée s'annonçait peu amusante.

L'Elbow Room était décorée de lanternes chinoises suspendues au plafond et de centaines de mètres de rubans de papier crépon qui garnissaient les fenêtres, encadraient les portes et pendaient d'une lanterne à l'autre, donnant à l'ensemble une touche sinistre. Mrs. Bridge était particulièrement sensible aux odeurs, et dès qu'elle entra elle ne douta plus que la salle eût servi de salle de billard, sinon pire. L'orchestre se composait d'un piano, d'un ensemble compliqué de percussions, d'un violoncelle et de cinq saxophones, tous tenus par des lycéens. Sur la scène, une petite fille de douze ou treize ans, enveloppée comme une momie dans un morceau de soie à fleurs, avait visiblement l'intention de chanter. Mrs. Bridge aperçut de loin trois autres chaperons : deux dames, des professeurs de lycée dont elle avait souvent entendu parler et dont Carolyn lui avait montré des photographies dans l'annuaire, et un jeune homme noiraud, Mr. De Falla, le père de l'une des jeunes filles.

La première partie de la soirée se déroula sans encombre. Mrs. Bridge trouva l'orchestre somme toute remarquable. Quant aux danseurs, ils semblaient – tout au moins la plupart d'entre eux – avoir depuis des années l'habitude de cette sorte d'exercice. Les garçons qui étaient seuls allaient et venaient, les mains dans les poches, regardaient les filles, chuchotaient. Plus tard dans la soirée, une bagarre éclata près du saladier de punch. Puis deux garçons en smoking firent des trous dans une lanterne avec leurs cigarettes, et Mr. De Falla dut les avertir que s'ils recommençaient ils seraient expulsés. Naomi dans sa robe de taffetas blanc était seule, pitoyable. Mrs. Bridge lui souriait et lui parlait de temps à autre, se demandant si en sa qualité de chaperon elle n'allait pas dire carrément à l'un des garçons de la faire danser ; mais elle pensa qu'une telle intervention risquait de provoquer des remous.

Carolyn dansa toute la soirée et présenta un grand nombre de garçons à sa mère qui pendant les danses lui faisait de petits signes de la main et lui souriait. Mr. De Falla invita Mrs. Bridge ; elle n'en avait guère envie, mais se dit qu'il serait impoli de refuser. Mr. De Falla dansait en se balançant de façon un peu saccadée, mais il se montra plus cultivé qu'elle n'aurait cru, et elle eut presque envie qu'il la réinvitât. Il ne le fit pas. La danse terminée, il la raccompagna à sa chaise et reprit sa conversation avec le professeur de mathématiques, qui portait une robe de satin gris décolletée, ornée d'un gardénia tout écrasé dans l'échancrure de son corsage.

Vers onze heures, Mr. De Falla découvrit dans le vestiaire des joueurs de dés qui avaient profité de ce que la sentinelle était allée boire du punch. Ces malappris furent expulsés. À part cela, il n'y eut pas d'incident jusqu'à minuit. Mrs. Bridge fut le seul témoin de ce qui se passa alors, et elle n'en parla à personne.

Elle était tranquillement assise depuis un moment, à demi cachée par le piano, lorsqu'elle remarqua un couple de danseurs dont les mouvements, bien qu'en rythme avec la musique, étaient nettement érotiques, dans le coin où la lanterne avait été brûlée. En soi, la chose n'avait rien de bien extraordinaire : les danses modernes étaient évidemment plus suggestives que celles du temps de la jeunesse de Mrs. Bridge, mais les autres chaperons n'ayant rien trouvé à redire à ce qui lui avait paru un peu choquant pendant toute la soirée, elle s'était tenue coite. Le couple en question, se croyant à l'abri des regards dans la pénombre, passait nettement la mesure. Mrs. Bridge s'en rendit compte immédiatement en voyant les regards craintifs de la fille. Le garçon, les yeux clos et le nez plongé dans la fleur que la fille portait dans les cheveux, se tortillait, s'insinuait, tandis que sur son visage boutonneux s'étalait un sourire béat. La fille, elle aussi, souriait aux anges, bien que sur le qui-vive, et Mrs. Bridge, en se penchant un peu en avant sur sa chaise, réussit à attirer son attention. Le couple se sépara aussitôt, partit rapidement danser à l'autre bout de la pièce, puis sortit. Mrs. Bridge les vit qui se retournaient pour voir si elle s'était levée et les poursuivait. Elle ne les revit plus et ne sut jamais qui ils étaient. Elle ne demanda pas leur nom. Mais l'image de ce couple fut le souvenir le plus net et le plus durable qu'elle garda de la soirée dansante de la sororité. Ce fut ce qui l'incita à surveiller de plus près les garçons qui venaient à la maison voir Carolyn. Ce qu'il y avait d'épouvantable dans l'histoire, c'est que la fille tournait le dos à son partenaire.

58. *Bonne nuit*

Carolyn voyait souvent un garçon gauche, suffisant, qui portait les cheveux coupés ras et riait bêtement ; il s'appelait Jay Duchesne et Mrs. Bridge nourrissait des doutes à son sujet. Duchesne mâchait du chewing-gum avec une assurance redoutable et avait la réputation de conduire trop vite, mais, comme elle voulait que Carolyn apprît à juger les gens, elle ne disait rien et accueillait toujours Duchesne avec un sourire neutre.

— Bonsoir, Jay, disait-elle. Vous ne vous asseyez pas ? Carolyn descend dans un instant.

— Pourquoi pas ? répondait Duchesne qui, après s'être lui-même serré la main en signe de remerciement, s'asseyait et faisait tourner son chapeau sur son index tout en mâchant son chewing-gum qu'il faisait claquer d'un bruit sec.

Lorsque Carolyn sortait le soir, Mrs. Bridge était éveillée jusqu'à ce qu'elle fût rentrée : elle restait simplement étendue dans son lit, ou bien s'asseyait et lisait. Carolyn le savait, aussi parlait-elle à voix basse devant la porte avec Duchesne. Mrs. Bridge pouvait entendre leurs murmures, car leurs voix portaient beaucoup plus loin dans la nuit qu'ils ne le supposaient. Un soir, après qu'ils se furent dit bonsoir pendant près d'une heure, elle entendit le fox-terrier des voisins – ses maîtres le laissaient souvent dehors la nuit – qui grognait : Duchesne devait être en train de molester Carolyn. Rejetant aussitôt ses couvertures, elle enfila précipitamment sa robe de chambre et se mit au balcon, prête à appeler, mais à ce moment un chat siffla. Mrs. Bridge poussa un soupir de soulagement et s'apprêta à se recoucher lorsqu'elle entendit Duchesne qui demandait un baiser à Carolyn.

— Dis donc, t'es pas fou, répondit Carolyn.

— Personne ne le saura.

— T'es un ogre, dit Carolyn.

Duchesne ne trouvait pas que c'était une bonne raison.

— Alors, parce que, s'obstina Carolyn.

— Parce que quoi ? s'enquit Duchesne.

— Parce que c'est comme ça.

— Et pourquoi c'est comme ça ?

Cela dura quelques minutes, puis Carolyn finit par dire que sa mère désapprouverait. Sans doute cet argument fit-il réfléchir Duchesne car le bruit de ses mâchoires sur le chewing-gum ne cessait plus ; puis il murmura quelque chose que Mrs. Bridge n'entendit pas.

— Ah ! ça non, alors ! T'es fou !

Carolyn avait l'air scandalisée.

— Oh ! pourquoi pas ? bêla Duchesne. Ne fais pas ta pimbêche.

D'un ton supérieur, Carolyn énonça alors distinctement :

— Parce que. Ça suffit. N'en parlons plus. Et puis, ne sois pas assommant.

Duchesne émit alors un son imprévu, comme une sorte de scie musicale :

— Awwwww, awwww, jeez !

— J'ai de la peine pour toi, dit Carolyn avec une compassion peu naturelle. J'aimerais beaucoup, tu sais. C'est vrai, tu sais, j'aimerais beaucoup, beaucoup. Beaucoup, tu sais, Jay. Tu es si *bon*, ajouta-t-elle sérieusement, si *bon*.

Mrs. Bridge, surprise, essaya de se rappeler cette inflexion qui lui semblait familière. Carolyn était-elle en train de passer la main dans les cheveux, ou plutôt, étant donné leur longueur, sur les cheveux de Duchesne ? Le chewing-gum fonctionnait de nouveau. Mrs. Bridge sentait que Carolyn était sur la défensive.

— Je t'aime beaucoup, Jay. Je t'aime terriblement. C'est dur, tu sais, mais… mais…

— Dis donc, Cork, grogna Duchesne, qui était un homme d'action, en frottant ses gros pieds sur le seuil, tu veux rester vierge toute ta vie ?

— Espèce d'idiot ! dit Carolyn.

Mrs. Bridge, horrifiée, cramponnée au balcon, rassemblait ses forces pour dire quelque chose lorsque la porte se referma. Carolyn poussa un soupir. Elle était évidemment seule. Un instant plus tard, le moteur ronflait et les pneus crissaient sur l'allée. Carolyn alla dans la cuisine. Mrs. Bridge, fermant sa robe de chambre plus étroitement, était debout sur le palier, essayant de reprendre son calme : si jamais un garçon lui avait posé une telle question, elle était sûre qu'elle l'aurait giflé de toutes ses forces. Mais tout à coup elle se souvint de cette nuit, il y avait de cela une vingtaine d'années, où elle avait failli succomber aux supplications d'un garçon dont elle avait depuis longtemps oublié le nom : c'était le clair de lune qui l'avait fait faiblir, le clair de lune et son propre désir.

— Carolyn ? appela-t-elle très doucement dans la maison silencieuse.

La porte du réfrigérateur se referma. Carolyn vint au pied de l'escalier et leva la tête.

— Tu vas bien, mon chéri ?

— Bof !

— Tu t'es bien amusée ?

— Comme ci comme ça.

— À la bonne heure, dit Mrs. Bridge distraitement.

Puis, serrant sa robe de chambre elle s'apprêta à se retirer.

— Maman ?

— Oui, mon chéri ?

— Il n'y a plus de beurre de cacahuète.

— Merci, mon Dieu, murmura Mrs. Bridge. (Puis, tout haut, mais assez doucement pour ne pas éveiller son mari :) Je dirai à Harriet d'en commander demain matin. Ne te couche pas trop tard.

59. *Soupirant*

Harriet, qui était parfois portée à l'insubordination, entra avec le plateau du petit déjeuner.

— Harriet ! s'exclama Mrs. Bridge. Qu'est-ce qui vous est arrivé ?

— C'est Couperin, dit Harriet, avec un sourire épanoui.

— Ô mon Dieu ! Celui qui a la motocyclette ?

— Non, répondit Harriet avec vigueur. Jamais plus je remonterai à moto, c'est moi qui vous le dis. Y a deux mois, peut-être, que je suis pas montée.

Et elle tâta légèrement sa mâchoire, sur laquelle s'étendait une grande tache violette.

— En tout cas, dit Mrs. Bridge, vous avez dû avoir un bel accident.

— C'est qu'hier soir, répondit Harriet avec un calme royal, on s'est disputés pour de bon avec Couperin. C'est lui qui a écopé.

Il semblait évident que Couperin avait eu le dernier mot, mais Mrs. Bridge préféra ne pas approfondir la question.

— Qu'est-ce qu'il fait, ce Couperin ? demanda-t-elle pour changer de sujet.

— Il travaille au bureau de récupération de la ville.

— Récupération… des métaux ?

— Des ordures. Alors, des fois, il biberonne. Quand l'envie lui prend.

Mrs. Bridge, sentant qu'Harriet était dans un de ses jours d'insolence, but son jus d'orange et commença à beurrer une tartine grillée.

— Hier soir, continua Harriet, en se frottant les sourcils, il s'est déclaré.

Cela demandait évidemment une sorte d'accusé de réception, bien que tous les jeudis soir Couperin ou un autre soupirant « se déclarât ». Ce qui choquait Mrs. Bridge au-delà de tout était qu'Harriet entendait par là le mariage : tous les vendredis, quand la conversation amenait le sujet, elle était sur le point d'expliquer à Harriet la différence.

— J'espère que vous avez refusé, dit-elle en versant un peu de crème dans son café.

— Franchement, j'ai été tentée, dit Harriet. Mais quand même, j'ai refusé, comme vous dites. La raison, c'est qu'il se saoule comme un porc chaque fois qu'il a son chèque de paie. Moi, j'approuve pas ça, et vous ?

— Certainement pas, acquiesça Mrs. Bridge, en s'intéressant vivement au plateau. (Puis, comme

Harriet semblait réfléchir sur sa soirée :) Ma parole, voilà une nouvelle coiffure.

— Hé ! oui, oui, oui. (Harriet se toucha légèrement les cheveux du bout des doigts.) Je crois que ça m'ira bien.

— Vous avez l'air très chic.

— Eh ! moi je trouve que ça paie toujours de garder les apparences.

Mrs. Bridge crut qu'elle allait sortir une cigarette.

— Vous devriez aller regarder dans le réfrigérateur si nous aurons assez de crème fouettée pour le week-end.

Harriet, tenant d'une main sa mâchoire meurtrie, s'apprêtait à retourner dans la cuisine lorsque Mrs. Bridge, qui était fort heureuse que Carolyn n'eût pas de Couperin avec qui se disputer, lui dit :

— J'espère que vous n'allez plus le revoir.

— Pas avant la semaine prochaine, notre jour habituel, dit Harriet.

60. *Les blanchisseuses à l'arrière*

La blanchisseuse venait le mercredi. Comme l'arrêt de l'autobus était assez loin de chez les Bridge, quelqu'un allait généralement l'y prendre en voiture le matin. Pendant des années, Mrs. Bridge avait eu pour blanchisseuse une vieille Noire desséchée du nom de Beulah Mae, qui portait un turban rouge, une robe de velours en loques fendue aux coutures et une paire de chaussures de tennis dont elle avait coupé les bouts parce qu'elle avait mal aux pieds. Mrs. Bridge l'aimait beaucoup, l'appelait « sa bonne vieille » et lui donnait souvent une gratification supplémentaire : un peu d'argent, une robe du soir qui commençait à se démoder, des galettes qu'elle s'était crue obligée d'acheter aux Scouts. Mais un jour, Beulah Mae, cadeaux ou pas, en eut assez de faire la lessive : sans prévenir aucun de ses clients elle prit le car pour la Californie et s'en alla passer le restant de ses jours sur les plages. Mrs. Bridge se trouva ainsi sans blanchisseuse pendant plusieurs semaines et dut envoyer le linge dans une blanchisserie. Elle finit par trouver quelqu'un d'autre, une forte Suédoise larmoyante prénommée Ingrid, qui au cours de l'entretien qu'elle subit dans la cuisine confessa qu'elle avait passé dix-huit ans comme masseuse dans l'île de Gotland et qu'elle regrettait de n'y être pas restée.

Lorsque Mrs. Bridge arriva à l'arrêt de l'autobus le premier mercredi matin, Ingrid la salua d'un air d'enterrement, s'introduisit laborieusement dans la voiture et s'installa sur le siège avant. Ce n'était pas l'habitude, mais, comme c'était un peu délicat à expliquer, Mrs. Bridge, qui n'aimait pas offenser autrui, ne dit rien et se contenta d'espérer que la semaine suivante une autre blanchisseuse du quartier aurait mis Ingrid au courant des habitudes.

La semaine suivante, Ingrid monta de nouveau devant. Cette fois encore, Mrs. Bridge fit comme si de rien n'était. La troisième fois, néanmoins, tandis qu'elle remontait Ward Parkway, elle déclara :

— J'étais très attachée à Beulah Mae. Elle était si heureuse, assise au fond de la voiture.

Ingrid tourna sa grosse tête jaune et regarda Mrs. Bridge d'un air glacial. La voiture s'engageait dans l'allée lorsqu'elle dit :

— Alors, vous voulez que je m'asseye derrière ?

— Oh ! mais non ! Ce n'est pas du tout ce que je voulais dire, répondit Mrs. Bridge en souriant. Vous pouvez très bien vous asseoir ici si vous préférez.

Ingrid n'en parla plus, mais la semaine suivante, avec la même majesté mélancolique, elle s'assit à l'arrière.

61. *Complexités de l'existence*

L'élégante Lincoln que son mari lui avait offerte pour son anniversaire était décidément trop longue. Elle la conduisait aussi prudemment qu'elle aurait conduit une locomotive, mais on cornait toujours derrière elle, ou bien on tournait la tête pour regarder quand elle doublait. Le ralenti était mal réglé, et souvent le moteur calait lorsqu'elle s'arrêtait aux croisements. Comme Mr. Bridge ne conduisait jamais la Lincoln et que Mrs. Bridge ne trouvait pas cela franchement anormal, le ralenti ne fut jamais réglé et il lui arrivait souvent de bloquer une file entière de voitures en appuyant sur le bouton du starter, soit trop, soit pas assez. Se sachant peu habile, elle se répandait toujours en excuses lorsqu'un malheur arrivait, et faisait de son mieux pour ne trouver personne sur son passage. Elle passait en seconde à la moindre montée et redescendait de l'autre côté beaucoup plus lentement qu'il n'était nécessaire.

En ville, elle laissait d'ordinaire la voiture dans un garage où Mr. Bridge avait loué pour elle un box. Elle n'avait qu'à corner pour que la porte s'ouvrît, elle entrait, un employé la saluait par son nom, l'aidait à sortir et parquait le formidable engin. Dans le quartier du Country Club, en revanche, elle se garait dans la rue. Si les lignes étaient en diagonale, tout allait bien ; mais s'il fallait faire un créneau, elle avait du mal à prendre son tournant : il lui fallait sortir de la voiture, faire le tour pour regarder, puis remonter et essayer de nouveau. Les sièges étaient si mous et Mrs. Bridge si petite qu'elle devait se tenir très droite pour voir tout ce qui se passait devant elle. Elle conduisait les bras tendus, tenait solidement le volant de ses mains gantées et ses pieds arrivaient à peine aux pédales. Elle n'avait jamais d'accidents graves, mais on la voyait souvent ici ou là en conversation avec des agents qui l'avaient interpellée. Ces agents, d'ailleurs, ne faisaient jamais rien, car d'une part ils se rendaient compte que ce n'était pas une personne qu'il convenait d'arrêter, et d'autre part ils voyaient qu'elle faisait tout comme elle le devait.

Lorsqu'elle se garait elle n'aimait pas qu'on la regardât ; mais par un curieux hasard il y avait toujours quelqu'un à l'arrêt de l'autobus ou sous une porte n'ayant rien de mieux à faire qu'à observer ses mouvements d'un œil critique. Quelquefois, cependant, il se trouvait un homme complaisant qui, la voyant en difficulté, s'approchait, mettait la main à son chapeau et lui demandait s'il pouvait l'aider. « S'il vous plaît », disait-elle avec soulagement, et après qu'il eut ouvert la porte elle sortait et attendait avec une expression attentive qu'il eût parqué la voiture. Alors se posait le problème de savoir s'il attendait ou non un pourboire. Elle savait bien que les gens qui se tiennent au coin des rues n'ont pas beaucoup d'argent, mais elle ne voulait offenser personne. Tantôt elle posait la question de façon hésitante, tantôt elle ne la posait pas, et, que l'homme eût ou non accepté un quarter, elle lui souriait gentiment en disant : « Merci mille fois. » Puis elle verrouillait les portes de la Lincoln et partait pour les magasins.

62. *Nouvelles des Leacock*

En ouvrant le journal du soir, Mrs. Bridge eut le souffle coupé. En première page se trouvait une photographie de Tarquin Leacock prise quelques minutes après son arrestation. Depuis deux ans que les Leacock avaient quitté Kansas City, personne n'avait plus entendu parler d'eux. De temps en temps, quelqu'un demandait ce qu'ils étaient devenus : il semblait qu'une famille si remarquable dût faire sensation partout où elle passait. C'était bien le cas.

— J'ai vu, dit Mr. Bridge en rentrant.

Il avait encore travaillé tard et il était près de minuit lorsque la Chrysler pénétra dans l'allée, mais Mrs. Bridge était restée debout pour l'attendre.

— Je ne peux pas le croire, dit-elle.

— Moi si, répondit Mr. Bridge en enlevant son pardessus. Tu te souviens que je t'avais mise en garde contre ce gamin ?

— Oh ! oui, je sais bien. Mais ça !

Il pendit son pardessus dans le placard, posa son chapeau sur sa serviette et retourna dans le salon, où il jeta un coup d'œil distrait à la photo de Tarquin, qui était devenu un gros garçon à l'air hargneux.

— Eh bien ! dit tranquillement Mr. Bridge en tapotant le journal avec son index, je suis navré de cette histoire, mais après tout ils n'ont eu que ce qu'ils méritaient. Ça ne me surprend pas le moins du monde. Ils auraient dû apprendre à ce gosse qu'il n'y a pas que lui sur terre. (Il secoua la tête et enleva ses lunettes, comme toujours quand il était épuisé.) Cela empire de jour en jour. Avec tous ces psychologues qui ont mis dans la tête des parents que rien n'est plus important que le droit d'un enfant à s'affirmer, Dieu sait où nous allons ! Mais je tiens à te dire une chose : Douglas va apprendre qu'il n'est pas l'autorité suprême. Sa personnalité peut bien aller au diable, mais mon fils n'ira pas se promener partout en faisant le pitre comme ça.

Sur quoi Mr. Bridge tapa de nouveau sur le journal de façon significative et se dirigea vers la cuisine. Mrs. Bridge l'y suivit et commença de s'occuper du dîner qu'Harriet avait préparé et laissé, couvert de papier huilé, sur une planche de l'office, car c'était jeudi et elle était sortie avec Couperin.

— Vraiment, j'en suis malade rien que d'y penser, dit Mrs. Bridge en allumant le four où elle mit ensuite le dîner à réchauffer.

— La société a les crimes qu'elle mérite, fit remarquer Mr. Bridge avec indifférence. Jamais je n'oublierai cet enfant appelant ses parents par leurs prénoms.

— Non, je n'approuve pas cela non plus, dit-elle.

Tarquin, ayant absorbé une bonne dose de psychologie, ou se sentant peut-être un peu plus « progressiste » qu'à l'ordinaire, était entré la nuit dans la chambre de ses parents et les avait tués dans leur sommeil.

63. *Le chapeau*

La pensée de Tarquin Leacock obsédait Mrs. Bridge, qui commença à surveiller son fils de plus près, se demandant s'il n'allait pas, lui aussi, devenir tout à coup fou furieux. Il allait maintenant au lycée. S'il lui semblait avoir l'air moins « apache » que la plupart de ses camarades, ce dont elle remerciait le ciel, ses réactions devenaient en revanche de plus en plus imprévisibles : à des crises d'introspection, pendant lesquelles il s'habillait de façon extrêmement correcte et marchait à grandes enjambées, les mains derrière le dos, succédaient des périodes de bonhomie grandiose. Il se trouvait précisément dans cette dernière disposition lorsque eut lieu la scène du chapeau.

Mrs. Bridge, qui estimait qu'à chaque âge convenait une certaine catégorie de vêtements – chacune des filles avait, par exemple, reçu une gaine le jour de ses quatorze ans –, suggéra à Douglas qu'il était maintenant en âge de porter un chapeau.

— Je n'ai pas besoin de chapeau, dit-il.

— Il est temps que tu commences à en porter un, répondit-elle.

— Ça ne me va pas du tout.

— Imagine un peu de quoi ton père aurait l'air sans chapeau !

— Qui sait ? répliqua-t-il, en levant les bras au ciel.

Cela dura plusieurs semaines. Un jour, enfin, ils se rendirent en ville et achetèrent un chapeau, un chapeau très classique, d'ailleurs. Elle ne s'attendait pas à le voir sur la tête de Douglas, mais, chose étrange, il le mit partout : au lycée, pour jouer au ballon après les cours, à la maison, dans sa chambre le soir quand il travaillait. Ce chapeau devint bientôt pour elle un vrai cauchemar : il ne pouvait plus aller nulle part sans lui. Bien mieux, il prit l'habitude de le porter complètement en arrière entre le lycée et le drugstore où il jouait aux machines à sous. Et le pire fut qu'il épingla sur la coiffe un bouton jaune émaillé sur lequel on lisait : *Faisons connaissance*.

64. *Premiers bébés*

Cet été-là, la famille Bridge fut invitée au mariage d'un parent éloigné, Maxwell, qui était employé des postes près d'Olathe. Carolyn était la seule qui eût envie d'assister au mariage, mais c'était plus ou moins une obligation et toute la famille – sauf Mr. Bridge – partit pour Olathe. Lorsque la mariée descendit la nef de l'église, tout le monde comprit la raison du mariage.

Après la cérémonie, les Bridge firent une apparition à la réception, puis, en silence, rentrèrent chez eux.

Trois mois plus tard, ils reçurent le faire-part de naissance traditionnel. Ruth, Carolyn et Douglas se trouvaient tous les trois à la maison lorsqu'il arriva, et Mrs. Bridge, qui malgré son dégoût s'était écriée : « Mais que c'est gentil ! », crut nécessaire d'ajouter :

— Les premiers bébés arrivent si souvent en avance !

Ruth avait alors dix-huit ans, Carolyn seize, et Douglas, qui n'avait pas ses yeux dans sa poche, quatorze. Un silence profond, massif, écrasant, accueillit la remarque de Mrs. Bridge. Carolyn était absorbée par ce qu'elle voyait par la fenêtre, Douglas par ses ongles. Ruth regarda Carolyn, puis Douglas, puis parut réfléchir ; enfin elle dit tranquillement :

— Oh ! maman, je t'en prie.

Personne n'ajouta rien. Le nom des Maxwell ne fut plus prononcé.

65. *Qui est à l'appareil ?*

Mrs. Bridge était à genoux dans le jardin munie d'un déplantoir lorsque Harriet ouvrit la fenêtre de la cuisine pour annoncer qu'un homme qui ne voulait pas dire son nom était au téléphone et demandait à parler à Ruth.

— J'y vais, dit Mrs. Bridge en se levant.

Elle entra dans la maison, s'approcha du téléphone avec agressivité, prit le récepteur avec une brusquerie inhabituelle.

— Allô, Ruth n'est pas à Kansas City en ce moment. Qui est à l'appareil, je vous prie ?

— Où elle est ? demanda une voix grave.

Mrs. Bridge fit signe à Harriet d'arrêter l'aspirateur.

— Ruth est chez des amis au lac Lotawana. Qui est à l'appareil, je vous prie ?

— C'est quel numéro, là-bas ? demanda la voix.

S'il avait demandé Carolyn, elle lui aurait donné le numéro malgré sa rudesse et son évidente grossièreté, mais elle n'aimait pas les garçons qui couraient après Ruth et ne s'y fiait pas.

— Elle voudra certainement savoir qui l'a demandée.

Il y eut un silence. Mrs. Bridge crut que le garçon allait raccrocher, mais il finit par répondre :

— Dites que Al a téléphoné. Al Luchek.

Puis elle perçut vaguement un tintement de verres.

Les amis de Ruth, curieusement, avaient toujours des noms étrangers. Les camarades de Carolyn s'appelaient Bob, Janet, Trudy ou Buzz, mais il y avait dans ce nom d'Al Luchek – comme d'ailleurs dans celui des autres : Louie Minillos, Nick Gajadas – quelque chose de venimeux. On aurait dit des noms de gangsters du North End. Deux ou trois fois, Mrs. Bridge avait demandé à Ruth qui ils étaient, comment elle les avait rencontrés ; Ruth avait répondu évasivement qu'elle les avait rencontrés chez les Untel ou à un réveillon de fin d'année.

— Mais qu'est-ce qu'ils *font* ?

La jeune fille s'était contentée de hausser les épaules.

— Tom Duncan a demandé de tes nouvelles l'autre jour, avait-elle ajouté.

Mais cela n'intéressait pas Ruth.

D'un ton froid et poli, elle dit à l'homme du téléphone :

— Merci d'avoir appelé, Mr. Luchek.

Aussitôt l'aspirateur se remit à ronfler.

Mrs. Bridge était troublée. Elle ne comprenait rien à Ruth, et la comprenait chaque jour un peu moins. Elle devenait de plus en plus secrète et agitée, rusée et inaccessible, en un mot : étrangère. D'où venait-elle ? Comment pouvait-elle être la sœur de Carolyn ? Mrs. Bridge était profondément inquiète. Elle avait du mal à lui donner ces petits noms que l'on donne aux enfants et bientôt elle ne put plus l'appeler que Ruth, ce qui semblait terriblement formaliste, froid et ne faisait qu'approfondir leur séparation. « Es-tu mienne ? pensait-elle parfois. Ma fille est-elle mienne ? »

66. *Mademoiselle de Kansas City*

C'était à Carolyn que Mrs. Bridge ouvrait son cœur de mère, bien qu'elle fût plus jeune. Elles restaient parfois assises sur le bord du lit de Carolyn très tard le soir, se tenant par le bras, parlant et pouffant, tandis qu'à l'autre bout de la chambre Ruth dormait de son étrange sommeil agité – marmonnant, se retournant et enfouissant son visage dans ses cheveux noirs et rebelles.

Mrs. Bridge ne savait jamais ce que Ruth faisait le soir, ni où elle allait ; elle rentrait doucement, quelquefois peu avant l'aube. Mrs. Bridge restait toujours éveillée jusqu'à ce que les deux filles soient à la maison, et un soir, pendant les vacances de Noël, elle était encore en bas, occupée à lire, lorsque Carolyn rentra avec Jay Duchesne, qui mesurait maintenant beaucoup plus d'un mètre quatre-vingts et tentait de se faire pousser la moustache. Cette moustache n'était visible qu'au grand jour ; il en était très fier et la caressait sans cesse, fiévreusement, comme si la seule chose dont elle eût besoin pour prospérer était un peu d'affection. Mrs. Bridge appréciait Jay. Elle avait confiance en lui. Parfois elle en venait même à se dire qu'elle le connaissait mieux que Douglas.

— Quoi de neuf, Mrs. B. ? demanda-t-il, en faisant tourner son chapeau sur un doigt.

Puis à Carolyn :

— On bouffe quelque chose, chérie ?

Ils allèrent tous les deux dans la cuisine se faire des œufs au bacon, laissant Mrs. Bridge au salon, son livre retourné sur ses genoux et les yeux fermés, assoupie et presque heureuse. Elle songeait qu'en dépit des difficultés de l'adolescence elle avait aidé ses enfants à passer le cap assez raisonnablement. Puis, lorsque la voiture de Duchesne eut pétaradé dans l'allée – il conduisait toujours aussi imprudemment et elle n'y était pas encore résignée –, elle monta l'escalier, bras dessus bras dessous, avec Carolyn.

— La voix de Jay a bien changé, dit-elle en souriant.

— C'est un homme, maintenant, maman, expliqua Carolyn avec un peu d'impatience.

Mrs. Bridge sourit de nouveau. Elle s'assit sur le lit et regarda Carolyn enlever sa veste bouffante et sa jupe et s'asseoir devant sa coiffeuse avec une boîte d'épingles.

— C'est drôle, ce que c'est calme ! dit Carolyn.

Mrs. Bridge regarda par la fenêtre.

— Tiens, il neige encore. Que c'est joli ! J'adore ces nuits d'hiver quand il neige.

De gros flocons humides tombaient doucement et se pressaient contre les vitres, et la lumière de la rue éclairait le sapin de la cour.

— Un lapin ! s'écria-t-elle.

Carolyn se précipita à la fenêtre, mais il ne restait du lapin que ses traces.

— Papa dort ? demanda Carolyn.

— Oui, le pauvre. Il a dû rester au bureau jusqu'à sept heures, et il doit se lever à cinq heures et demie demain matin.

— C'est idiot.

— Je sais bien, mais on ne peut rien lui dire. Dieu sait que j'ai essayé… ça ne sert à rien.

— Pourquoi fait-il ça ?

— Oh ! dit Mrs. Bridge avec irritation, car cet état de fait l'agaçait toujours autant, il dit que sans cela nous finirions dans la misère.

— Ça, par exemple !

Elles se turent un instant, fascinées par la neige.

— J'espère que Ruth va bientôt rentrer.

— Elle peut bien crever, en ce qui me concerne…

— Tu sais que je n'aime pas cette expression.

Carolyn prit une épingle et la fixa dans ses cheveux blonds bouclés.

— Je me demande vraiment ce qu'elle a, celle-là. Pour qui se prend-elle ? (Puis, se penchant de côté pour ouvrir le placard de Ruth :) Regarde un peu ça ! Un soutien-gorge de dentelle noire ! *Mademoiselle de Kansas City*[1] *!*

L'horloge de l'entrée sonna deux heures. Mrs. Bridge effleura de ses lèvres la joue de Carolyn et descendit à la cuisine se faire une tasse de cacao. Après avoir observé mélancoliquement la neige s'amonceler sur le seuil, elle remonta, se déshabilla et se mit au lit près de son mari. Les mains croisées sur la couverture, elle resta étendue, attendant le léger bruit de la porte d'entrée.

Elle se croyait éveillée, lorsque tout à coup, sans avoir rien entendu, elle comprit qu'il y avait quelqu'un en bas. Elle entendit un râle, puis

1. En français dans le texte. *(N.d.T.)*

comme un grognement masculin. Les aiguilles lumineuses de la pendulette de la table de nuit marquaient quatre heures et quart. Mrs. Bridge se leva, mit sa robe de chambre, alla rapidement en haut de l'escalier et se pencha sur la rampe.

— Ruth ? dit-elle, juste assez fort pour qu'on l'entende du salon.

Personne ne répondit.

— C'est toi, Ruth ? demanda-t-elle plus fort, sur un ton légèrement autoritaire.

Elle écouta, et il lui sembla qu'un léger grattement venait de cesser. La maison était obscure et silencieuse.

— Je descends, dit Mrs. Bridge.

— C'est moi, chuchota Ruth.

— Il y a quelqu'un avec toi ?

— Il s'en va.

Ruth toussa alors de façon anormalement insistante et Mrs. Bridge comprit que cette toux voulait couvrir un autre bruit.

— Qui est là ? demanda-t-elle, sans se rendre compte qu'elle tremblait de colère et de frayeur.

Mais il n'y eut que le bruit de la porte d'entrée qui s'ouvrait et se fermait, puis, quelques secondes plus tard, un bruit de pneus sur la croûte de neige glacée de la veille quand le conducteur lâcha le frein à main et démarra.

Une bouffée d'air froid s'engouffra dans la cage d'escalier. Mrs. Bridge, scrutant l'obscurité, vit sa fille qui montait. Elle tourna le commutateur, et elles se rencontrèrent sur la dernière marche. Ruth enlevait la dernière épingle de ses cheveux.

Elle sentait le whisky et sa robe était déboutonnée. D'un geste las, elle écarta sa mère et s'avança sur le palier. Mrs. Bridge, trop bouleversée pour réagir, se contenta de la suivre jusqu'à la porte de sa chambre. Ruth, qui s'était sentie suivie, se retourna rapidement en poussant un cri menaçant. Ses yeux verts étincelaient et elle leva un bras pour frapper. Mrs. Bridge recula, chancelante, avant que la main de sa fille ne l'eût touchée.

67. *Ruth part pour New York*

Cette année-là, Ruth réussit enfin ses examens de fin d'études secondaires. Elle y avait passé cinq ans, et l'on avait craint un moment qu'elle ne dût y rester un an de plus. Elle avait pourtant choisi les cours les plus faciles : musique, dessin, gymnastique, etc., mais elle étudiait rarement, et quand cela lui arrivait elle ne le faisait pas sérieusement. Elle avait fait partie de l'équipe de natation, la seule activité inscrite après son nom dans l'annuaire de l'école : *membre de l'équipe féminine de natation*, suivie de la désespérante petite phrase : *s'intéresse au théâtre*. Elle avait essayé une fois de décrocher un rôle, mais elle l'avait lu d'une manière tellement hystérique qu'elle ne l'avait pas obtenu. Lorsqu'elle quitta le lycée, Carolyn, qui y était entrée deux ans après elle, l'avait presque rattrapée.

Quelques jours après ses examens, Ruth annonça qu'elle allait chercher une situation à New York. Elle n'aimait pas Kansas City ; elle ne l'avait jamais aimé. Elle s'y était fait peu d'amis et ne s'y était jamais sentie heureuse, ni même à l'aise.

Mrs. Bridge tenta de s'indigner lorsque Ruth annonça son départ, mais après tout il était inutile de discuter.

— Qu'est-ce que tu vas bien pouvoir faire à New York ? demanda-t-elle.

Ruth n'avait jamais réussi à apprendre la sténo, et elle n'était même pas capable de taper à la machine aussi bien que Douglas, qui tapait ses compositions anglaises avec un doigt.

— Ne t'inquiète pas.

Ruth était devenue grande et belle, d'une sorte de beauté pure et sauvage, avec son nez arqué, ses yeux sombres et violents.

— Je mets mille dollars à la banque pour toi, dit Mr. Bridge, mais à une condition.

La condition était que, si Ruth n'était pas capable de s'en sortir seule une fois les mille dollars épuisés, elle accepterait de revenir à Kansas City. Elle rit et mit ses bras autour du cou de son père, chose que personne ne se rappelait lui avoir vu faire depuis son enfance.

Mrs. Bridge regrettait que Ruth ne voulût pas aller à l'université – même si l'on n'a pas toujours besoin d'un titre universitaire il n'est jamais mauvais d'en avoir un –, mais, en y repensant, elle se dit que ce serait au fond quatre années de perdues : Ruth n'était évidemment pas faite pour les études. Mais pourquoi New York ? Pourquoi pas une autre ville, plus proche de la maison ?

Le jour du départ arriva. Toute la famille se rendit à la gare.

— Tu n'as pas oublié ton billet, au moins ? demanda Mrs. Bridge.

— Pas vraiment, répondit sèchement Ruth.

— Surtout, ne manque pas d'aller voir les Wenzell dès que tu seras arrivée. Je leur ai écrit pour t'annoncer, mais naturellement ils ne sauront pas où te joindre.

Les Wenzell étaient des gens que Mrs. Bridge avait rencontrés dans le Colorado et avec qui elle échangeait des vœux à Noël.

— Entendu, lui assura Ruth, qui n'avait aucune intention d'aller voir les Wenzell.

— Allons, bon voyage, lui dit sa mère en l'embrassant à la grille. Et n'oublie pas d'écrire, n'est-ce pas. Envoie-nous un mot dès ton arrivée.

— Tiens, voilà pour le voyage, ajouta Mr. Bridge en tendant à sa fille quelques billets pliés. Surtout ne les perds pas. Et tiens-toi bien. Sinon, je viens te chercher.

— Je peux me débrouiller toute seule, ne t'inquiète pas, dit Ruth.

Mr. Bridge eut un rire étrange… C'était le rire d'un autre homme, d'un homme libre et heureux, qui après tout n'était pas si vieux.

— Ce n'est pas ce que je voulais dire, dit-il gaiement, et Mrs. Bridge, les regardant l'un après l'autre, fut frappée de leur camaraderie : on aurait dit qu'ils avaient appris à se connaître intimement lorsqu'elle n'était pas là.

Une fois installée dans le train, Ruth retira ses chaussures et se recroquevilla sur son siège. Elle ouvrit son sac de voyage et y plongea la main pour prendre un numéro de *Theatre Arts*. Elle sentit une enveloppe qu'elle n'y avait pas mise et comprit aussitôt ce que c'était : une « lettre de train », comme on en donnait il y a une ou deux générations aux jeunes gens qui quittaient la maison pour la première fois. Elle retira la main et resta immobile un certain temps. Ses yeux se remplirent de larmes, et elle fut bientôt secouée de sanglots secs, sans qu'elle sût elle-même si elle riait ou si elle pleurait. Au bout d'un moment, elle s'essuya les yeux et alluma une cigarette.

Plus tard, beaucoup plus tard, Ruth sortit l'enveloppe de son sac et lut la lettre. Il lui semblait voir sa mère assise devant le secrétaire Chippendale, avec du papier à lettres et un stylo, cherchant à se rappeler ces conseils d'un autre âge.

68. *Une tornade au club*

Peu après le départ de Ruth, une date familière revint hanter Mrs. Bridge.

Chaque année, elle était bouleversée par l'extravagance du cadeau d'anniversaire de son mari. Elle avait beau protester avec sincérité contre de telles dépenses, Mr. Bridge était déterminé à offrir à sa femme un objet de grande valeur et rien ne pouvait l'en dissuader ; une fois qu'il avait pris un parti, il était inébranlable. Une année, ç'avait été la Lincoln, une autre un manteau d'hermine, une autre encore un collier de diamants. Elle aimait ces objets, bien sûr, mais enfin elle n'en avait pas besoin, et leur valeur la gênait. Lorsqu'elle partait pour une soirée au Country Club enveloppée d'hermine et au volant de la Lincoln, elle sentait le poids des regards sur elle. Elle aurait voulu s'arrêter, expliquer que son mari était encore au bureau à neuf heures du soir, qu'elle ne lui avait pas demandé ces objets coûteux qu'il lui avait donnés pour son anniversaire. Mais elle ne pouvait naturellement pas s'arrêter pour expliquer tout cela, pas plus qu'elle ne pouvait empêcher les gens de la regarder.

Elle fut donc légèrement surprise cette année-là lorsqu'il se contenta de lui dire qu'ils iraient dîner au club. Elle pensa que c'était là son cadeau. C'était un peu étrange, évidemment, étant donné le passé, mais elle n'était pas mécontente ; elle se sentait même soulagée.

Aussi, quel coup ce fut pour elle lorsque, à peine assise dans la salle à manger du Country Club, il lui annonça fièrement qu'ils partiraient tous les deux pour l'Europe dans trois semaines. Mrs. Bridge crut d'abord qu'il plaisantait. Pas du tout. Les billets étaient pris, et les chambres réservées dans les pays qu'ils allaient visiter. Ils seraient absents six semaines. Toutes ses amies étaient au courant de la surprise qui l'attendait et pas une d'entre elles n'y avait fait la moindre allusion !

— Je me sens tout étourdie, dit Mrs. Bridge. Jamais je n'aurais imaginé une chose pareille !

Le maître d'hôtel vint prendre la commande, puis Mr. Bridge commença d'énumérer les villes qu'ils visiteraient ; mais elle ne l'écoutait plus : elle revoyait cette soirée où il lui avait exposé ses projets d'avenir, qu'un jour il l'emmènerait en Europe ; elle lui avait souri tendrement, sans vraiment le croire, heureuse à la perspective d'être avec lui n'importe où. C'était loin tout ça, tellement loin ! Y avait-il huit, dix ans de cela ? Non, il y avait plus de vingt ans, et aujourd'hui elle en avait quarante-huit. Cette pensée l'attrista. Elle regarda par la fenêtre les nuages s'amonceler tandis qu'il continuait à parler, tout à la joie de ce voyage. Le grondement lointain du tonnerre semblait l'avertir qu'un jour ce monde qu'elle connaissait et aimait serait anéanti.

Le ciel était de plus en plus bas et le vent augmenta pendant leur dîner. Quelques gouttes de pluie s'écrasèrent contre la vitre. C'était la saison des cyclones et manifestement il s'en préparait un. Le chef de rang apprit par un communiqué spécial de la radio qu'il se dirigeait droit sur le club à cent kilomètres à l'heure. Il passa de table en table pour exposer la situation. Si l'orage continuait d'approcher, expliqua-t-il, il faudrait que tout le monde descende au sous-sol.

— Merci, dit Mrs. Bridge. Croyez-vous que nous risquions quelque chose ?

Le chef de rang n'en savait rien. Le cyclone était encore à quelques miles à l'ouest ; il pouvait changer sa course, ou bien l'entonnoir pouvait se désagréger avant d'atteindre Kansas City.

— Eh bien ! dit Mrs. Bridge, vous nous tiendrez au courant.

Il lui assura qu'il n'y manquerait pas.

Bientôt les arbres de la terrasse se couchèrent sous les rafales et il pleuvait à verse. Mrs Bridge vit même une chaise métallique glisser sur la terrasse comme tirée par une corde. Quelques-uns des dîneurs quittaient déjà la salle à manger, et le chef de rang recommença sa tournée.

— Mon Dieu, c'est vraiment un gros orage, dit Mrs. Bridge. Croyez-vous que nous devrions descendre au sous-sol ?

Son mari répondit que le club ne craignait rien et qu'il entendait finir son dîner.

— Le maire s'en va, dit-elle en regardant autour d'elle.

Le maire et sa femme dînaient souvent au club, et les Bridge les connaissaient.

— Bonsoir, dit le maire en passant près d'eux, précédé de sa femme.

— Bonsoir, répondit Mrs. Bridge.

La pluie tombait si fort que l'on ne voyait plus rien par la fenêtre. Il n'y avait pas d'éclairs, et très peu de tonnerre ; seulement la pluie et cette sensation de forte oppression, comme si quelque chose était tapi tout près d'eux.

— Eh bien ! dit Mrs. Bridge en posant sa serviette sur la table, je crois que nous n'allons pas y couper.

Mr. Bridge continua de manger.

— Monsieur, dit-elle dès qu'il eut fini de parler avec un couple assis à la table voisine, avez-vous d'autres informations ?

Le chef de rang répondit que le cyclone s'approchait encore et qu'il serait bon de descendre au sous-sol.

— Merci, dit Mrs. Bridge, et elle regarda son mari d'un air interrogateur.

— Moi, je finis mon steak.

Le chef de rang ne savait que faire. La responsabilité lui incombait de faire descendre tout le monde au sous-sol, et si Mr. et Mrs. Bridge étaient emportés par le cyclone les directeurs du club ne manqueraient pas de le faire appeler pour lui demander des explications. Par ailleurs, il ne pouvait pas donner des ordres à Mr. Bridge dont l'irritabilité était bien connue et qui, après tout, était parfaitement au courant de la situation. Il fixa Mr. Bridge, qui n'y prêta aucune attention ; puis, comme il ne savait pas qui de Mr. Bridge ou de ses patrons l'intimidait le plus, il retourna vers sa radio dans l'espoir que la tornade le déchargerait de sa responsabilité en changeant de direction.

L'obscurité surnaturelle qui régnait à l'extérieur rendait les lumières de la salle à manger étrangement lumineuses, tout semblait mystérieusement tranquille, la pluie tombait en rafales. Mrs. Bridge s'aperçut que tous les dîneurs avaient quitté la pièce.

— Tu ne penses pas que nous devrions partir ? demanda-t-elle.

Il mâchait et ne pouvait donc répondre. Il déglutit, s'essuya les lèvres avec sa serviette, but une gorgée d'eau, puis beurra une tranche de pain de seigle. Il fronça les sourcils en constatant qu'il n'aurait pas assez de beurre. Il aimait beaucoup le beurre ; chez lui il en avait autant qu'il en voulait, mais chaque fois qu'ils dînaient dehors il en redemandait sans cesse. Mrs. Bridge, qui suivait un régime, lui avait déjà donné le sien, mais cela ne suffisait pas. Ils regardèrent tous les deux à la ronde. Pas un serveur en vue.

— Eh bien ! je vais en voler sur une autre table, dit Mrs. Bridge en se levant. Je ne pense pas que personne y trouve à redire.

Heureusement, il y avait sur la table voisine une portion de beurre intacte. Tenant d'une main son collier pour qu'il ne plonge pas dans les plats abandonnés, elle se pencha et prit l'assiette à beurre. C'était une petite assiette de porcelaine de Chine avec les armoiries du Country Club gravées en or. Que c'est joli, se dit-elle en la prenant. Les lumières vacillèrent. Le cyclone avait dû endommager une ligne électrique. Mrs. Bridge retourna à sa table et croisa le chef de rang dans l'encadrement de la porte. Il les observait debout sur un pied et se frottait les mains. Elle lui sourit poliment, un peu gênée d'avoir à la main l'assiette à beurre. Il lui rendit rapidement son sourire et reporta son attention sur Mr. Bridge.

Du lointain vint comme un coup de klaxon, comme une toux, comme le bruit d'une locomotive dans un tunnel – un son mystérieux et effrayant.

— Ce doit être le cyclone, dit-elle, écoutant attentivement.

Mais Mr. Bridge, qui savourait son pain de seigle, ne répondit pas. Elle remit sa serviette sur ses genoux. Elle avait fini de manger, mais ses parents lui avaient appris qu'il est mal élevé de mettre sa serviette sur la table avant que tout le monde ait fini et elle avait transmis ces bonnes manières à ses propres enfants.

Le cyclone approchait du Country Club, et Mrs. Bridge était là, assise à table en face de son mari. Cet étrange grognement, ce reniflement, bien que ce fût la première fois qu'elle se trouvait sur le passage d'un cyclone, elle savait que c'était le bruit que cela devait faire : un ronronnement, comme celui d'un aspirateur. C'était tout proche, maintenant, on aurait dit qu'un cochon était en train de fouiller avec son groin sur la terrasse.

Il ne vint pas à l'idée de Mrs. Bridge d'abandonner son mari et de courir au sous-sol. Elle avait été élevée dans l'idée qu'une femme mariée l'est pour le restant de ses jours et doit rester avec son mari partout où il se trouve et en toutes circonstances, à moins bien entendu qu'il ne lui enjoigne d'agir autrement. Sans doute aurait-elle aimé que son mari fût moins têtu, qu'il se comportât comme tout le monde, mais elle n'avait pas particulièrement peur. Depuis près d'un quart de siècle elle faisait ce que son mari lui disait de faire, et elle savait que s'il disait qu'une chose arriverait elle arrivait et que s'il disait qu'elle n'arriverait pas elle n'arrivait pas. Pourquoi en serait-il autrement aujourd'hui ?

Les lumières s'éteignirent tout à coup, et Mrs. Bridge se sentit faiblir. De brefs éclairs illuminaient par intermittence un nuage gigantesque et menaçant qui se précipitait sur eux, et elle sentait l'odeur si caractéristique de l'électricité. Dans l'obscurité et le silence, elle attendait, sans pouvoir discerner si le bruit de mâchonnement qu'elle entendait venait de son mari ou de l'orage.

Après quelque temps, les lumières se rallumèrent et les dîneurs, le maire en tête, remontèrent du sous-sol.

— Tiens ! dit Mr. Bridge, en cherchant des yeux quelque chose d'autre à manger. Tu vois, je l'avais bien dit.

Impressionné sans doute par le calme de Mr. Bridge, à moins que ce ne fût par la soumission de sa femme, le cyclone s'était retiré dans les cieux. Jamais on ne le revit, jamais on n'entendit plus parler de lui.

69. *« Non capisco »*

Ils partirent pour l'Europe, trois semaines plus tard, un dimanche, comme prévu.

À New York, ils virent Ruth, qui travaillait comme assistante d'un rédacteur dans un magazine féminin. Elle vivait seule dans une mansarde de Greenwich Village. Ils montèrent quatre étages pour jeter un coup d'œil à son appartement, que Ruth ne semblait d'ailleurs pas avoir grande envie de leur montrer, et Mrs. Bridge fut soulagée de constater qu'il était moins sinistre que l'on aurait pu craindre. Les tableaux – des peintures à l'huile originales, œuvres de l'un des nouveaux amis de Ruth – et le reste du mobilier la surprirent un peu. L'atmosphère était tellement différente de celle de la chambre de Ruth à Kansas City. Ce n'était ni aussi bien rangé ni aussi confortable. Il n'y avait pas même un tapis : rien que des nattes orientales sur le parquet sombre. Et que de disques ! Mrs. Bridge avait oublié que sa fille aimait tant la musique. L'appartement était un peu bizarre, évidemment, mais enfin il n'y avait rien de choquant. Pourtant, dans un coin quelque chose clochait. Mrs. Bridge finit par trouver ce que c'était : un clou enfoncé dans le mur au-dessus du lit et auquel rien n'était accroché. Elle ne pouvait plus s'empêcher de regarder ce clou. Ruth avait décroché quelque chose pour que ses parents ne le voient pas. Qu'est-ce que cela pouvait bien être ? Tout à coup, Mrs. Bridge se sentit observée : elle se retourna et vit sa fille qui la regardait avec une méfiance implacable.

La traversée de l'Atlantique fut une épreuve pour Mrs. Bridge, qui fit néanmoins de son mieux pour dissimuler que le mouvement du bateau lui donnait des nausées. Elle se sentit mieux grâce à des médicaments sans toutefois apprécier vraiment la nourriture et fut soulagée de débarquer en Angleterre.

— Décidément, je crois que je n'ai pas le pied marin, dit-elle à plusieurs reprises, non seulement à son mari mais aussi à des gens charmants dont elle avait fait la connaissance à bord ; ceux qui se sentaient eux-mêmes un peu mal à l'aise étaient les premiers à acquiescer.

Elle voyait souvent une vieille Italienne de la classe touriste qui se débrouillait pour passer l'après-midi sur le pont des premières. La vieille femme traînait une chaise dans un coin écarté et ensoleillé, restant là sans bouger pendant des heures. Jamais personne ne lui parlait ni ne s'inquiétait d'elle. Elle n'avait pas l'air bien. Elle était très pauvrement vêtue de noir, avec des souliers déchirés aux coutures et une écharpe noire nouée autour de la tête. Mrs. Bridge, qui se sentait mieux à mesure que le voyage tirait à sa fin, se disait que jamais elle n'avait vu personne aussi solitaire et misérable que cette vieille femme, et qu'elle devait faire quelque chose pour l'aider. Elle vint donc un après-midi la trouver dans son coin, se pencha et lui toucha doucement l'épaule.

— Puis-je faire quelque chose pour vous ? lui demanda-t-elle.

— *Lei parla italiano ?*

— Oh ! vous ne parlez pas anglais ?

— *Non capisco*, répondit la vieille femme en la regardant avec un grand désespoir.

— Je suis désolée, dit Mrs. Bridge faiblement. Si seulement je savais que faire, mais je ne comprends pas.

70. *Angleterre*

Ils débarquèrent à Southampton bien avant l'aube et prirent le train pour Londres. Il pleuvait et la plupart des voyageurs s'étaient assoupis, mais

Mrs. Bridge resta éveillée et, bien qu'ensommeillée, regardait par la vitre la campagne silencieuse, majestueuse et embrumée. Et tandis que défilaient des cottages qu'elle n'avait jamais vus et ne reverrait jamais, avec leurs cheminées où nichaient de grands oiseaux autour desquels de plus petits venaient désespérément voleter avant de retourner se poser sur les haies, des troupeaux impassibles dans la brume fascinés par ce train qui, sous le ciel calme d'Angleterre, roulait et roulait comme s'il n'avait eu aucune destination au-delà de ces champs détrempés, parfumés et de ces arbres sans ombre, elle songeait que tout cela lui était familier et que jadis cela avait dû être sa patrie. Oui, oui, elle était déjà venue ici.

À Londres, leur hôtel était tout près de Piccadilly Circus. Ils éprouvaient une certaine difficulté à comprendre le concierge et la femme de chambre, et devaient écouter attentivement ce qu'on leur disait à la réception et au téléphone. Mrs. Bridge, tout en ôtant les épingles de son chapeau – un chapeau de paille noir, avec un bouquet brillant de cerises sur le bord –, debout devant le miroir de la chambre, répondit aux commentaires de son mari :

— Je suis d'accord avec toi, mais tu ne crois pas qu'ils doivent trouver notre accent comique, eux aussi ?

Le lendemain matin, ils prirent un taxi pour aller à la Tour de Londres. Mrs. Bridge aima surtout les corbeaux et les costumes pittoresques des hallebardiers. Elle examina longuement les instruments de torture et le billot, puis ils reprirent leur taxi et arrivèrent à Buckingham Palace juste à temps pour la relève de la garde. Mrs. Bridge utilisa trois bobines de films en couleurs, mais affirma à plusieurs reprises que cela en valait vraiment la peine. Ils déjeunèrent très agréablement et repartirent en voiture pour Eton.

Ils se rendirent également en voiture à Stratford-sur-Avon et aux falaises de Douvres, et visitèrent plusieurs lieux historiques de la ville et des alentours. Au moment du départ pour Paris, il leur sembla néanmoins – à Mrs. Bridge plus encore qu'à son mari – qu'ils venaient à peine de faire connaissance avec l'Angleterre. En s'installant dans le train, elle lui dit que l'Angleterre était le plus beau cadeau qu'il lui eût jamais fait.

71. *Un restaurant français*

À Paris, les Bridge avaient l'impression de voir des Américains partout. Aussi ne furent-ils pas surpris lorsque Morgan Hager, un jeune homme de Kansas City à qui son père avait annoncé la visite des Bridge, leur dit qu'en plus des touristes il y avait plusieurs milliers d'Américains qui s'étaient fixés dans la ville, en particulier sur la rive gauche. Non, il ne savait pas de quoi vivaient tous ces expatriés ; oui, il pensait qu'ils étaient heureux en France. S'ils avaient l'intention de passer à l'étranger le reste de leur vie ? Il n'en savait rien. Mrs. Bridge ne comprenait pas qu'on pût avoir l'idée de vivre hors des États-Unis. Y venir en voyage, oui. S'y fixer, non.

— Ils doivent se sentir très seuls, dit-elle.

— Je suppose, admit Hager. C'est mon cas.

— Mais alors, pourquoi restez-vous ?

— Parce que je suis plus heureux ici.

Voilà qui était bizarre. Elle aurait bien voulu comprendre. Elle observa Hager attentivement : il n'avait pas l'air heureux ; en tout cas, il souriait rarement. Non, il n'était pas vraiment heureux.

— Si vous avez le temps, Morgan, dit Mr. Bridge, j'aimerais voir un peu cette vie de bohème dont on parle tant.

Hager le regarda d'un air hésitant. Cette requête posait un problème. Il y avait bien des choses qu'il aurait pu leur montrer, mais, de même qu'à Pompéi on ne montre pas certaines fresques aux touristes de passage, de même il y a à Paris beaucoup de choses qui ne sont pas indiquées sur les guides.

— Je vous avoue, dit Hager modestement, que je ne connais rien de très bohème, mais nous pourrions peut-être aller dîner dans un petit restaurant de Montparnasse où vont beaucoup d'étudiants. C'est un peu sale, ajouta-t-il pensivement.

Mrs. Bridge trouva l'idée excellente.

— Il faudrait peut-être que nous passions à l'hôtel nous changer, suggéra-t-elle.

Hager se demanda si elle comptait revêtir une toilette plus habillée ou au contraire plus décontractée, alors il lui dit :

— Je ne pense pas qu'on fasse attention à vous.

Cela lui parut un peu maladroit, aussi ajouta-t-il :

— Vous êtes très bien comme ça.

Ce n'était pas non plus tout à fait ce qu'il voulait dire, et, après s'être éclairci la voix et gratté le nez, il crut nécessaire de préciser :

— Vous savez, je vous emmène dans une vraie gargote. Enfin, je veux dire, on vous laissera entrer.

Il s'arrêta pour réfléchir, conscient de s'être fourré dans une impasse.

— Bon, dit-il finalement, on y va ? J'ai l'estomac dans les talons.

Mrs. Bridge n'avait jamais vu un si petit restaurant. Ce n'était pas plus grand que sa cuisine de Kansas City, mais on avait réussi à y caser une dizaine de tables recouvertes de toile cirée. Toutes étaient occupées ; ça empestait le fromage, le vin, la fumée et la transpiration. Coincés entre la porte et un portemanteau, ils attendirent qu'il y eût trois places libres. Finalement le serveur, un gros garçon aux cheveux coupés ras et au tablier sale, les interpella à travers la fumée et le tumulte :

— *Alors, vite ! J'en ai trois ! Vite*[1] *!*

— O.K. ! précipitons-nous, murmura Hager. Il en a trois, mais pas pour longtemps, et il poussa Mrs. Bridge dans la cohue.

Il n'y avait pas de place sur la table – ni ailleurs – pour poser son sac, qu'elle dut garder sur ses genoux. Le menu était gribouillé sur un tableau noir accroché au mur. Hager traduisit et fit des suggestions, que Mr. et Mrs. Bridge acceptèrent. À côté de Mrs. Bridge se trouvait un personnage

1. Les mots en italiques sont en français dans le texte. *(N.d.T.)*

étonnamment débraillé vêtu d'une chemise à manches courtes et d'un béret bleu très sale sur la tête.

— *Bonjour, Claude*, dit Morgan Hager.

— *Ah ! mon ami*, s'exclama le jeune débraillé. *Comment ça va ?*

— *Oh, ça va*, répondit Hager. *Claude, je vous présente M. et Mme Bridge.*

— Comment allez-vous ? demanda Mrs. Bridge.

— *Enchanté !* dit Claude, la bouche pleine de pain, en la regardant d'un air méditatif. (Il tira sur sa chemise :) *C'est un cadeau.*

— C'est moi qui lui ai donné cette chemise, traduisit Hager.

— Oh ! que c'est charmant ! approuva Mrs. Bridge.

— *Oui*, dit Claude tout en mâchant et sans cesser de la regarder. Puis, voyant que le verre de Mrs. Bridge était encore vide, il se pencha pour prendre sur la table la bouteille de la communauté et le remplit en disant : *C'est bon, vous savez.*

— Merci, dit Mrs. Bridge.

Le vin était rouge vif, avec de petits reflets à la surface.

— Il a un peu le goût de vinaigre, prévint Hager en la voyant contempler son verre d'un air inquiet. On peut en avoir du meilleur. Claude est complètement fauché, c'est pour ça qu'il boit de celui-là. Il ne coûte qu'un cent le verre.

— Oh ! mais je suis sûre qu'il est excellent, répondit-elle tout en étant sûre du contraire.

Elle goûta le vin et sourit, parce que Claude l'observait.

— *C'est bon, n'est-ce pas ?* demanda-t-il.

— Oh ! oui, c'est délicieux ! répondit-elle, et elle but une autre gorgée pour prouver qu'elle était sincère.

Claude approuva de la tête. Il mangeait maintenant de la salade. Il s'arrêta, se pencha et tira du saladier un objet flasque, noir et fibreux que Mrs. Bridge identifia aussitôt : une araignée. Évidemment, elle avait grimpé dans le saladier, ou y était tombée, et s'était noyée. Claude la déposa avec indifférence dans une coquille à demi remplie de cendre et de mégots et continua de manger. Au bout d'un moment, l'araignée revint à elle, sortit du cendrier et, toute chancelante, traversa la table et disparut de l'autre côté.

Le garçon arriva bientôt avec le premier plat et resta là quelques instants pour voir s'ils l'appréciaient. L'araignée avait un peu entamé l'appétit de Mrs. Bridge et, lorsque arriva la salade, elle eut beau faire de vaillants efforts, elle ne réussit à manger qu'un petit morceau de tomate.

À l'hôtel, ce soir-là, Mr. Bridge nota qu'il avait toujours entendu parler de la cuisine française comme de quelque chose d'extraordinaire, mais que si c'était ça, il préférait manger à Kansas City.

— J'ai trouvé que c'était très bon, dit-elle.

— Tu n'as pourtant pas beaucoup mangé.

— Mon Dieu, répondit-elle, nous ne sommes pas allés là pour manger.

72. *Victoire ailée*

Dès qu'ils furent descendus de la tour Eiffel, ils partirent au Louvre. Le Louvre était pour Mrs. Bridge un symbole. De même que Texas égale grandeur et Tombouctou fin du monde, ainsi Louvre avait aussi une signification. Certes, il y avait de beaux musées aux États-Unis ; à Kansas City, par exemple, se trouvait la William Rockhill Nelson Art Gallery, et Mrs. Bridge avait beau n'y avoir été que quatre ou cinq fois au cours des vingt dernières années, elle était très fière que Kansas City possédât un musée de réputation nationale. De temps en temps, l'idée lui venait de s'y rendre, car elle gardait un très bon souvenir des rares moments qu'elle y avait passés. À l'intérieur, c'était très joli, et, naturellement, très très intéressant. Le seul ennui, c'était d'y aller – non que ce fût loin, c'était assez près de la Plaza et il y avait toute la place voulue pour se garer, mais enfin elle ne pouvait se décider à y aller. Chaque fois que l'idée l'effleurait, l'atmosphère autour d'elle devenait hostile et froide, elle entendait l'écho de ses pas sur le marbre. Les quelques visiteurs qu'elle avait rencontrés l'avaient ignorée, ou tout au moins avaient manifesté une politesse distante. Tout y était si impersonnel, presque fantomatique. Si seulement il y avait de la musique et si les fenêtres étaient ouvertes – voilà ce qui n'allait pas. Et si seulement il y avait des tapis ! Au lieu de dépenser tout cet argent en colonnes de marbre… Et s'il y avait un salon de thé, quelques boutiques – certainement

Bancroft pourrait montrer aux directeurs du musée comment rendre les choses plus attrayantes…

Ainsi rêvait-elle dans le taxi qui les emmenait au Louvre. C'était un après-midi exquis. Des hommes pêchaient sur les bords de la Seine, des couples flânaient devant les étalages des bouquinistes – quelles drôles de formes avaient ces boîtes vertes avec leur couvercle soulevé ; et toutes ces cartes et toutes ces gravures exposées ! Dans les jardins des Tuileries, avec le Louvre en fond, des dames tricotaient et des enfants jouaient au cerceau autour des pelouses. Des ballons ondoyaient au bout de bâtons ou se heurtaient dans la brise de l'après-midi. Lorsque le taxi s'arrêta devant le fameux musée français, Mrs. Bridge vit un grand nombre de personnes qui y entraient et en sortaient ; Paris était vraiment très différent de Kansas City.

Au Louvre, elle reconnut aussitôt la *Vénus de Milo*, bien qu'ils fussent arrivés par-derrière. Évidemment, Mona Lisa était elle aussi repérable au premier coup d'œil : elle était exactement comme sur les reproductions. Les tapisseries lui semblèrent familières ; peut-être toutes les tapisseries se ressemblent-elles plus ou moins, comme d'ailleurs les vases grecs et les momies.

Au bout d'une heure, Mr. Bridge déclara qu'il allait attendre dehors, et elle continua seule sa visite. C'était fatigant, mais passionnant ; jamais elle n'oublierait cette journée. Enfin, avec un sentiment de regret – bien qu'elle fût si épuisée qu'elle pouvait à peine marcher –, elle se dit qu'il était temps de partir. Son mari devait être mort d'ennui. Elle se sentait un peu coupable de l'avoir fait attendre ainsi, mais elle était sûre qu'il comprendrait. Il savait à quel point elle était impatiente de visiter le Louvre.

Elle se dirigea vers la sortie, persuadée que si elle n'avait pas pu tout voir elle avait au moins admiré les tableaux et les statues les plus célèbres, lorsque tout à coup elle s'arrêta net : et la *Victoire de Samothrace* ? Cette statue lui était si familière depuis son enfance : il devait y en avoir une reproduction dans l'un de ses premiers livres de classe ; elle la revoyait si bien encore ! Cette noble représentation conquérante et ces draperies flottant dans son dos ! Que ce devait être impressionnant !

— Qui sait quand je reviendrai au Louvre ? dit-elle presque à voix haute. Si je veux la voir, je préfère le faire tout de suite.

Elle regarda autour d'elle, mais, comme pour le moment il semblait n'y avoir personne qui parlât anglais, elle décida de continuer son chemin : à la sortie elle trouverait sans doute un guichet de renseignements, tout au moins un gardien. Au détour d'un couloir, là, soudain, surgit la Victoire ailée. Mrs. Bridge, suffoquée, recula d'un pas : la grande statue semblait foncer sur elle. C'était le portrait frappant de Lois Montgomery en chemise de nuit.

73. *Étrangers au paradis*

Le lendemain, en faisant du lèche-vitrines sur les grands boulevards, Mrs. Bridge se trouva séparée de son mari. Ils flânaient dans la rue Auber et s'attardaient devant les vitrines qui les intéressaient, elle songeant aux différences entre Paris et Kansas City. Tous ces Français semblaient se contenter de rester des heures aux terrasses des cafés et faisaient certainement passer le plaisir avant les affaires. Soudain elle s'aperçut qu'elle était seule. Elle se retourna et vit son mari, les bras croisés, arrêté devant un magasin. Elle attendit un peu, pensant qu'il allait la rejoindre, mais il semblait hypnotisé. Cela attisa sa curiosité, aussi rebroussa-t-elle chemin. Il la sentit approcher, tressaillit et regarda autour de lui. Ils reprirent leur promenade, mais elle avait vu l'objet qui avait ainsi capté son attention : un soutien-gorge de dentelle noire, dont les pointes étaient coupées.

Plus elle réfléchissait à cet incident, plus elle s'inquiétait. Les Français, après tout, pouvaient faire ce qui leur plaisait ; elle n'avait rien à faire avec eux. En revanche, il lui fallait bien vivre avec son mari. Voilà déjà un bon nombre d'années qu'elle vivait avec lui, et elle croyait connaître de lui tout ce qui en valait la peine. Il est vrai qu'elle avait parfois eu des surprises, comme le jour où il lui avait dit (il avait d'ailleurs semblé le regretter par la suite) qu'étant enfant il rêvait de devenir un grand compositeur, mais ces rares révélations ne lui avaient pas paru avoir de signification profonde, malgré leur intérêt, et en général elle ne s'y attardait pas. Cette fois-ci, c'était différent.

Pourquoi s'était-il ainsi arrêté ? À quoi pouvait-il bien penser ? Son expression était si sérieuse. Y avait-il en lui des choses qu'il lui avait cachées ? Qui était-il, en vérité ? Du tréfonds de son être montaient des questions qui jusque-là ne s'étaient jamais posées, et là, dans cette rue étrangère, elle se sentit perdue et abandonnée. Elle pensa à Kansas City avec nostalgie.

74. *Au café intellectuel*

Le guide mentionnait un café, Le Dôme, comme le lieu de rencontres d'intellectuels de grande renommée au début du siècle : ils décidèrent d'aller y passer une heure ou deux.

Ce guide apprit à Mrs. Bridge que « Picasso y passait de longs moments » ; elle continua de lire les noms d'autres célébrités qui avaient fréquenté cette terrasse.

— Tiens, voilà Picasso, fit Mr. Bridge.

— Oh ! ce n'est pas possible, dit-elle en levant les yeux.

Elle vit à qui il faisait allusion : c'était Morgan Hager, qu'ils n'avaient pas vu depuis plusieurs jours. Hager avait un carton à dessins sous le bras et sur la tête un béret qui, on ne savait pourquoi, lui donnait l'air d'un renard. Il eut l'air surpris de les voir dans le café et l'on put croire un instant qu'il allait s'enfuir, mais il sourit, fit bonjour de la tête et vint les rejoindre. Il déposa son carton dans un coin. Mrs. Bridge avait envie de demander à voir ses dessins, et après quelque hésitation elle s'y décida ; mais il répondit que les dessins n'étaient pas très bons, et elle n'insista pas.

— Ainsi, dit-il, vous êtes encore là.

Ce n'était pas ce qu'il voulait dire ; il s'empressa de corriger :

— Je vous croyais déjà partis.

Ce n'était encore pas ce qu'il fallait dire. Il se reprit :

— Vous ne m'avez pas dit ce que vous êtes venus faire.

Mrs. Bridge lui souriait aimablement sans changer d'expression et son mari l'observait avec une franche curiosité ; il ôta donc son béret et se gratta la tête, en quête de quelque chose susceptible de les distraire de son incapacité à soutenir une conversation.

— Oh ! regardez donc ! s'écria-t-il.

Mr. et Mrs. Bridge se retournèrent. Une fille ébouriffée, assez jolie dans le genre bohémien – selon Mrs. Bridge –, vêtue d'une blouse de soie qui n'était pas rentrée dans sa jupe mais simplement attachée par un nœud si bien que l'on voyait un bon morceau de peau, riait et secouait la tête en réponse aux commentaires de deux Français qui étaient assis à la table voisine. L'un des Français sortit son portefeuille et glissa un billet sous la soucoupe de la tasse de café de la fille, qui défit aussitôt le nœud de sa blouse, se leva et révéla ses seins aux voisins aussi bien qu'à quiconque avait envie de regarder, ce qui provoqua un tonnerre d'applaudissements et de rires non seulement de la part des deux hommes d'affaires mais de tous les clients du café, à l'exception de Mr. et Mrs. Bridge.

— Il faut que je m'en aille, dit Morgan Hager tout à coup.

— Oh ! déjà ? fit Mrs. Bridge.

— Oui, il y a une fille à l'hô... je veux dire, enfin, j'ai à faire. (Puis, après un silence :) J'avais oublié Kansas City, à quoi ressemblent les gens, si vous voyez ce que je veux dire. (Il y eut un nouveau silence.) En somme, dit-il enfin en prenant son carton, ç'a été une bonne expérience.

Mrs. Bridge, qui n'était pas très sûre de ce qu'il avait voulu dire, répondit aimablement :

— Au revoir, Morgan. Nous dirons à vos parents que nous vous avons vu.

Hager eut un sourire gêné et se perdit rapidement dans la foule.

75. *Artiste de trottoir*

— Je ne savais pas qu'il y avait tant d'artistes, fit remarquer Mrs. Bridge alors qu'ils se promenaient sur les quais. Comment crois-tu qu'ils font pour ne pas mourir de faim ?

Mr. Bridge n'avait jamais été très intéressé par l'art, mais c'était ainsi que Mrs. Bridge avait voulu passer leur dernier jour à Paris, et il ne trouvait rien à y redire. D'ailleurs, certaines des peintures qui étaient exposées chez les bouquinistes lui plaisaient assez ; et puis, c'était un après-midi ensoleillé et chaud de la fin d'août et il était heureux. Il décida donc d'acheter un tableau à sa femme. Sans rien dire, il se fit plus attentif. Près de Notre-Dame elle s'arrêta pour admirer une aquarelle.

— *Parlez-vous anglais ?* demanda poliment Mrs. Bridge au vieux monsieur qui était assis près de l'étalage sur une chaise de toile.

Il secoua la tête et continua de fumer sa pipe.

— Well, *combien ?* ajouta-t-elle, en montrant celle qui lui avait plu.

— *Vingt mille*, répondit-il sans lever les yeux et sans cesser de tirer sur sa pipe.

— *Vingt mille*, répéta-t-elle, car elle avait écouté attentivement, sachant qu'il parlerait français. Voyons. *Vingt*, c'est twenty, n'est-ce pas ? Et *mille*, thousand. Oh ! oh ! ça a l'air de faire beaucoup.

Elle ouvrit son sac et en sortit une petite brochure qui donnait les équivalences de la monnaie américaine avec pratiquement tout ce qui existe au monde. Ayant donc calculé combien de dollars cela faisait, elle s'exclama :

— Oh ! c'est beaucoup trop !

Puis secouant la tête, elle s'éloigna à regret et dit à son mari :

— Il a dû voir que nous étions des touristes.

Mr. Bridge regarda longuement la peinture, afin de ne pas l'oublier. Il ne la trouvait pas très bonne – en fait, pensa-t-il, Ruth faisait mieux au lycée –, mais il émettait rarement une opinion sur les sujets qui ne lui étaient pas familiers. Plus tard dans l'après-midi, après qu'ils furent rentrés à leur hôtel des Champs-Élysées, tandis que Mrs. Bridge faisait les valises, il sortit, prit un taxi, alla sur les quais, acheta la peinture et la fit expédier à Kansas City.

Le lendemain, en s'installant dans le train qui allait les emmener sur la Riviera, il fit remarquer un peu sèchement qu'il avait compris pourquoi les artistes parisiens ne mouraient pas de faim. Comme elle ignorait tout de l'achat qu'il venait de faire, cette remarque ne signifia rien pour sa femme, et elle répondit, en enlevant son chapeau, qu'ils devaient se débrouiller d'une façon ou d'une autre.

76. *Télégramme*

Un télégramme les attendait à Monte-Carlo, un télégramme de Douglas, qui connaissait la date de l'anniversaire du mariage de ses parents.

VEUILLEZ ACCEPTER FÉLICITATIONS CETTE DATE MÉMORABLE – STOP – AU NOM TOUTE LA SOCIÉTÉ VOUS ADRESSE VŒUX BONNE CONTINUATION.

Mrs. Bridge fut touchée de cette attention et écrivit à son fils : « Tu as été un amour de te rappeler la date de notre anniversaire, mais je crois que l'American Express a dû mélanger deux télégrammes. »

77. *Beaux bagages*

Avant de partir, Mrs. Bridge avait fait l'inventaire des bagages au grenier, et elle était parvenue à la conclusion qu'ils ne suffiraient pas.

Elle alla en ville et acheta trois élégantes valises de cuir brun foncé. Elles étaient si belles que le vendeur n'eut aucun mal à la persuader de prendre des housses de toile pour protéger le cuir. Celles-ci, évidemment, étaient horribles – on aurait dit de la toile de tentes de boy-scouts – mais elle les acheta quand même et on les fixa sur les valises. Elles y restèrent pendant la traversée, et comme ils ne passaient que quelques jours dans chaque ville elle ne s'était pas donné la peine de les enlever. Elle décida donc de regarder si le cuir avait été bien protégé. Elle défit l'une des housses à moitié : le cuir reluisait comme s'il avait été dans une vitrine. Satisfaite, elle remit la housse en place et la reboutonna.

78. *Miroir*

Le matin de leur deuxième journée à Monte-Carlo, Mrs. Bridge dormit plus tard qu'elle ne l'aurait souhaité. Ils étaient allés au casino la veille, et bien qu'elle n'eût pas joué cela avait été une expérience assez forte. Lorsque enfin elle se réveilla, son mari était parti, ce qui n'avait rien de surprenant car il avait tellement l'habitude de se lever tôt pour avoir une pleine journée de travail au bureau, qu'il ne pouvait plus rester au lit après sept heures. Il devait se promener d'un bon pas dans la ville, après quoi il irait à l'agence de voyages dès l'ouverture pour vérifier les réservations dans les hôtels d'Italie. Où trouvait-il tant d'énergie ? se demandait-elle souvent.

La pendulette de la table de nuit lui indiqua qu'il était presque midi. Elle se sentit un peu coupable. Pourtant, qu'il était bon d'être au lit et de sentir sur sa joue et ses bras les douces brises de la Méditerranée ! Encore quelques minutes, et puis il faudrait vraiment qu'elle se lève. Mrs. Bridge, les yeux à demi ouverts, immobile, savourait son bonheur. Qu'avait-elle fait pour mériter tout cela ? La question demeurait sans réponse. Tout à coup, quelque chose la frappa : quelque chose de si évident, de si vulgaire, qu'elle ne pouvait comprendre comment cela lui avait échappé. Elle se voyait dans le miroir qui était accroché au mur en face du lit. Elle prit soudain conscience qu'en Europe, dans toutes les chambres d'hôtel, il y avait un grand miroir en face du lit. Devant ce que cela signifiait, ses yeux bleus s'ouvrirent tout grand et elle tourna rapidement la tête sur l'oreiller. À Paris, un miroir Louis XIV superbement décoré avait révélé sans pudeur son intimité avec son mari ; à Londres, également, maintenant qu'elle y pensait, ils avaient été reflétés dans un miroir.

Mrs. Bridge, profondément troublée, en proie à un sourd désespoir, resta dans son lit, le regard perdu vers la mer, au loin, vers la clarté violette et les voiles blanches qu'elle percevait à travers le fer forgé de la porte-fenêtre.

79. *Psst !*

Dès qu'ils franchissaient la porte de l'hôtel, ils étaient aussitôt repérés en tant que touristes américains. De chaque rue transversale sortait à pas furtifs un jeune homme qui, une main dans la poche de son pardessus, murmurait en mauvais anglais qu'il avait à vendre un diamant, un stylo, une montre suisse : « Psst ! Hé ! mister ! »

— Comment ces gens font-ils pour savoir que nous sommes américains ? demanda Mrs. Bridge.

La chose n'avait rien de mystérieux pour Mr. Bridge qui répondit amèrement, car le voyage coûtait deux fois plus cher qu'il n'avait prévu.

— Les Européens sentent un dollar à deux kilomètres.

80. *Drôle de Romain*

À Rome, ils étaient descendus dans un hôtel proche de la Via Veneto – le « Broadway de l'Europe », expliquait l'employé de la réception, qui n'avait jamais été en Amérique mais avait à Manhattan un cousin issu de germain. Ni Mr. ni Mrs. Bridge n'avaient envie de contester ce fait : le ciel était couvert et l'humidité telle que l'on avait peine à respirer.

— Mon Dieu, que c'est différent de la Riviera ! s'étonna Mrs. Bridge en défaisant les valises.

Il avait fait chaud à Monte-Carlo – tout au moins le thermomètre était monté haut. À l'ombre des maisons, il faisait généralement frais, et même en plein soleil ils n'avaient jamais été incommodés.

— Il fait vraiment chaud et lourd, dit-elle en regardant à travers les persiennes les nuages humides et immobiles. Où est la brise de la Méditerranée ?

Ils se douchèrent, mirent leurs vêtements les plus légers et descendirent s'asseoir à la terrasse d'un café de la Via Veneto. Ils choisirent une table avec un parasol car une petite pluie tiède commençait à tomber. De la table voisine, un Italien vêtu de blanc, avec des souliers blancs à trous, ne tarda pas à leur adresser la parole dans un anglais parfait.

— Vous êtes américains, n'est-ce pas ?

Mrs. Bridge dit qu'ils l'étaient en effet, stupéfaite une fois de plus d'une si prompte identification.

— Comment trouvez-vous l'Italie ? Ça vous plaît ?

— Il fait terriblement chaud, dit-elle avec un peu d'hésitation, car elle craignait d'être impolie : elle fut soulagée de voir qu'il ne s'offensait pas – les Européens sont souvent si susceptibles !

L'Italien leur demanda depuis combien de temps ils étaient en Europe et combien ils comptaient y rester encore. Lorsqu'elle répondit qu'après avoir visité Florence, Milan et Genève ils repartiraient pour Paris et de là pour les États-Unis, il fit un curieux petit geste qui exprimait sa sympathie.

— Regrettable, ajouta-t-il.

— Avez-vous déjà été en Amérique ? demanda-t-elle gracieusement.

— Non, madame, je n'y ai pas été.

— Vous devez en mourir d'envie.

L'Italien se mit à rire, leva les deux bras dans ce geste qu'ils avaient appris à si bien connaître, et dit :

— Ma chère madame, pourquoi aller en Amérique ?

Lorsque la pluie eut cessé, il s'inclina, leur dit quel plaisir ç'avait été de faire leur connaissance, et s'en alla.

— Ne t'y laisse pas prendre, dit Mr. Bridge. Ces gens-là vendraient leur âme pour venir en Amérique.

81. *Changement d'itinéraire*

Peu à peu, ils prirent goût aux cafés de la Via Veneto, à tel point que Mrs. Bridge, plaisantant à moitié, dit à propos de ce drôle d'Italien qui n'avait aucun désir d'aller ailleurs :

— Vraiment, je crois qu'il a un peu raison.

Il y avait un café, plus loin sur l'avenue, qu'ils n'avaient pas encore essayé : le temps, humide et nuageux comme il n'avait cessé de l'être depuis leur arrivée à Rome, les décida à y prendre un café glacé. Au bout de quelques minutes, un garçon s'approcha, avec une allure typiquement italienne.

— Espérons que celui-là comprend l'anglais, murmura-t-elle. Essaie toujours.

— En quelle langue croyais-tu que j'allais lui parler ? répondit Mr. Bridge.

Il venait de finir de changer le film de son appareil photo ; il le posa sur une chaise vide et passa sa commande au garçon.

— Très bien, monsieur. Prendrez-vous autre chose ?

— Non, seulement du café avec beaucoup de glace.

Le garçon s'inclina et entra dans le café. Mr. Bridge s'épongea le front avec son mouchoir et secoua les manches de sa veste de lin. Mrs. Bridge s'éventait avec un dépliant touristique.

— Les choses sont évidemment plus simples quand ils parlent anglais, dit-elle, mais mon Dieu ! quel accent il a, celui-là !

Ils attendirent, attendirent. Le café glacé n'arrivait pas. Ils regardèrent autour d'eux. Les gens semblaient s'amasser à l'intérieur du café, il devait y avoir une discussion, une dispute.

— Le service est généralement si bien fait, fit remarquer Mrs. Bridge en s'éventant toujours avec le dépliant touristique.

Ils attendirent encore un peu. Finalement, Mr. Bridge se leva et dit qu'il allait voir dans le café ce qui se passait.

— Pour l'amour du ciel, ne t'en mêle pas ! dit-elle.

Il était évident que dans le café les Italiens s'excitaient : certains agitaient les bras en s'invectivant les uns les autres. Mais cela arrivait tout le temps en Italie, et Mrs. Bridge s'y était habituée.

Tandis que son mari entrait dans l'établissement, elle étudia le dépliant. Ils pensaient aller au Vatican un peu plus tard dans l'après-midi et elle espérait que leur emploi du temps leur permettrait de faire un tour en voiture dans la campagne romaine. Lorsque Mr. Bridge revint, elle leva la tête et sourit.

— Partons, dit-il en prenant son appareil photo.

Le sourire de Mrs. Bridge se dissipa. Elle voyait, à l'expression de son mari, qu'il n'était pas en colère.

— Qu'y a-t-il ? s'enquit-elle. Qu'est-ce qui se passe ?

— Les nazis sont entrés en Pologne.

— Ô mon Dieu !

Deux jours plus tard, Mr. et Mrs. Bridge étaient sur le chemin du retour.

82. *Le sort de l'Europe*

Le lendemain de son retour à Kansas City, on interrogea Mrs. Bridge au cours d'un déjeuner sur la situation en Europe. Elle répondit que ç'avait été effrayant et qu'elle n'avait vraiment aucune idée de ce qui se passait. Ils n'avaient rencontré aucun nazi, du moins c'est ce qu'elle croyait, et elle ne pouvait honnêtement émettre une opinion. Elle se sentit plus sûre d'elle lorsqu'on l'interrogea sur les paysages. Naturellement, quelqu'un demanda s'ils avaient assisté à une course de taureaux.

— Non, grâce au ciel, répondit-elle. Nous voulions aller en Espagne, mais Walter a pensé que ce serait dangereux si tôt après la guerre civile. Nous en avons beaucoup entendu parler. L'Europe semble pleine d'Espagnols qui se sont battus du côté des vaincus.

— On a peine à comprendre comment les Espagnols peuvent être si assoiffés de sang, déclara Madge Arlen.

— Oui, absolument, se hâta de répondre Mrs. Bridge.

— La pauvreté des Européens doit être effroyable.

— Oui, c'est tout simplement incroyable.

— On dit qu'il n'y a pas de classe moyenne du tout, rien que des riches et des pauvres.

— Oui, cela semble si injuste.

— Ils doivent tous mourir d'envie d'émigrer ici.

— Oui, mais évidemment on ne peut pas les blâmer, répondit-elle. Grace, voulez-vous passer la crème ?

Le déjeuner terminé, on alla au salon, où l'hôtesse, Lois Montgomery, avait installé des tables à jeu. Sur chaque table il y avait un petit panier de papier jaune plissé rempli de noix de cajou et de pastilles de menthe, quatre carnets pour compter les points et quatre crayons minuscules. On demanda à Mrs. Bridge ce qu'elle pensait de l'Angleterre, elle répondit que c'était un pays charmant ; les gens étaient tout à fait délicieux, mais plutôt réservés. La cuisine n'était pas aussi bonne que la cuisine française parce que les Anglais font tout bouillir. Le rosbif, cependant, était exquis, le plum-pudding aussi. Londres était dans le brouillard, et l'accent anglais semblait étrange au début, il fallait s'y faire.

— Quelle chance nous avons de vivre en Amérique ! fit remarquer quelqu'un.

— Comme c'est vrai !

— À propos, dit Mrs. Bridge, je n'ai cessé de me demander pendant ce voyage si on avait finalement bouché cet affreux trou dans la chaussée, juste à la sortie de Parkway Road.

— Ils s'y sont finalement mis la semaine dernière. Nous étions prêts à y renoncer.

— C'était exaspérant. Un jour, j'étais si fâchée contre Douglas que je l'ai oublié et je suis passée juste dessus.

— Eh bien, dit Madge Arlen qui battait les cartes, une cigarette à la bouche et un œil fermé à cause de la fumée, vous pouvez remercier Grace. Elle a envoyé un télégramme au maire.

— Vraiment, avec les impôts que nous payons, la municipalité pourrait s'occuper de ces trous sans attendre la saint-glinglin.

— Ah ! ces politiciens, vous les connaissez… Qui veut encore du café ?

— Vous avez dû acheter des trésors d'art européen pendant que vous étiez là-bas ?

— Oh ! vous savez, je ne m'y connais pas du tout. Trois sans atout.

— J'ai essayé de persuader Ralph de partir en voyage, mais avec cette histoire de Pologne j'ai bien peur que nous ne devions remettre cela.

— Oui, je ne crois pas que ce soit très sûr pour le moment. Vraiment, on se demande pourquoi il y a tant de guerres maintenant.

— Je meurs de soif ! s'exclama Madge. Lois, vous ne m'en voudrez pas si je vais chercher un peu d'eau glacée.

— Oh ! restez assise, voyons. Je vais sonner Belinda.

— Est-il exact que les Italiennes deviennent terriblement grosses ?

— Oui, nous en avons vu qui étaient vraiment énormes. Je suppose que c'est à force de manger tant de pâtes.

Dans l'après-midi, à la fin de la réunion, quelqu'un lui dit :

— Je vous envie, Walter et vous. Cela a dû être un voyage merveilleux, même s'il a été brutalement écourté.

— Je ne voudrais pas l'avoir manqué pour tout l'or du monde, dit Mrs. Bridge en souriant à la ronde, et je sais que j'ai une chance inouïe. Mais quand même, nous avons été heureux de revoir l'Union Station. Si loin que l'on aille, il n'y a rien de tel que son chez-soi.

Elle vit qu'on l'approuvait. Ce qu'elle venait de dire était vrai, et cependant elle fut troublée. Elle se sentit pendant un moment submergée par une panique sans nom.

83. *Évolution, folie, défaite*

Une seule de ses amies comprendrait son désarroi : Grace Barron ; elle lui téléphona quelques jours après ce déjeuner. La bonne répondit que Madame était au lit. Mrs. Bridge demanda si elle était souffrante. La bonne ne savait pas. Madame s'était couchée à midi. C'était si étrange que Mrs. Bridge décida d'aller voir ce qui se passait.

Grace Barron était assise dans son lit, vêtue de son sweat-shirt favori, une casquette de base-ball sur la tête, et elle lisait un énorme roman russe. Elle ferma le livre en marquant la page avec une épingle à cheveux et dit :

— Je suis en train de perdre la tête.

— Vous en aviez donc une ? sourit Mrs. Bridge.

— Oh ! taisez-vous, supplia Grace d'un air malheureux. Ne plaisantez pas, India. Je vous en prie, pour une fois, ne plaisantez pas.

— Voyons, Grace, voilà une remarque bien absurde.

— La vie est parfois absurde.

Grace enleva sa casquette de base-ball et la retourna dans ses mains en fronçant les sourcils.

— Je veux être quelqu'un. Je veux, je veux !

Mrs. Bridge ne savait que répondre, mais Grace poursuivit :

— Virgil prétend que quelque chose ne va pas en moi. Il dit qu'il n'a jamais rencontré dans toute sa vie une autre femme en sweat-shirt sur la Plaza.

— Oh ! vous attirez un peu l'attention. Personnellement, cela ne me gêne pas, et je ne vois pas qui ça regarde. D'ailleurs, il n'y a pas de loi qui l'interdise.

— Mais j'attire l'attention.

— Que voulez-vous, répondit Mrs. Bridge, mal à l'aise, comme dit Virgil, vous êtes la seule femme du quartier à vous habiller comme si vous alliez travailler dans le North End.

Grace acquiesça.

— C'est vrai. Oui, c'est vrai.

Elles se turent un moment.

— Vous croyez que nous allons entrer en guerre ? demanda enfin Grace.

— Je ne sais pas, répondit-elle. Je n'arrive pas à comprendre ce qui se passe. J'ai horreur d'y penser. C'est tellement stupide.

Il y eut un nouveau silence.

— Grace, qu'est-ce qui ne va pas, dites-moi ? Cela vous ressemble si peu de rester au lit.

— C'est la faute de la machine à laver, répondit sérieusement Grace.

Elle expliqua qu'elle ne s'était jamais très bien entendue avec la machine à laver, elles s'étaient toujours méprisées l'une l'autre.

Aujourd'hui, la machine avait voulu la provoquer et s'était mise à faire du bruit, à trembler, à déchirer le linge ; cela l'avait mise dans une telle colère qu'elle l'avait saisie par un pied et l'avait renversée. L'eau s'était répandue dans tout le sous-sol. La bonne qui préparait le déjeuner au rez-de-chaussée l'avait entendue crier et avait appelé un médecin.

Mrs. Bridge demeura silencieuse et pensive. Elle se trouvait devant quelqu'un qui avait encore moins confiance qu'elle en l'avenir. Un esprit mauvais, malin, était à l'œuvre. Elle n'était pas capable d'en discerner la nature, mais depuis des années elle était poursuivie par un sombre pressentiment. Jusqu'à ce jour, jusqu'à cette révélation de son existence, elle n'avait pas pensé que ce pût être autre chose qu'une sorte de maladie imaginaire, ni qu'il pût y avoir d'autres victimes qu'elle-même. Mais son amie était malade, souffrait, et Mrs. Bridge compatissait. Maintenant qu'elle y repensait, elle se souvenait d'autres moments où ce mal étrange s'était manifesté, laissant pour toute cicatrice un goût aigre dans la bouche et un désir sauvage.

Un matin où elle avait rencontré Grace en ville, celle-ci l'avait entraînée dans un magasin de jouets. Mrs. Bridge l'avait suivie, amusée et intriguée par ce caprice, et elles s'étaient promenées dans la boutique. Tout avait tellement changé depuis le temps où elle achetait des jouets pour Ruth, Carolyn et Douglas ! Tout était plus compliqué, maintenant, plus scientifique. On aurait dit que l'on ne jouait plus avec des jouets, mais qu'on les faisait fonctionner. Douglas passait des heures à quatre pattes – abîmant ses culottes de velours – à pousser une voiture de pompiers ou un camion à benne en faisant les bruits appropriés. Maintenant, on se contentait de pousser un levier et le jouet marchait tout seul ; les sirènes hurlaient et les lumières scintillaient jusqu'à ce que l'on pût attraper la machine pour l'arrêter. Et Grace tremblait si fort qu'elle put à peine actionner le levier.

Il y avait aussi une poupée, avec une petite robe relevée et attachée autour de la tête pour laisser voir l'équipement électrique de son ventre. Une petite brochure était fixée à la taille de la poupée ; elles la lurent et Mrs. Bridge mit la poupée en marche. Ses yeux roulèrent, sa mâchoire s'abaissa, une comptine s'éleva du haut-parleur placé dans son « estomac ». La chanson finie, la poupée s'assit et un liquide incolore se répandit sur le comptoir.

— Pouvez-vous m'aider ? demanda Grace.

Mais Mrs. Bridge était trop déprimée pour parler.

84. *Cambriolage chez les Heywood Duncan*

Elle retrouva Grace au cocktail des Heywood Duncan. À dix heures environ, elles étaient en train de bavarder, Mrs. Bridge tendait la main pour prendre un autre biscuit aux anchois lorsque quatre hommes apparurent à la porte du salon, et ce n'étaient vraisemblablement pas des invités. Ils avaient des faux nez attachés à des lunettes à monture de corne, et des revolvers.

— Haut les mains, tout le monde ! cria l'un d'eux, tandis qu'un autre grimpait sur le piano en pointant son arme tour à tour vers plusieurs personnes.

On crut tout d'abord que c'était une farce. Cela ressemblait tellement à un coup monté par Noel Johnson ! Ce n'était pas une farce. Les cambrioleurs firent mettre tous les invités en ligne, la tête tournée vers le mur, les bras levés. Deux d'entre eux firent le tour de la compagnie et s'emparèrent des portefeuilles des hommes, des bracelets, des colliers et des bagues des femmes, tandis qu'un autre montait l'escalier et redescendait les bras chargés de sacs et de manteaux de fourrure. Juste avant que les voleurs atteignent Mrs. Bridge, qui levait consciencieusement les bras aussi haut que possible, quelque chose les effraya, et celui qui était debout sur le piano – elle devait dire par la suite à la police qu'il ne portait pas de cravate – cria d'une voix brutale :

— Qui c'est qu'a la clef de la Cadillac bleue, là, devant ?

Mrs. Ralph Porter se mit à hurler :

— Ne lui dis pas, Ralph !

Les bandits prirent les clefs de Mr. Porter et, après avoir enjoint aux malheureux de rester immobiles pendant trente minutes, ils s'enfuirent par une porte latérale. Heywood Duncan téléphona aussitôt à la police, tandis que le pasteur Foster, qui était arrivé inopinément et avait été dévalisé comme les autres, s'affalait dans un coin en suppliant tout le monde de rester calme car les bandits ne l'emporteraient pas au paradis. Les bandits s'enfuirent néanmoins et l'incident fut relaté le lendemain matin à la une du journal, avec des photos en page huit, un gros plan montrant même les éraflures sur le piano.

Mrs. Bridge, qui lut l'article dans la petite salle à manger après le départ de son mari pour le bureau, fut surprise d'apprendre que Stuart Montgomery n'avait sur lui que deux dollars quatorze cents et que la bague de Mrs. Noel Johnson était un zircon.

85. *Pas la moindre question*

Comme si ce n'était pas suffisant, Mrs. Bridge subit une autre agression. Ce n'était pas vraiment la même chose, elle ne fut retenue qu'une dizaine de minutes, mais ce fut tout de même assez effrayant. Elle examinait une pièce de brocart pour la salle à manger dans un grand magasin, lorsqu'on subtilisa la caisse à deux mètres d'elle sans qu'elle s'en aperçût. Le vol fut découvert quelques minutes plus tard, et on l'emmena avec plusieurs autres clientes dans le bureau du directeur. Lorsque vint son tour d'être interrogée, elle s'assit en face du bureau et ajusta son col de fourrure.

— Je pense que vous ne me soupçonnez pas, dit-elle.

Le directeur leva les bras au ciel pour exprimer l'étonnement dans lequel le plongeait une telle pensée. Il lui demanda son permis de conduire, qu'elle sortit aussitôt de son sac et qu'il tendit au lieutenant de police qui, un chapeau de feutre posé très en arrière sur sa tête, se tenait nonchalamment près du bureau (Mrs. Bridge avait compris dès le premier instant que c'était un policier). Elle s'attendait à ce que ce dernier examine son permis et lui pose mille questions. Aussi fut-elle à la fois soulagée et légèrement contrariée de voir qu'il se contentait de jeter un coup d'œil sur le document qu'il lui rendit sur-le-champ, et qu'il ne lui posait aucune question.

— J'espère beaucoup que vous allez arrêter le voleur, dit-elle.

Le lieutenant, qui savait reconnaître du premier coup d'œil une digne mère de famille, membre du Country Club, répondit d'un signe de tête poli.

Le directeur ouvrit la porte pour la laisser passer.

86. *Raccompagnez-moi*

Kansas City semblait frappé par une épidémie de crimes telle que personne ne se souvenait d'en avoir vu depuis les jours de la prohibition. Personne ne connaissait exactement l'origine de la dernière alerte, bien que plusieurs dames, dont une amie intime de Madge Arlen, prétendissent connaître le nom d'une personne qui avait été agressée non loin de Ward Parkway. Selon certaines, le crime avait été perpétré près de la Plaza, selon d'autres plus loin vers le sud ; tout le monde s'accordait à reconnaître que cela se passait tard dans la nuit. Voici les faits. Une mère de famille qui rentrait seule chez elle en voiture ralentissait à un carrefour quand un homme surgit d'un buisson – un buisson de spirées, selon Madge – et ouvrit brusquement la portière. On ne donnait pas davantage de précisions ; l'important, c'était qu'un homme se fût jeté sur une voiture et qu'il eût ouvert la portière. Le journal n'en avait rien dit, ni le *Tattler*, qui ne publiait pas de choses désagréables. Il était impossible de déterminer la date exacte de ce crime : on savait seulement que c'était relativement récent, par une nuit sans lune.

Cette histoire avait commencé à circuler dans le quartier du Country Club et les dames n'osaient plus sortir seules en voiture après le coucher du soleil. Si elles ne pouvaient faire autrement, elles verrouillaient les portes de leur voiture et conduisaient avec une grande anxiété. Peu à peu on prit l'habitude de suivre à la fin des réceptions les voitures des dames venues seules. Telle était la raison de ces longues processions que l'on voyait la nuit dans les rues autour du Country Club.

Mrs. Bridge rentrait chez elle ainsi les soirs où son mari n'avait pu quitter le bureau à temps pour l'accompagner, ou lorsqu'il était trop fatigué pour sortir. Arrivée devant chez elle, la procession s'arrêtait, les moteurs au ralenti, tout le monde sur le qui-vive pendant qu'elle mettait sa voiture au garage et remontait l'allée en prenant soin d'être toujours visible jusqu'à ce qu'elle fût arrivée à la porte. Elle ouvrait, entrait, allumait, et si elle avait vu dans le garage la voiture de son mari, elle criait : « Je suis là. » S'il ne répondait pas, c'est qu'il dormait ou qu'il était occupé quelque part. Après quoi elle éteignait et rallumait la lumière plusieurs fois pour indiquer à ses amis qui attendaient dehors qu'elle était en sécurité, et la procession repartait.

87. *Pas de chauffeur*

Mr. Bridge envisageait de prendre un chauffeur. Le trafic devenait de plus en plus intense, et comme de toute façon il n'aimait pas conduire cela valait bien la dépense. Ils en discutèrent ensemble et Mrs. Bridge téléphona à une agence. Le lendemain soir, un grand Noir aimable se présenta. Mr. et Mrs. Bridge furent l'un et l'autre impressionnés par ses manières. Il venait, dit-il, de La Nouvelle-Orléans ; cela ajoutait à ses qualités. Il était digne, courtois, et plus ils lui parlèrent, plus il les séduisit. Ils l'engagèrent.

Assis sur le siège arrière de la Chrysler, sa serviette sur les genoux, droit et tendu, Mr. Bridge partit pour le bureau. À chaque carrefour il s'attendait à un accident. C'était encore plus fatigant que d'affronter soi-même la circulation, mais maintenant qu'il avait pris un chauffeur, il ne pouvait le renvoyer sans motif. Et puis, du moment qu'il avait pris une décision, il entendait s'y tenir. Arrivé au bureau, il sortit de la voiture, soulagé, et indiqua au chauffeur l'heure à laquelle il devait venir le reprendre. Le chauffeur passa le reste de la journée à conduire Mrs. Bridge dans la Lincoln. Quand elle n'avait pas besoin de lui, il restait au sous-sol à ne rien faire.

Dans le courant de la troisième semaine, il y eut de mystérieux coups de téléphone : on demandait à parler à Jules – c'était le nom du chauffeur. « Ah ! et où vous c'oyez qu'il est, alo' ? » demandaient des voix traînantes de Nègres si c'était son jour de sortie. Ou bien : « Oui, m'ame, c'est t'ès impo'tant, t'ès impo'tant. » Si, à contrecœur, elle l'appelait du haut de l'escalier du sous-sol : « Jules ! Jules ! On vous demande au téléphone », il ne répondait pas, et sa patience était mise à rude épreuve. Finalement, ils apprirent que Jules avait acheté pour son appartement du North End un fauteuil de satin jaune qu'il avait jusqu'ici refusé de payer, et que c'étaient ses créanciers qui l'appelaient au téléphone. Quelques semaines plus tard, on tenta d'intéresser Mr. Bridge au paiement ; une conversation sérieuse avec Jules n'ayant produit aucun effet, il fut renvoyé.

Après un long interrogatoire, ils engagèrent un Japonais appelé Niki ; les mains jointes, il leur assura qu'il payait comptant tout ce qu'il achetait. Mr. Bridge se sentait plus à l'aise avec Niki qu'avec Jules, mais sa femme éprouvait un tout autre sentiment. Elle était terrifiée par sa façon de descendre l'allée en marche arrière. Elle le pria d'aller plus lentement et de faire plus attention ; il sourit, promit, et continua comme avant. Elle finit par se fâcher, mais il prit un air si navré qu'elle eut honte d'elle-même. Il ne ralentissait toujours pas. Il n'accrochait d'ailleurs jamais rien, mais il y eut tout de même quelques fausses alertes. Un jour il entra à toute allure dans un tas de feuilles qui brûlaient et faillit tuer un gamin qui jetait des prospectus sur le perron des maisons, un sac de toile pendu au cou. Mrs. Bridge refusant désormais de se laisser conduire par lui, il ne restait donc plus qu'à le renvoyer.

Après Niki vint un autre Nègre, autour de qui flottait toujours une vague odeur de whisky : Harriet, lorsqu'on lui demanda son avis, serra les lèvres de façon significative et hocha la tête. Puis vint de nouveau un Oriental qui, dans le courant du premier mois, s'absenta cinq fois. Si bien qu'ils finirent par abandonner et Mrs. Bridge évoqua ce problème avec ses amies, dont les unes avaient des chauffeurs et les autres songeaient à en prendre un :

— Eh bien ! cela a ses avantages, évidemment, mais il y a aussi des inconvénients.

88. *Riches et pauvres*

Le principal avantage, tout au moins en ce qui concernait Mrs. Bridge, était qu'en cas de nécessité elle avait un homme sous la main. Elle se trouvait parfois en difficulté lorsqu'elle était seule en ville. Elle ne savait alors que faire : téléphoner à son mari, au risque de le déranger, ou essayer de se débrouiller toute seule ? Un jour, par exemple, la Lincoln s'arrêta au beau milieu de Ward Parkway. La chance fut avec Mrs. Bridge en cette occasion, car un camion-remorque passait par là. Elle expliqua la panne au conducteur, qui regarda sous le capot et demanda quand la Lincoln avait été révisée pour la dernière fois. Elle ne le savait pas, mais il devait y avoir assez longtemps. Les mécaniciens essaient souvent de profiter de ceux qui ne connaissent pas grand-chose aux automobiles, aussi se pencha-t-elle pour examiner le moteur, tenant son manteau de fourrure serré contre sa poitrine afin qu'il ne touche à rien de graisseux. Après quelques secondes, elle se releva et dit :

— Eh bien ! faites de votre mieux. Combien de temps croyez-vous que cela va prendre ? J'ai rendez-vous pour déjeuner à la Plaza.

Outre ces difficultés mécaniques, il y avait toujours le problème du parking. Les chauffeurs l'avaient émerveillée par l'aisance avec laquelle ils garaient la Lincoln, et maintenant qu'elle se retrouvait seule elle avait plus que jamais conscience de son incapacité. Douglas, par inadvertance, aggrava la situation. Quelques jours après avoir commencé à étudier la géométrie, il s'était mis à tout mesurer. Muni d'un mètre de menuisier, d'un compas et d'un bloc-notes qui ne quittaient pas sa poche, il mesurait la cheminée, la terrasse, le poêle, le panier à linge, calculait le volume du grenier, le rayon qu'aurait eu la table d'acajou de la salle à manger si elle avait été ronde au lieu d'être ovale, l'angle formé par la radio, le sofa et la cheminée. Un soir, il annonça d'un ton pédant que l'office avait exactement deux mètres cubes de moins que la Lincoln. Lorsqu'elle dut garer la voiture quelques jours après, Mrs. Bridge se souvint de ces calculs. Elle tira des deux mains sur le volant d'un côté, recula d'un mètre, contrebraqua, avança, recula, et ainsi de suite, essoufflée par les efforts qu'elle faisait pour manœuvrer la formidable machine ; en tout cas, la pensée qu'il aurait été plus facile de garer l'office ne lui fut d'aucun réconfort.

89. *Paquita de las Torres*

Douglas venait à peine de passer son permis de conduire qu'il demanda à emprunter la Lincoln. Mrs. Bridge y consentit volontiers, en lui recommandant seulement d'être prudent. Si elle avait une course à faire elle prendrait l'autobus, et s'il faisait mauvais elle pourrait toujours téléphoner à une amie. Elle se demandait souvent où Douglas allait et ce qu'il faisait, mais sans s'inquiéter vraiment car en grandissant il devenait plutôt « traditionnel » (ce qui lui était agréable) et semblait se servir de son cerveau plus efficacement que lorsqu'il était enfant. Il prenait même un intérêt honorable à ses études. Bref, il devenait un jeune homme sobre, indépendant, un peu trop mystérieux peut-être, mais somme toute assez rassurant.

Elle fut donc absolument stupéfaite de le rencontrer un jour sur la Plaza avec la fille la plus extravagante qu'elle eût jamais vue. Il avait pris la voiture pour aller jouer au bowling et Mrs. Bridge décida plus tard d'aller acheter des serviettes de cocktail ; ils se rencontrèrent donc tout à fait par hasard. La fille avait l'air d'une bohémienne, avec ses épais cheveux noirs mal peignés, ses bras bruns poilus couverts de bracelets, et dans ses yeux peints et brillants on pouvait lire une expérience de la vie assez inquiétante. Elle portait une blouse transparente de soie orange et une jupe blanche étroite. Mrs. Bridge n'eut pas besoin d'y regarder à deux fois pour voir que c'était tout.

— Enchantée, Paquita, dit-elle avec un sourire neutre, après que Douglas eut fait les présentations d'un air maussade.

Paquita ne répondit pas et Mrs. Bridge se demanda si elle comprenait l'anglais. Ces bras poilus et cette odeur rance étaient presque plus qu'elle n'en pouvait supporter.

— J'espère que vous vous amusez bien tous les deux, dit-elle encore.

Elle entendit un cliquetis de bracelets et vit Douglas et Paquita échanger un long regard de connivence.

— Papa rentrera tôt ce soir, pour une fois, poursuivit-elle, et Harriet préparera le dîner pour six heures. J'espère que tu ne seras pas en retard. Très heureuse de vous avoir rencontrée, Paquita.

En repartant, il lui sembla voir la fille cracher sur le trottoir.

Dans l'autobus qui la ramenait avec ses serviettes de cocktail, elle essayait de comprendre. Elle tâchait d'être objective. Pourquoi Douglas choisissait-il pour jouer au bowling une fille qui était évidemment d'un autre lycée, alors qu'il y en avait tant de jolies dans Southwest ? Plus simplement, pourquoi voyait-il cette fille ? Que pouvaient-ils bien avoir en commun ? Où l'avait-il rencontrée ?

— Tu as dû me maudire, lui dit-elle ce soir-là d'un ton badin, mais très sérieuse au fond, en entrant dans la salle à manger. Pourquoi ne nous dis-tu pas quand tu sors avec un nouveau flirt ? Tu sais que papa et moi nous aimons connaître tes amis.

Douglas aida sa mère à s'asseoir comme d'habitude, fit le tour de la table et s'assit sans dire un mot.

— On ne peut pas dire que Paquita ne cliquette pas.

— Elle aime les bracelets, dit-il d'un ton tranchant.

Mr. Bridge entra, et en passant derrière la chaise de Douglas il lui donna sur la tête un petit coup sec.

— Alors, dit Douglas en souriant, tu as encore dû faire une bonne journée. Combien tu as gagné, aujourd'hui, un autre petit million ?

Mr. Bridge se mit à rire, prit le couteau à découper et contempla le rôti avec intérêt.

— On me dit que tu deviens un vrai joueur de basket-ball.

— Qui c'est qui t'a dit ça ?

— Peu importe.

— Oh ! je sais pas, dit Douglas en rougissant.

Il jouait arrière dans l'équipe de la paroisse et essayait d'entrer dans l'équipe du lycée.

— Tu pourrais peut-être faire la cour à la fille de l'entraîneur ? dit Mr. Bridge tout en découpant le rôti.

Douglas poussa un grognement qui exprimait son ennui.

— Je ne sais même pas s'il a une fille. Et puis, ce n'est pas le bon moyen pour entrer dans l'équipe.

— Alors, comment vas-tu t'y prendre ?

— Oh ! Il n'y a qu'à jouer comme ça plaît à l'entraîneur. Ce qu'il aime, lui, c'est quand on dribble et des choses comme ça qui n'ont pas d'importance. Je t'ai dit, hein, qu'on a écrasé la deuxième équipe de Southwest ?

— Oui, tu me l'as dit. Passe-moi l'assiette de ta mère.

— Alors, ça te semble pas juste à toi que si on peut battre la deuxième équipe on devrait être au moins aussi bon que la première ? Ce qu'il y a, tu comprends, c'est que l'entraîneur, il a ses têtes, et si on n'est pas son chouchou, y a rien à faire.

Mr. Bridge regarda son fils et dit calmement :

— Puisque tu plaisantes, c'est bien. Mais que je ne te prenne pas à dire sérieusement des choses pareilles. Ce million de dollars dont tu parlais, si je l'avais gagné ce n'aurait pas été en étant le protégé du juge. Notre pays, mon petit, est fondé sur le principe que plus un homme apporte de courage et d'intelligence à son travail, plus il a le droit d'en profiter. J'espère que cela durera toujours.

— O.K. ! marmonna Douglas pour mettre fin à la conversation avant qu'elle ne tourne au sermon.

— Rappelle-toi ça.

— Oui, oui. O.K. ! O.K. !

Le téléphone sonna, et Harriet vint annoncer que c'était pour Monsieur. Celui-ci n'avait pas plutôt quitté la pièce que Mrs. Bridge dit :

— J'ai rencontré Patty Duncan l'autre jour. Elle m'a demandé de tes nouvelles.

— Tu lui diras que je suis toujours en vie et que ça gaze.

— C'est une fille exquise. On dit qu'elle devient une excellente pianiste.

— O.K. ! fit Douglas, qui se trouvait attaqué des deux côtés de la table. Nom d'un chien, je ne peux pas vivre ma vie ?

Mrs. Bridge ne parla plus, pendant le déjeuner, de la rencontre sur la Plaza, mais cela l'avait tellement troublée qu'elle ne se coucha pas ce soir-là tant qu'il ne fut pas rentré. Il rentra tard.

— Tu es sorti avec Paquita ? lui demanda-t-elle en le fixant.

En silence, la tête de côté, Douglas enlevait sa veste de cuir.

— Elle habite par ici ? demanda sa mère en le suivant jusqu'au placard et en enlevant un bout de fil sur son chandail.

Il accrocha sa veste, passa dans le salon, sortit un peigne de sa poche revolver, se baissa un peu pour se voir dans le miroir, car il mesurait maintenant plus d'un mètre quatre-vingts et il grandissait encore – il serait bientôt plus grand que son père –, et peigna ses longs cheveux roux en arrière selon le style qu'il avait récemment adopté. Ils ne voulaient pas rester en place ; plus il les peignait, plus ils se rebiffaient.

— Tu es bien comme ton père, dit-elle en le regardant, et il n'y avait pas que de l'amour dans sa voix, il y avait aussi une certaine rancœur.

Douglas, l'air renfrogné, continuait de se coiffer. Il appuyait sur ses cheveux avec ses paumes, mais dès qu'il enlevait les mains ils se redressaient.

— Mon chéri, commença-t-elle.

Elle était maintenant un peu en arrière de lui, regardant son visage dans le miroir. Il glissa le peigne dans sa poche et fixa le miroir d'un œil chargé de haine.

— Qu'est-ce qu'il y a ? demanda-t-il brutalement.

— Oh ! je ne sais pas.

— Alors, bonsoir, dit-il, et il se tourna pour monter, mais elle tendit la main et lui prit le bras.

— Douglas, pourquoi sors-tu avec une fille comme ça ?

Douglas dégagea son bras, ouvrit le placard, prit sa veste et sortit. Une main sur la rampe, elle resta là, malade d'anxiété, moins à cause de cette fille – elle savait que cela ne durerait pas – que parce qu'elle ne voulait pas perdre l'amitié de Douglas. Elle avait déjà perdu son amour, elle ne savait comment, comme elle avait perdu celui de Ruth, et l'idée de perdre son fils tout entier était plus qu'elle ne pouvait supporter.

90. *Perception extra-sensorielle*

Le lendemain soir, Douglas prit la Lincoln pour accompagner Paquita à un match de basket-ball au stade municipal. Ils descendaient Troost en direction du North End, où elle habitait avec sa sœur, une danseuse de cabaret, lorsque son attention fut attirée par une fille qui lui faisait des signes plus qu'engageants ; les feux de circulation changèrent alors qu'il regardait encore derrière lui, et il heurta l'arrière de la voiture qui le précédait. Personne ne fut blessé. Les occupants des deux voitures furent seulement un peu étourdis, et Douglas s'en tira avec une bosse au front. La calandre de la Lincoln était bosselée, et la direction faussée.

Lorsque ses parents lui demandèrent comment l'accident était arrivé, il répondit sans hésiter que c'était à cause d'une femme.

— Oh ! oh ! fit Mr. Bridge, pour qui l'unique moyen de résoudre les problèmes de circulation était d'interdire aux femmes de conduire. Qu'est-ce que je vous dis depuis des années ?

Il ne posa pas d'autres questions à son fils mais se contenta de prendre le papier sur lequel Douglas avait inscrit le numéro du permis de l'autre conducteur en disant qu'il informerait la compagnie d'assurance.

Douglas s'abstint sagement de fournir de plus amples renseignements. Il croyait déjà s'être tiré assez habilement d'une situation embarrassante, lorsqu'il surprit le regard de sa mère. Il vit aussitôt qu'elle savait tout, et conclut qu'en tout ce qui touchait au sexe, même de loin, elle possédait des pouvoirs de divination surnaturels.

91. *Poignets effrangés*

Généralement, Mrs. Bridge examinait elle-même le linge qu'Ingrid montait du sous-sol chaque mardi après-midi dans un panier d'osier grinçant. Mais lorsqu'elle n'était pas à la maison, soit qu'elle fût allée faire des courses ou qu'elle déjeunât en ville, la charge incombait à Harriet, qui ne prêtait pas grande attention aux petits détails comme un bouton qui manque ou un élastique distendu. Ce fut ainsi qu'un jour Mrs. Bridge s'aperçut que les poignets de la chemise de Douglas étaient considérablement effrangés.

— Seigneur ! s'écria-t-elle en le prenant par la manche. Est-ce qu'un chien est passé par là ?

Il abaissa les yeux vers ses poignets comme si c'était la première fois qu'il voyait les fils qui pendaient – ce qui d'ailleurs était bien le cas.

— Ne me dis pas que tu vas porter cette chemise !

Étant donné qu'il la portait toujours, la remarque de sa mère lui parut parfaitement stupide.

— Qu'est-ce qu'elle a ?

— Mais regarde ces poignets ! On dirait que nous sommes dans la misère.

— Et alors, c'est une honte d'être pauvre ?

— Mais non ! s'écria Mrs. Bridge. Mais nous ne sommes *pas* pauvres.

92. *Éducation sexuelle*

À partir de ce jour, elle surveilla attentivement le linge. Après avoir examiné chaque pièce séparément pour voir ce qui avait besoin d'être raccommodé, elle faisait trois piles : une pour la chambre des parents, une autre pour ce qui avait été la chambre de Ruth et de Carolyn, que cette dernière occupait seule, et une troisième pour la chambre de Douglas. Puis elle montait ces piles une à une dans les chambres, et là elle les divisait encore : mouchoirs d'un côté, sous-vêtements d'un autre, blouses ici, et ainsi de suite. Enfin, elle rangeait le tout dans les différents tiroirs.

Un après-midi, elle monta comme d'habitude le linge de Douglas dans sa chambre et le déposa sur le lit pour le trier. Elle mit les chemises nouvellement lavées au-dessus des autres dans un tiroir de la commode, et elle s'apprêtait à continuer son travail lorsqu'il lui vint à l'esprit qu'il devait probablement porter toujours les mêmes chemises ; il ne devait jamais prendre celles qui se trouvaient en dessous. Elle sortit donc toutes les chemises du tiroir pour les remettre dans un ordre différent. Au fond du tiroir, elle trouva un magazine. Elle n'avait jamais vu de magazine de ce genre, mais comprit d'instinct de quoi il s'agissait.

Mrs. Bridge s'effondra sur le bord du lit et contempla tristement le mur, le magazine fermé entre les mains. Harriet chantait des cantiques dans la cuisine en pelant des pommes pour une tarte, et la ferveur de ces notes chrétiennes et criardes rendait Mrs. Bridge plus triste et plus seule que jamais. Elle ferma les yeux et secoua la tête en signe d'incrédulité. Ce magazine était bien la dernière chose au monde qu'ellc eût envie de regarder, mais enfin il le fallait. Elle regarda une page. Il y avait une femme nue. C'en était assez. Elle ne poursuivit pas. Jamais de toute sa vie elle ne s'était trouvée dans une situation pareille, elle ne savait que faire. Elle croyait pourtant se rappeler que ce genre de publications avait été interdit et qu'on ne pouvait plus en trouver. Elle se demanda en quoi elle avait failli. Elle avait toujours soigneusement évité, avec Douglas comme avec Ruth ou avec Carolyn, d'aborder les sujets brûlants ; jamais elle n'avait fait quoi que ce soit qui pût stimuler sa curiosité – bien au contraire. En quoi, donc, avait-elle failli à son devoir ? Elle l'avait laissé comprendre de lui-même, sans le lui préciser, qu'il y avait en ce monde deux sortes de gens, et cela était vrai, elle le savait, c'était ce que lui avaient enseigné son père et sa mère.

Elle attendit donc que Douglas parlât le premier du magazine qu'elle avait brûlé dans la chaudière, mais il ne fit rien pour laisser entendre qu'il en avait remarqué la disparition. Les semaines passèrent. Elle ne voulait pas le bousculer, désireuse qu'il vînt à elle et se confessât de son propre gré. Carolyn était maintenant en première année à l'université de Lawrence, à soixante kilomètres de là, et elle venait souvent passer le week-end à la maison ; mais pendant la semaine Mrs. Bridge et Douglas se trouvaient parfois seuls à table. Ces dîners étaient silencieux, peu agréables ni pour l'un ni pour l'autre ; ils évitaient de se regarder. Elle attendait patiemment le moment où il ferait un geste – il suffirait d'un regard – et elle saurait alors qu'il désirait amorcer une conversation. Mais le temps passait, et il ne faisait toujours pas le premier pas. Elle se mit donc à le regarder avec insistance. Ces invitations muettes eurent sur Douglas un effet singulier : chaque fois qu'il prenait conscience de ce regard lugubre, lamentable, il quittait la maison. Pensant qu'il était ému, contrit à la pensée de la peine qu'il lui faisait, elle continua de le fixer ainsi dès qu'ils étaient seuls ensemble. Le temps passa sans qu'il la sollicitât.

Un soir, elle monta à sa chambre et gratta à la porte avec son ongle. Elle savait qu'il était assis à son bureau et regardait la porte. Après quelques minutes d'attente, elle entendit sa chaise qui craquait, puis ses pas sur le tapis. Il ouvrit la porte brutalement et la trouva là, souriant misérablement. Elle se glissa dans la chambre jusqu'au bureau, où, sans dire un mot, elle posa sur le buvard une petite brochure moisie à couverture grise qu'elle avait sortie d'une malle au grenier et qui dégageait une légère odeur sèche, comme les ailes effritées des phalènes. Une typographie savante, avec des lettres couleur sépia, racontait l'aventure biologique d'un spermatozoïde et d'un ovule. En frontispice, sous une feuille de papier mousseline, se trouvaient deux photographies prises au microscope dans un laboratoire.

Douglas avait suivi sa mère dans la chambre ; il se tenait maintenant debout de l'autre côté du bureau, les poings serrés derrière le dos. Il était tellement tendu qu'elle se dit que si seulement elle pouvait lui ébouriffer les cheveux comme quand il était petit garçon, tout irait bien. Calmement, doucement, elle se dirigea vers lui.

Voyant qu'elle approchait, il se déplaça également, de façon à laisser le bureau entre eux.

93. *Paroles de sagesse*

Quelques jours plus tard, en rentrant du lycée, Douglas vit sur sa commode, sous sa brosse à cheveux, une page déchirée d'un magazine. D'un côté on voyait une réclame pour une marque d'automobiles, de l'autre un dessin représentant un vieux monsieur chinois, le « Vieux Sage », avec une liste de maximes :

« Il est aussi facile de sourire que de grogner. »

« Qui dit haine dit autopunition. »

« Bois pourri ne se sculpte. »

« Insouciance du lendemain, inquiétude du jour présent. »

« La vie est un miroir qui donne autant qu'il reçoit. »

« Souvent record se bat lorsque la concurrence est acharnée. »

« La vue d'un ivrogne est le meilleur remède contre l'ivrognerie. »

« Courage au moment critique, victoire à demi gagnée. »

« Les paroles révèlent l'esprit, les actions les intentions. »

« L'enclume dure plus que le marteau. »

« Le plaisir de faire le bien jamais ne lasse. »

« Contentement passe richesse. »

« Une poignée de bon sens vaut un baril de science. »

Douglas parcourut ces sentences, de plus en plus vite, puis, ne sachant trop qu'en faire, pensant que sa mère voulait qu'il les lui rendît, il les mit dans un tiroir de la commode et n'y pensa plus.

Pendant les jours qui suivirent, leurs regards se rencontrèrent à plusieurs reprises, et chaque fois leurs yeux se verrouillèrent, sans expression.

Il savait qu'elle attendait ses commentaires ; elle savait qu'il avait lu les maximes.

94. *Comme ça*

Ruth écrivait moins souvent que Mrs. Bridge ne l'aurait souhaité et il était impossible d'après ses lettres de deviner quel genre de vie elle menait à New York ; apparemment elle allait bien et n'était pas le moins du monde malheureuse. Elle avait déménagé et pris un appartement près de l'Hudson, travaillait maintenant pour une revue de mode et espérait d'ici peu un avancement. Elle fut en effet promue en avril au grade de « rédactrice adjointe ». Mrs. Bridge ne comprenait pas très bien ce que cela signifiait, mais cela avait l'air important et elle fut très fière d'annoncer ce succès à ses amies.

Ce même mois, les Bridge eurent l'agréable surprise de l'accueillir pour une courte visite, elle était venue en avion. Elle avait beaucoup changé et était devenue très sophistiquée.

Carolyn vint elle aussi passer le week-end, et Mrs. Bridge fut frappée de la différence entre ses deux filles. On avait peine à croire qu'elles étaient sœurs : Ruth, si brune et si mince, trop maigre vraiment, anguleuse, flânant à droite et à gauche, fumant cigarette sur cigarette et prenant des cocktails avec son père comme si elle buvait depuis des années ; Carolyn, si active, si blonde, si décidée, si énergique, ne portant que des chaussures de golf à talons plats (elle avait commencé de jouer au golf au lycée et faisait des progrès remarquables).

Outre le fait que Ruth était indéniablement plus mûre qu'autrefois, Mrs. Bridge remarqua un fait étrange : elle et Douglas s'aimaient beaucoup. Il n'y avait certes aucune raison pour qu'ils ne s'aiment pas, il était même tout à fait normal qu'ils s'apprécient, mais elle ne pouvait s'empêcher d'être un peu étonnée lorsqu'elle les entendait rire ensemble ou qu'elle les voyait discuter sérieusement dans la petite salle à manger en buvant du café : de quoi pouvaient-ils bien parler ? Il semblait qu'un nouveau lien se fût établi entre eux, qu'ils fussent maintenant autre chose que frère et sœur. Mrs. Bridge était un peu émue, et plus qu'un peu triste.

À peine était-elle seule avec Ruth que déjà elle l'entendit qui téléphonait pour vérifier sa réservation sur l'avion de New York. Le dernier soir de son séjour à Kansas City, elles restèrent seules dans la salle à manger après que Douglas et Mr. Bridge se furent levés de table. Elles n'eurent que quelques minutes, parce que Ruth attendait un garçon du nom de Callaway Rugg qui devait l'emmener voir *Cyrano* au Little Theater, mais elle glissa dans la conversation que l'un de ses camarades de bureau à New York était homosexuel.

— Qu'est-ce que tu entends par là ? demanda Mrs. Bridge en prenant sa petite cuiller et en commençant de remuer lentement son café.

— Eh bien, c'est un pédé, maman, une tante, tu sais bien.

— Je ne vois pas du tout ce que tu veux dire, dit Mrs. Bridge.

Ruth se demanda si sa mère était sérieuse ou non. Il était impensable qu'elle ne fût pas au courant. Mais il lui revint à l'esprit plusieurs choses que Douglas lui avait racontées, et elle eut un doute ; elle regarda sa mère longuement dans les yeux et comprit qu'elle avait dit la vérité. Cette découverte la bouleversa.

— Il serait temps que tu te mettes au courant, dit-elle froidement. (Puis elle se sentit devenir nerveuse, cruelle, inquiète, et ajouta :) Je l'aime beaucoup. Un jour, il m'a apporté une douzaine de roses rouges avec de longues tiges.

Les clochettes de l'entrée tintèrent, et Ruth bondit pour aller ouvrir la porte, laissant Mrs. Bridge seule, seule comme rarement elle l'avait été, seule comme ce jour où son mari l'avait abandonnée, rue Auber.

95. *Talent local*

Le nombre des habitants du quartier du club qui étaient devenus des gloires nationales était évidemment restreint, mais enfin il y avait eu quelques cas. Une jeune fille du nom de Catlett, dont Mrs. Bridge connaissait vaguement la mère, était revenue triomphalement des Bahamas, où elle était allée passer ses vacances, fiancée à un sénateur. Il y avait eu les jumeaux que l'on voyait sur une réclame de dentifrice. De temps en temps, aussi, quelques hommes plus âgés parvenaient jusqu'à la célébrité. Mais parmi les jeunes, le plus fameux était Callaway Rugg. De quelques années plus âgé que Ruth, qu'il avait connue au lycée, il avait pris l'habitude de l'emmener pour de grandes randonnées dans la campagne, pendant lesquelles il parlait de la brièveté des choses humaines et de l'importance de vivre comme on l'entend. À vrai dire, il ne savait guère lui-même comment il entendait vivre. Après avoir joué dans quelques productions dramatiques montées dans une grange à l'entrée de la ville, il fut remarqué par un dénicheur de talents et envoyé à Hollywood. Pendant les quinze premiers jours, on le prit pour un dompteur de lions, mais la vérité fut enfin rétablie et on lui donna un rôle dans un film. Le *Tattler* parla du « noble enfant de Kansas City, Carleton Reynolds » : ainsi l'avait baptisé Hollywood. Chose étrange, ou du moins ce fut ce que pensa Mrs. Bridge, sa qualité d'enfant de Kansas City ne fit pas tenir l'affiche au film beaucoup plus longtemps. Elle avait été le voir. Rugg n'apparaissait que dans une scène : sur le coup de minuit, les bras liés derrière le dos et un sac sur la tête, il tombait d'une horloge.

— Évidemment, avait-elle dit à Madge Arlen, il n'avait qu'un petit rôle, mais vraiment je trouve qu'il a du talent.

Tel ne dut pas être l'avis d'Hollywood, car lorsqu'on entendit parler de Rugg par la suite, il vendait des encyclopédies à la Plaza.

96. *Échange de correspondance*

Le *Tattler* parut quelques jours après le retour de Ruth à New York. Mrs. Bridge lui envoya une coupure : « Aperçue dans la charmante résidence de ses parents, Mr. et Mrs. Bridge, de Crescent High Drive, la délicieuse Ruth, dont tout Gotham s'éprend. Des vingtaines d'admirateurs redoutent que la séduisante et exotique future rédactrice ne réside définitivement à Manhattan. » Au dos de la coupure se trouvait la conclusion d'un article de conseils aux maîtresses de maison : « … jungle les indigènes se contentent de peler et de manger, et ainsi puissions-nous faire ! Plus d'inquiétudes au sujet des couteaux ou des fourchettes, de la main gauche ou de la main droite. » Puis venait la première ligne d'une citation de Thoreau.

Mrs. Bridge ajouta dans sa lettre que Carolyn jouait au golf tous les après-midi et avait battu l'un des garçons de l'équipe universitaire, qu'il faisait divinement beau à Kansas City à cette époque de l'année, que quelqu'un du nom de Gennaro avait téléphoné juste après son départ mais n'avait pas laissé de message, que la municipalité se décidait enfin à faire élargir la rue devant le club de la Junior League, et que sa visite à Kansas City avait paru terriblement courte. Ruth avait fait une remarque à propos des pots-de-vin à New York, et Mrs. Bridge écrivit : « N'est-il pas terrible qu'il y ait tant de pots-de-vin ? Cela se fait ici aussi. Vraiment, cela fait douter des gens. »

Elle racontait ce qu'avait été la vie mondaine, ce qu'elle allait être : « Mercredi soir, les Arlen donnent un cocktail pour Ann qui part pour l'Europe, ce qui nous intrigue beaucoup, et jeudi Madge et moi allons à un récital donné par un chanteur de chansons populaires qui s'accompagne au tympanon. Vendredi, il y a réunion à l'église (un musulman doit parler !), mais je ne suis pas sûre de pouvoir y aller. Je viens d'avoir toute une série de migraines, auxquelles personne ne semble rien comprendre. Le docteur Stapp prétend que c'est nerveux, mais c'est vraiment stupide. Le docteur McIntyre (quel homme charmant !) croit plutôt à une allergie ; si c'est exact, j'aimerais qu'ils se dépêchent de se mettre d'accord. Lundi prochain, il y a réception chez les Crestwood pour les petites McKinney qui viennent de rentrer du Royal Hawaiian où elles ont passé un mois. Ce dut être merveilleux… »

Ruth choisit un soir où elle était au lit avec un garçon nommé Dowdey, qu'elle avait rencontré la semaine précédente, pour répondre. Elle lui enleva de force son oreiller et le mit derrière son dos pour s'asseoir plus confortablement et, un bloc de papier pour la poste aérienne sur les genoux, commença :

« Il a fait très beau à New York, mais à part cela il n'y a pas grand-chose de nouveau. Je ne peux pas supporter mon patron, qui est une espèce de tyran, mais en dehors de lui tout le monde est très gentil. Nous essayons un nouveau format, que j'aime beaucoup mieux que l'autre. Un garçon qui travaille dans le bureau voisin – elle allongea une main pour pincer les fesses de Dowdey – a été extrêmement gentil avec moi ces temps-ci ; je ne le connais pas encore très bien. Je ne suis pas beaucoup sortie ces jours derniers. Généralement, je rentre après le travail et je me couche tôt. Ç'a été merveilleux de vous voir tous à Kansas City. »

Elle s'arrêta, tapa sa plume contre ses dents, puis ajouta qu'elle espérait revenir bientôt.

Dowdey, qui s'était roulé sur le ventre et soulevé sur un coude, lisait la lettre par-dessus l'épaule de Ruth.

— C'est comme moi, je r'tourne à San Antone, dit-il en l'embrassant dans le cou.

— Chut, fit-elle. Arrête. Tu me déranges.

— Viens donc voir un peu par ici, qu'on s' dérange partout, dit Dowdey, des fois qu' tu pourrais pas écrire à ta p'tite maman d'main matin.

— Assez ! dit Ruth. Fous-moi la paix.

— Ah, tu r'ssembles à ta p'tite maman ? demanda-t-il en glissant son bras autour de sa taille.

— C'est la mère de ma sœur !

Comme si en entendant ces parolcs elle s'était rendu compte de ce qu'elle venait de dire, Ruth toucha doucement son amant, plongea d'en haut son regard dans ces yeux couleur de noisette qui ne cillaient pas, et caressa les rides que le vent avait creusées sur ce visage tanné. L'homme prit un air solennel.

— J’en ai pour une minute, dit-elle.

Pendant quelques instants, elle resta assise, les genoux au menton, regardant le fleuve et les maisons de l’autre rive. Elle revoyait sa maison à elle, non pas comme elle était maintenant, mais comme elle était dix ans plus tôt, à une époque de sa vie où il ne lui serait jamais venu l’idée de dire que sa mère n’était pas sa mère, où elle était aussi grande que les nouveaux sapins de la cour, où son frère était un petit bébé. C’était passé, maintenant, et pour toujours. Pourquoi était-elle à New York, pourquoi allait-elle se donner à un homme qui lui était totalement indifférent ?

— Je ne crois pas que ce soit sa faute, murmura-t-elle, et lorsque Dowdey lui demanda ce qu’elle avait dit elle ne répondit pas.

Elle poussa un soupir et continua sa lettre. Elle remercia sa mère de lui avoir envoyé une boîte de galettes de farine d’avoine faites par Harriet et dit qu’elles étaient délicieuses (la vérité était qu’elles étaient arrivées en miettes et qu’elle les avait mises sur le rebord de la fenêtre pour les pigeons). Elle signa sa lettre et envoya ses baisers, comme elle le faisait toujours, puis ordonna à Dowdey d’ouvrir la bouche et de tirer la langue pour lécher l’enveloppe.

— C’est tout ? demanda-t-il en souriant, tandis qu’elle se penchait par-dessus lui pour mettre la lettre sur la table de nuit.

— Ça dépend de ce que tu veux dire, répondit Ruth.

Elle éteignit la lumière.

Et tandis qu'il s'étendait sur elle, elle regardait le fleuve noir, songeant gravement à sa maison de Kansas City.

97. *Fruits congelés*

Ruth était repartie, Carolyn venait de temps en temps pour le week-end, Mr. Bridge continuait de passer de longues heures au bureau, Douglas ne paraissait qu'aux repas et Mrs. Bridge trouvait les journées interminables. Jamais les jours ne lui avaient paru aussi longs depuis les heures infinies de son enfance. Triste et solitaire, elle passait son temps à chercher comment s'occuper. Certains matins, elle restait au lit jusqu'à midi, craignant de se lever parce qu'elle n'avait rien à faire. Harriet passait les commandes à l'épicier, elle s'occupait de tout. Harriet faisait marcher la maison, et elle, elle pourrait bien quitter la ville pendant une semaine sans que personne s'en souciât. Au petit déjeuner – au déjeuner, comme elle préférait l'appeler –, elle parcourait le journal sans enthousiasme, soupirait à la lecture des événements d'Europe et mangeait paresseusement ce qu'Harriet lui avait préparé – du pain grillé et du jus d'orange, du chipped-beef et des petits pains à la cannelle, de la salade de fruits, un sandwich au bacon et à la tomate, du sorbet –, elle en mangeait un peu, mais tout lui semblait insipide. L'été était revenu, un autre été, une autre année.

Par une chaude matinée de juin où le vent soufflait, Mrs. Bridge put à peine ouvrir les yeux. Étendue dans sa chambre, elle écoutait le vent dans les arbres, le craquement des branches contre la maison. Allait-elle mourir ? Elle ne se sentait pas malade, mais elle n'avait plus foi en la vie. Pourquoi son cœur devait-il continuer à battre ? À quoi bon vivre ? Tout à coup elle reprit espoir : son mari lui avait dit de faire laver la Lincoln. Il y avait bien trois semaines de cela, d'ailleurs, elle n'y avait plus pensé. Elle avait enfin quelque chose à faire et elle le ferait elle-même. Elle irait à la Plaza, dans un magasin qu'elle connaissait où l'on vendait des accessoires pour automobiles, achèterait du polish, une peau de chamois ou ce que le vendeur lui recommanderait, et elle y passerait la journée. Elle n'avait pas fait de travaux domestiques depuis des années, sauf un peu de jardinage, ce serait amusant. Mais un doute l'étreignit : elle n'avait jamais lavé d'automobile, elle n'y connaissait rien, absolument rien ; si elle abîmait la peinture de la Lincoln, que dirait-elle à son mari ? Il serait furieux ; il contiendrait sa colère, évidemment, mais il voudrait savoir pourquoi elle avait fait cela. Comment lui expliquer que son désœuvrement – cette exquise oisiveté qu'il avait provoquée, lui procurant le nécessaire et le superflu – la rendait folle ? Quoi qu'il en soit, pensait-elle en se levant – tout en se tenant le front pour ne pas s'évanouir –, elle pouvait toujours aller à la Plaza et faire un tour pendant qu'on laverait la Lincoln. Elle se rendrait chez Bancroft : peut-être avaient-ils reçu de nouveaux articles. Puis, elle irait déjeuner au salon de thé. À ce moment-là, elle aurait eu d'autres idées et la journée serait bientôt passée.

Une fois sortie du lit, elle se sentit mieux, et en s'habillant elle eut l'idée de téléphoner à Grace Barron. Elles pourraient peut-être passer la journée ensemble. Personne ne répondit chez les Barron. Après quelques minutes, elle essaya de nouveau, mais sans succès. Elle composa le numéro de Madge Arlen. La ligne était occupée. Madge restait au téléphone pendant des heures. Mais l'idée de la Plaza, avec ou sans compagnie, commençait à devenir excitante, et elle se dépêcha de se préparer, vexée d'avoir perdu toute cette matinée. Il était une heure moins le quart lorsqu'elle descendit l'escalier. Harriet passait l'aspirateur dans l'entrée. Mrs. Bridge lui fit signe d'arrêter, et lorsque le moteur se tut elle dit en regardant dans son sac pour voir si elle n'avait rien oublié :

— Il faut que je coure à la Plaza faire laver la voiture. Si on appelle, dites que je serai rentrée vers cinq heures.

Harriet répondit que Mr. Bridge avait fait laver la voiture le samedi précédent.

Mrs. Bridge s'arrêta et la regarda, stupéfaite.

— Ah oui ? Tiens, comment se fait-il qu'il ne me l'ait pas dit ?

Harriet ne dit rien.

— Vous êtes sûre ? demanda Mrs. Bridge.

Harriet fit oui de la tête.

— Oh ! Alors, dit-elle en hésitant, il est inutile de recommencer. Que c'est étrange ! Il a dû oublier de me le dire.

Elle remarqua qu'Harriet la regardait avec insistance et se sentit gênée. Elle remit les clefs de la voiture dans son sac et enleva lentement son chapeau. Elle avait conduit la Lincoln plusieurs fois depuis samedi et n'avait rien remarqué.

Harriet remit l'aspirateur en marche.

Après s'être changée et avoir mis des vêtements plus confortables, Mrs. Bridge se rendit dans la cuisine, se fit un sandwich et alla s'asseoir dans la petite salle à manger, où elle resta une heure environ à regarder les moineaux dans le jardin. Elle réussit enfin à saisir Madge Arlen au téléphone.

— Mon Dieu, que je suis heureuse que vous appeliez ! s'écria son amie. Je deviens folle à force de chercher une occupation.

— Arrivez ici tout de suite, dit Mrs. Bridge.

— Vous êtes comme moi ?

— Et comment !

La journée prenait enfin un sens. Mrs. Bridge n'était plus angoissée. N'étant pas la seule à ressentir ce vide, il n'y avait donc pas de raison d'être déprimée. Les heures n'étaient plus là devant elle, perdues dans le brouillard ; ce n'était qu'une chaude journée de juin parmi d'autres. Quelques minutes plus tard, Madge Arlen arriva devant la porte, vêtue d'une blouse de gaucho bleu lavande, d'un pantalon chartreuse et de chaussures à semelles de liège qui semblaient la hausser à un mètre quatre-vingts. Elle fumait une de ces cigarettes anglaises qu'elle aimait tant et qu'il était maintenant si difficile de se procurer. Harriet fit du café, car Madge Arlen buvait du café toute la journée, et elles s'assirent dans la véranda pour bavarder. Les Anglais achevaient d'évacuer Dunkerque : pendant un moment elles parlèrent de la guerre.

— Il y a tant de garçons qui partent ! fit remarquer Mrs. Bridge. Cela change vraiment tout. Piggly Wiggly livre encore à domicile, grâce au ciel, mais le service est tellement plus lent qu'avant ! Je ne serais pas surprise de voir une fille conduire le camion un de ces jours.

— Attendez un peu que le Congrès passe un projet de loi. Seigneur, c'est alors qu'on verra la différence !

— Oh ! j'espère bien que non ! Je suis sûre que la guerre va bientôt finir, et bien entendu nous faisons tout ce qui est humainement possible pour rester en dehors.

Elles parlèrent de leurs connaissances. Le fils de Grace Barron, David, qui prenait des leçons de violon depuis plusieurs années, voulait en faire sa carrière, mais son père ne voulait rien savoir. Il était de notoriété publique que le ménage Barron ne s'entendait pas, et Madge Arlen fit remarquer que cela n'arrangeait pas les choses.

— Être musicien professionnel, cela semble terriblement excitant, dit Mrs. Bridge. Je me demande seulement si ce serait bien pratique. Mon Dieu, déjà quatre heures ! Je ne sais pas ce qu'il en est pour vous, Madge, mais moi, je meurs de faim.

À la cuisine, Mrs. Bridge regarda dans le réfrigérateur.

— Des fraises à la crème ? suggéra-t-elle. Elles sont congelées, évidemment. Cela n'a pas le même goût que les fraises fraîches, mais c'est une telle économie de temps.

98. *Élévation sur un thème de Montaigne*

Le *Tattler* tuait bien des heures interminables, Mrs. Bridge le lisait, sans passion, mais d'un bout à l'autre, de la publicité Bancroft à l'intérieur de la couverture à la saisissante réclame des fleurs de Mr. Alexandre au dos de la couverture.

Ce qui l'impressionnait plus que tout dans le *Tattler*, c'était la philosophie. Entre les photographies d'habitants du quartier du Country Club s'ébattant dans leur piscine préférée et les bavardages sur les citoyens de Kansas en vue, les rédacteurs du *Tattler* glissaient généralement une ou deux pensées – gaies, de préférence, ou tout au moins positives. Emerson et saint François étaient souvent mis à contribution, mais le grand favori était Oliver Wendell Holmes. Les observations de ces éminentes personnalités étaient imprimées en italiques, et parfois suivies d'une phrase de ce genre : « Le rejeton de certaine *famille* bien connue ne se rend-il pas compte que ses nombreuses conquêtes font jaser les jeunes ! »

Mrs. Bridge, que ces maximes intéressaient fort, avait songé à les recueillir dans un joli album qu'elle aurait ensuite légué à ses enfants. N'ayant pas trouvé le temps de mettre ce projet à exécution, elle essayait néanmoins de retenir par cœur quelques-unes de ces citations, en dépit du fait qu'il ne semblait jamais se présenter d'occasion de les citer.

Une phrase de Montaigne retint son attention.

« Entre nous, ce sont choses que j'ai toujours vues de singulier accord, les opinions supercélestes et les mœurs souterraines. »

Dans un style moins brillant, elle avait elle-même observé quelque chose de semblable, et cela l'intriguait : elle se rappelait le cas étrange du pasteur Foster, qui avait été reconnu au music-hall, non pas une fois – ce qui aurait pu laisser entendre qu'il recueillait des matériaux pour un sermon –, mais plusieurs fois. De plus, il n'en avait jamais fait mention.

Elle médita sur la sagesse de Montaigne et parvint à la conclusion suivante : si les idées célestes s'accompagnent nécessairement de mœurs souterraines, il vaut sans doute mieux renoncer aux unes et aux autres.

99. *Gants*

Elle attendait le samedi avec impatience. Ce jour-là, elle distribuait des vêtements usagés au dispensaire de l'Auxiliaire de la Ninth Street. Elle y allait généralement avec Madge Arlen, un samedi dans la Chrysler des Arlen, l'autre samedi dans la Lincoln. Quand c'était son tour, elle s'arrêtait un instant devant le garage où son mari laissait sa voiture et cornait, ou, s'il y avait quelqu'un en vue, elle faisait un signe. Un employé du nom de Hal sortait bientôt du garage, boutonnant un cache-poussière blanc ; il montait dans la voiture, s'asseyait sur le siège arrière, puis lorsqu'ils étaient arrivés au dispensaire il sautait de la voiture et venait ouvrir la portière à Mrs. Bridge, après quoi il ramenait la Lincoln au garage : elle n'aimait pas la laisser dans la rue dans un quartier pareil.

— Revenez vers six heures, six heures et quart, Hal, disait-elle.

Il répondait toujours que ce serait avec plaisir, touchait la visière de sa casquette et s'en allait.

— Il a l'air très gentil, dit Mrs. Arlen en entrant dans le dispensaire.

— Il *est* très gentil, acquiesça Mrs. Bridge. C'est l'un des employés de garage les plus gentils que j'aie jamais vus.

— Depuis combien de temps vous garez-vous là ?

— Depuis quelque temps déjà. Avant, nous allions dans cet horrible endroit sur le Walnut.

— Là où il y a la machine à pop-corn ? Seigneur, c'est vraiment la limite…

— Non, pas celui-là. Celui avec tous les Italiens. Vous savez comment mon mari est avec les Italiens. Eh bien ! on aurait dit que c'était leur quartier général. Ils venaient déjeuner là par dizaines et écouter des opéras retransmis par New York. C'était absolument insupportable. Si bien qu'à la fin Walter a dit : « Je vais changer de garage. » C'est ce que nous avons fait.

Le dispensaire n'était pas encore ouvert. Mrs. Bridge et Mrs. Arlen passèrent entre les comptoirs sur lesquels étaient empilés des vêtements sales, traversèrent un groupe de garçons de la maison de correction qui vidaient à terre des sacs de vêtements et entrèrent dans la pièce du fond, réservée aux membres de l'Auxiliaire. Lois Montgomery, Mabel Ong, Rebecca Duncan et plusieurs autres dames étaient déjà là, prenant du café avec des éclairs, comme toujours avant de se mettre au travail. Les deux femmes se joignirent à elles.

Peu après on ouvrit les portes du dispensaire et les premiers pauvres entrèrent. Mrs. Bridge et ses amies se tenaient derrière les comptoirs, prêtes à leur venir en aide. Elles portaient toutes des gants.

100. *En compagnie du pasteur Foster*

Grace Barron travailla pendant quelques mois au dispensaire ; un jour, sans donner d'explications, elle cessa de venir. Mrs. Bridge en fut choquée : un tel manque d'égards ressemblait si peu à Grace, toujours si intéressée par le bien-être d'autrui. Vraiment, elle avait des côtés étranges : par exemple, son attitude envers le pasteur Foster. Mrs. Bridge considérait le pasteur non seulement comme l'un des hommes les plus charmants qu'elle eût jamais rencontrés mais aussi comme l'un des plus intelligents. Inexplicablement, il amusait Grace.

Mrs. Bridge s'en voulait de lui avoir raconté un malheureux *lapsus linguæ* du pasteur Foster qui, au début de la bénédiction du dimanche des

Rameaux, avait dit « les yeux penchés et la tête close ». Ç'avait été évidemment regrettable, mais elle s'était hâtée d'ajouter, pour la défense du pasteur : « Ce sont des choses qui peuvent arriver à tout le monde. »

Grace, probablement, n'avait pas entendu : elle riait d'un rire inextinguible. « Je savais que j'aurais dû y aller dimanche dernier, avait-elle dit en essuyant les larmes qui coulaient de ses yeux. Oh ! que je regrette d'avoir manqué ça ! »

Et puis, il y avait eu ce jour terrible où l'ascenseur était tombé au sous-sol. C'était un après-midi sombre, pluvieux. Mrs. Bridge était en ville et flânait dans le sous-sol d'un grand magasin en quête de quelque chose d'amusant à donner comme lot pour un bridge qu'elle envisageait d'organiser. Elle examinait des jouets de Celluloïd lorsque tout à coup elle entendit comme un coup de fusil suivi d'une plainte stridente puis d'un grondement. Avant qu'elle pût comprendre ce qui se passait l'ascenseur s'écrasa à moins de dix pas d'elle. En réalité, on l'apprit plus tard, la chute n'avait pas été aussi rapide que tout le monde l'avait cru et l'ascenseur n'était tombé que de deux mètres environ ; mais le bruit n'en fut pas moins épouvantable. La plupart des clients qui se trouvaient dans l'ascenseur laissèrent échapper leurs paquets, et il y en eut même deux ou trois qui tombèrent par terre. Mrs. Bridge n'était pas encore revenue de sa surprise et se contentait de contempler d'un air confondu les malheureux qui, hébétés, regardaient désespérément hors de l'ascenseur où ils étaient enfermés, lorsque quelqu'un se mit à appeler au secours. C'était un client qui se trouvait dans le fond de l'ascenseur et qui, réussissant à se frayer un passage parmi les autres, arriva bientôt sur le devant et saisit la grille qu'il se mit à secouer violemment.

— Pasteur Foster ! s'écria Mrs. Bridge.

Il y eut alors une telle confusion, tant de monde courant à droite et à gauche, qu'elle le perdit de vue.

Le pasteur n'était pas grièvement blessé, comme elle l'avait cru : il avait seulement une entorse. Il dut s'aider d'une canne pendant quelque temps – plus longtemps, en réalité, qu'il n'était nécessaire pour une entorse. Pendant plusieurs semaines il boitilla, faisant sèchement allusion à son accident. Mrs. Bridge était un peu déçue, sans savoir exactement pourquoi, mais il n'y avait certainement rien de drôle dans cet accident et elle fut très contrariée que Grace se mît à rire lorsqu'elle l'apprit.

L'attitude de Grace envers la religion était vraiment désinvolte, et Mrs. Bridge ne trouvait pas cela de très bon goût. Après une réunion de l'Auxiliaire, tandis que l'on parlait religion, Grace avait dit que le bruit courait que le Christ, après avoir été condamné à mort, s'était tourné vers l'un des soldats et lui avait dit : « Quand est-ce que j'apprendrai à me taire ? » Mrs. Bridge avait souri poliment, comme toujours lorsqu'on faisait une plaisanterie devant elle. Elle ne croyait certes pas que Dieu eût l'intention de foudroyer Grace sur place, mais ne voyait pas non plus ce qu'elle gagnerait à aller ainsi au-devant des ennuis.

Elle essayait, bien souvent, de l'intéresser aux choses de la religion, ou tout au moins de la persuader d'aller à l'église, mais ses efforts n'étaient guère couronnés de succès : rares étaient les dimanches où elle rencontrait Grace dans la foule qui se pressait sur les marches de l'église après l'office.

Au milieu de la pelouse se dressait une sorte d'armoire vitrée peinte en vert. Tous les jeudis matin, le sacristain sortait avec une enveloppe pleine de lettres de Celluloïd blanc de cinq centimètres de haut, avec lesquelles il composait le titre du prochain sermon du pasteur Foster. Un dimanche matin, Mrs. Bridge eut le plaisir de voir la Cadillac des Barron garée près de l'église ; le titre du sermon annoncé était : *Faut-il aller à l'église ?*

Bien entendu, personne ne pensait que le pasteur Foster opterait pour la négative, et Mrs. Bridge ne put s'empêcher d'être ennuyée lorsque Grace chuchota qu'elle ne se tenait pas d'impatience de savoir ce qu'il en était. Au bout de quelques minutes, le pasteur parut et monta en chaire. Il semblait chaque année plus digne et plus vaillant. Solennellement, il baissa les yeux et contempla l'assemblée. À ces moments-là, Mrs. Bridge pensait que toute sa personne évoquait immanquablement un homme de Dieu. Elle se souvenait de l'avoir vu un jour sur la Plaza : il se regardait dans la glace d'un distributeur de cigarettes et jamais elle ne l'avait trouvé plus impressionnant. Dans les cocktails seulement il semblait incapable de réprimer de légers bruits de gorge, après quoi il regardait avec sévérité le sandwich ou le verre qu'il tenait à la main.

— Faut-il aller à l'église ? demanda le pasteur Foster à ses fidèles, laissant ensuite à chacun quelques instants de réflexion. Faut-il aller à l'église ? répéta-t-il.

Il s'éclaircit la voix, posa les mains sur le rebord du lutrin et commença.

Le sous-titre du sermon : « Magasins inexplorés des habitants des falaises », faisait allusion à une coutume des Indiens du Mesa Verde qui, dans les années d'abondance, emmagasinaient une partie de leurs récoltes dans des cavernes, en prévision des années de disette.

Il était près de midi lorsque le pasteur Foster arriva à la péroraison. « Nous qui appartenons à un siècle plus éclairé, nous pouvons, oui, profiter de la sagesse de ces anciens sauvages, qui savaient mettre en réserve pour les jours mauvais le surplus de leurs récoltes. C'est ainsi lorsque nous allons à l'église… »

Quelques minutes plus tard, il descendit et, magnifique, franchit les portes battantes. La dernière chose que l'on vit de lui fut le pan de sa soutane noire. Mrs. Bridge l'avait trouvé plus éloquent et plus émouvant que jamais. Pourquoi donc Grace, tout le temps du sermon, avait-elle été aussi distraite ? Sur les marches de l'église, elles bavardèrent un moment.

— Grace, dit Mrs. Bridge en la prenant par la main, il y a quelque chose qui ne va pas ?

— Non, murmura-t-elle, les yeux fermés. Non, non, *non* !

— Il y a quelque chose ! s'écria Mrs. Bridge. Je le vois bien, Grace !

Mais les hommes arrivèrent à ce moment, et ce qui allait être révélé fut perdu.

101. *Quo vadis, madame ?*

Ce soir-là, en se préparant pour la nuit, Mrs. Bridge s'arrêta soudain, la joue appuyée légèrement sur le bout de ses doigts. Elle était assise en robe de chambre devant sa coiffeuse et commençait d'étendre un peu de crème sur son visage. Le contact de la crème, si inattendu – elle réfléchissait à ce qu'elle pourrait bien faire le lendemain –, la touche rapide et fraîche la surprirent à tel point qu'elle faillit crier.

Elle continua néanmoins à étendre la crème sur son visage, s'observant attentivement dans le miroir et se demandant qui elle était. Comment se faisait-il qu'elle fût à sa coiffeuse ? Qui était l'homme assis sur le bord du lit et qui retirait ses chaussures ? Elle contempla ses doigts qui d'eux-mêmes plongeaient dans le pot de crème. Rapidement, sans bruit, elle disparaissait dans un anonymat blanc délicatement parfumé. Satisfaite, elle sourit, pour s'apercevoir quelques secondes plus tard que sous le masque elle ne souriait pas. Que faire, sinon achever l'opération déjà bien entamée ?

Le carillon de l'horloge de l'entrée la tira de son sommeil. Il était quatre heures du matin. Son mari dormait paisiblement, mais gravement, comme s'il était épuisé. En s'éveillant, elle se souvint d'un matin, il y a bien longtemps, où en époussetant la bibliothèque elle avait trouvé un vieux, vieux volume rouge et or. Sur la page de garde figurait, d'une écriture sèche en pattes de mouche, le nom de Shannon Bridge, un oncle de son mari – un homme sans ambition, taciturne, qui avait épousé une entraîneuse de boîte de nuit. Il était mort d'une crise cardiaque au Mexique. Les Bridge avaient hérité de quelques livres et de quelques cartes. Elle n'avait aucune idée de ce que pouvaient être ces cartes, car elle ne les avait pas déroulées et s'était contentée de les ranger au grenier. Un jour, comme elles ne servaient à rien, elle les avait jetées ; quant aux livres, personne ne les avait lus, du moins à sa connaissance, bien que plus tard elle eût trouvé Douglas occupé à les examiner. Et voilà que maintenant, parfaitement réveillée à quatre heures du matin, elle pensait au jour où elle avait pris un livre sur une étagère et avait commencé à en tourner les pages cassantes et jaunies. Elle était restée debout pendant un bon moment, de plus en plus absorbée par ce qu'elle lisait, puis, le livre toujours à la main et lisant, s'était mise à marcher dans le salon sans lever les yeux jusqu'à ce que quelqu'un l'appelât. Elle était tombée sur un passage qui avait été souligné, sans doute par Shannon Bridge : certaines personnes, faisait remarquer l'auteur, passent en effleurant les années de leur existence et s'en vont s'enfoncer doucement dans une tombe paisible, ignorants de la vie jusqu'à la fin, sans avoir jamais su voir tout ce qu'elle peut offrir. Ce passage, elle l'avait relu, médité, y était revenue encore, et au moment où elle avait été interrompue, elle était plongée dans une profonde réflexion.

Mrs. Bridge se souvenait qu'elle s'était levée en disant : « Très bien, j'arrive », et qu'elle avait laissé le livre sur la cheminée avec l'intention d'en lire davantage. Elle se demandait à présent ce qui l'en avait empêchée, où elle était allée, pourquoi elle n'était jamais revenue.

103. *Psychothérapie*

Mabel Ong allait chez un psychanalyste. Mrs. Bridge fut surprise de l'apprendre, car Mabel, avec ses tailleurs et ses manières autoritaires et masculines, lui avait toujours paru l'image même de la confiance en soi. À la fin d'un déjeuner du club où elle était assise auprès de Mabel, elle était convaincue qu'elle avait, elle aussi, besoin de se faire psychanalyser. En fait, elle le pensait déjà depuis longtemps. Elle était de plus en plus frappée par le fait que personne n'avait plus besoin d'elle. Ruth était partie, tellement partie – même ses lettres racontaient si peu de choses –, Carolyn était presque partie, et Douglas, bien qu'il vécût toujours chez eux, devenait si indépendant, de plus en plus semblable à son père. Bientôt il partirait lui aussi. Que ferait-elle alors ? Il y avait bien longtemps que son mari n'avait eu vraiment besoin d'elle. Il l'acceptait, il l'aimait, de cela elle n'avait jamais douté, mais il était si habitué à cet amour, il en avait si peu conscience, alors qu'elle aurait voulu qu'il y pensât et lui en parlât. Les promesses du passé avaient été tenues, elle avait trois beaux enfants, son mari avait merveilleusement réussi, mais elle se sentait lasse, malade. Elle avait besoin d'aide.

Elle pensait bien que son mari ne serait pas enchanté par son idée de psychanalyse, aussi se prépara-t-elle pendant plusieurs semaines à aborder le sujet. Elle commencerait par annoncer directement, positivement, de façon presque catégorique, que la première chose qu'elle ferait dans la matinée serait d'aller prendre une série de rendez-vous. La question serait ainsi réglée, et il ne pourrait pas ne pas comprendre la situation. Peut-être demanderait-il combien cela allait coûter ? Un peu gênée à cette idée parce qu'elle se doutait que ce serait cher, elle évita de s'informer du tarif. Après tout, il avait beau dire, elle savait, et il savait qu'elle le savait, qu'ils avaient beaucoup d'argent.

Elle essayait d'imaginer toutes les objections qu'il pourrait soulever. Vraiment, elle n'en trouva aucune qui fût valable. Il y avait des années qu'elle ne lui avait rien réclamé, pas la plus petite chose ; c'est lui qui, de temps à autre, lui demandait si elle n'avait besoin de rien, pour la maison, pour elle-même. Non, elle n'avait besoin de rien. Il était difficile de trouver des choses à acheter. Elle avait de l'argent, mais elle avait déjà acheté tout ce qui pouvait lui servir ; il lui arrivait souvent de passer une journée entière dans les magasins et de rentrer sans avoir rien rapporté, rien que son déjeuner et peut-être un ou deux gâteaux dans l'après-midi.

Elle avait réfuté toutes les objections que son mari pourrait soulever à propos de la dépense, il ne lui restait donc qu'à lui annoncer son intention. Elle n'y parvenait pas. Chaque fois qu'elle répétait la scène, tout se passait fort bien, encore fallait-il choisir le bon moment. Plusieurs semaines passèrent. Un soir après dîner, ils s'installèrent dans le salon, elle avec un tricot et lui avec la page financière du journal, et elle décida de se jeter à l'eau. Elle fit semblant d'être occupée à arranger son tricot, alors qu'en réalité elle rassemblait ses idées. Son mari allait toujours directement au fond des choses, sans se perdre dans les préliminaires ; elle était prête. À ce moment-là, il abaissa son journal et elle eut un instant de panique à l'idée qu'il avait lu dans ses pensées. Cela lui arrivait très souvent, et c'était la raison principale de la difficulté qu'elle avait à défendre ses idées. Il avait les yeux fixés sur le journal.

— Écoute ça. « Le Central a demandé à l'I.C.C. d'enquêter sur les circonstances dans lesquelles huit cent mille actions appartenant à la Chesapeake and Ohio Railway ont été vendues la semaine passée à Murchison and Richardson. »

Il la regarda fixement comme si elle était responsable.

— Eh bien ! dit Mrs. Bridge sur le ton qui lui parut approprié.

Il aurait été malhabile de le contrarier, mais tant qu'il n'avait pas dit clairement de quel côté il était elle ne pouvait rien dire de précis. Elle conserva donc une expression neutre, comme si elle avait attendu d'en apprendre davantage.

— Bon sang, demanda-t-il brusquement, mais qu'est-ce que ces gens-là se figurent qu'ils font ?

— Cela n'a évidemment pas l'air très bien, répondit-elle, incertaine.

Les filous étaient-ils Chesapeake and Ohio Railway, ou Murchison and Richardson ? À moins qu'il ne fût furieux que le journal eût donné de la publicité à la chose.

Mr. Bridge avait enlevé ses lunettes et la dévisageait.

— Tu sais, ajouta-t-elle vivement, je n'y entends rien.

Il reprit sa lecture.

Quelques minutes plus tard, il dit :

— Allied Chemicals : hausse de quatre ! Seigneur ! Mais qu'est-ce qui se passe ?

Mr. Bridge se tint ensuite coi pendant un long moment, se contentant de tousser une fois et de secouer son journal pour le remettre en ordre. Mrs. Bridge, voyant qu'il était presque l'heure d'aller se coucher, décida qu'elle devait parler.

— Walter… commença-t-elle d'une voix tremblante, avant de poursuivre rapidement : J'y ai pensé très sérieusement, je ne vois pas d'autre solution que la psychanalyse.

Il ne leva pas la tête. Les minutes passèrent. Finalement, il murmura :

— La laine australienne se maintient.

Réveillé par le son de sa propre voix, il regarda sa femme d'un air interrogateur. Les yeux de Mrs. Bridge se firent résolus, désespérés : il était inutile de répéter ce qu'elle avait dit, il entendait toujours tout, même quand il ne répondait pas.

— Quoi ? Tu dis des bêtises, déclara-t-il d'un air absent.

Puis il secoua son journal et reprit sa lecture.

104. *Pudding d'ananas*

Le lendemain était un jeudi, jour de sortie d'Harriet, Mrs. Bridge prépara donc le dîner. Douglas avait téléphoné, quelques minutes après avoir quitté l'école, pour dire qu'il avait une réunion avec sa fraternité, qu'il irait ensuite dîner avec deux amis dans une brasserie, puis à une réunion d'athlétisme au stade municipal.

— Et tes devoirs ? demanda-t-elle.

— Mes devoirs… fit-il, et il émit à leur sujet une opinion très catégorique.

— En tout cas, tu ferais bien de ne pas rentrer trop tard. C'est un soir de semaine.

Il dit qu'il rentrerait tôt, mais « tôt » pouvait évidemment signifier n'importe quoi.

— À la bonne heure. N'oublie pas, n'est-ce pas ? dit-elle. Tes notes n'ont pas été très brillantes, il n'y a pas de quoi pavoiser.

— Je passerai, dit Douglas, ne t'en fais pas.

— Oui, à force de ne pas t'en faire tu ne passeras pas.

La conversation prit fin sur ces paroles et Mrs. Bridge alla dans la cuisine préparer un ragoût, comme elle en avait déjà fait tant de fois. Elle se déplaçait lentement dans la cuisine. Elle avait tout le temps. Le calme de la maison la ramena à l'époque où elle était si bruyante, quand tous les enfants y habitaient : que tout était différent alors ! Cela lui rappela le temps où elle faisait elle-même la cuisine : elle ouvrit le buffet où étaient rangés les vieux livres de recettes. Harriet les consultait de temps à autre, mais ils n'avaient guère servi depuis de longues années. Elle commença à les feuilleter et retrouva, à peine lisibles, les annotations qu'elle avait portées au crayon : un peu plus de poivre ici, pas de laurier là – tout ce que son mari aimait, tout ce qu'il n'aimait pas était soigneusement inscrit dans les marges. Combien ces notes crayonnées, effacées, lui étaient familières ! Elles ravivaient bien des scènes et de doux souvenirs, lui évoquant sa jeunesse.

Mrs. Bridge se sentait de plus en plus excitée. Un regard à la pendule électrique sur le panneau du fourneau lui confirma qu'elle avait encore le temps de changer le menu du dîner. Elle allait faire des spaghettis, avec cette sauce spéciale dont son mari avait dit si souvent qu'elle était la meilleure du monde. Il y avait des années qu'elle ne l'avait plus faite. Harriet ne savait pas mesurer le temps exact qu'il fallait pour la laisser mijoter, et sans l'arôme particulier de cette sauce il était inutile de manger des spaghettis. Rapidement, elle inspecta le réfrigérateur et les placards. Hélas ! elle n'avait pas tous les ingrédients nécessaires. Il y avait bien de la sauce en boîte, elle pourrait peut-être s'en servir, improviser – non, ce ne serait pas la même chose. Son mari sentirait la différence. À regret, elle se résigna à préparer une fois encore un ragoût. Les spaghettis seraient pour la semaine prochaine. Un peu tristement, elle se remit à feuilleter les livres de cuisine. Une nouvelle idée lui vint : un pudding à l'ananas. Elle avait le temps, oui, elle était sûre d'avoir tout ce qu'il fallait – l'ananas, les noix, les raisins secs –, oui, oui, elle allait faire un pudding à l'ananas.

Elle l'apporta sur la table, enveloppé dans une serviette parce qu'il sortait du four et était encore chaud. Mr. Bridge qui, en dépliant sa serviette, avait regardé le ragoût avec résignation posa sur le plat un regard intrigué.

Son visage s'éclaira. Il sourit.

— Oh ! oh ! fit-il en se frottant les mains. Qu'est-ce que tu nous apportes là ?

Trop émue pour parler, elle le déposa devant lui et retourna en hâte à la cuisine chercher un couteau à pain.

— Eh bien ! eh bien ! dit-il en prenant le couteau, puis il se lécha les babines et ferma les yeux un moment pour respirer le parfum de ce gâteau si joliment gonflé.

— Coupe-le, lui dit-elle anxieusement, debout près de sa chaise.

La première tranche tomba comme un cadavre. Il y avait de grosses bulles de pâte blanche et humide autour des noix. Il y eut un silence ; Mrs. Bridge recouvrit le pudding avec la serviette et le remporta à la cuisine. Elle le jeta, dénoua son petit tablier bordé de dentelle et attendit tranquillement d'avoir recouvré son sang-froid.

Quelques minutes plus tard, elle revint avec un gâteau de pâtissier sur un plateau d'argent. Elle sourit et murmura :

— Il y a si longtemps…

— Ne t'inquiète pas ! dit Mr. Bridge en soulevant le couvercle de la cocotte.

Le lendemain, il lui apporta une douzaine de roses.

105. *Fiançailles de Carolyn*

Le temps passait plus rapidement qu'elle ne pensait. Elle fut complètement abasourdie lorsque Carolyn apparut au milieu de la semaine avec une bague de fiançailles que lui avait donnée un garçon nommé Gil Davis la veille au soir. Maigre et mal habillé, les dents en avant, Gil était en troisième année à l'université, où il suivait des cours de direction commerciale et travaillait à mi-temps au bureau du doyen.

Mrs. Bridge chercha un prétexte pour avoir le temps de se remettre du choc, regarda la bague de Carolyn et demanda :

— C'est une opale, n'est-ce pas ?

— Gil n'est pas très riche, expliqua sa fille. Il m'a dit qu'il trouvait les diamants idiots. Et tu sais, maman, tout ce qu'il a, il l'a gagné lui-même !

Cela fascinait Carolyn. Elle n'avait jamais connu de garçon pauvre. Au lycée, il y avait bien des garçons qui travaillaient pendant l'été, ou même après l'école pour se faire de l'argent de poche, mais aucun d'eux n'avait besoin de travailler pour manger et s'habiller.

— Eh bien ! C'est formidable ! dit Mrs. Bridge en lui pressant la main. Ton père est au courant ?

— Non, répondit Carolyn.

— Tu ferais peut-être bien de le lui dire, tu ne crois pas ?

— Pourquoi est-ce que tu ne l'appelles pas, toi ? suggéra Carolyn.

— Ce n'est pas moi qui me suis fiancée, répondit Mrs. Bridge.

Mr. Bridge fut outré d'apprendre les fiançailles de sa fille. Gil Davis ? Jamais il n'avait entendu prononcer ce nom. Et pour qui se prenait-il, ce Gil Davis ? Carolyn allait lui faire le plaisir de rendre sa bague à ce petit parvenu – comment s'appelait-il déjà ? – et de ne plus jamais parler de cette idiotie. Carolyn éclata en sanglots et jeta sa bague sur le tapis. Jamais son père ne lui avait parlé ainsi. Lorsqu'elle repartit pour l'université, la bague était dans sa poche. Elle avait promis de la rendre.

Gil Davis fut à son tour outré d'apprendre que sa demande avait été rejetée. Il avait vingt ans, et il n'avait jamais causé le moindre problème à personne. Il regarda la bague, regarda Carolyn, sortit en courant du bureau du doyen, courut à la station d'autobus, partit pour Kansas City, écarta la secrétaire qui prétendait savoir ce qu'il voulait, et entra dans le bureau de Mr. Bridge sans se donner la peine de frapper. Il en ressortit à huit heures du soir avec son futur beau-père ; épuisés l'un et l'autre, ils allèrent ensemble manger des saucisses et des galettes de blé noir dans un *lunch wagon*. Le mariage était décidé. Gil Davis, pour la seconde fois, passa sa bague d'opale au doigt de Carolyn.

— Je suis sûre que vous serez très heureux, dit Mrs. Bridge en embrassant sa fille. Je suis si soulagée que tout se soit bien passé.

— Tu l'aimes, n'est-ce pas, maman ?

— Mais bien sûr, ma chérie ! Il est absolument charmant. La seule chose, tu comprends, c'est qu'il est tellement différent des garçons auxquels j'ai été habituée.

Gil Davis s'en rendait compte. Comprenant qu'une fois qu'il aurait épousé Carolyn il aurait besoin d'argent, de beaucoup d'argent, il quitta l'université, retourna dans son pays natal, dans le sud du Kansas, près de la frontière de l'Oklahoma, pour travailler chez son oncle, qui avait un magasin de nouveautés. Carolyn aurait préféré qu'il entrât dans une usine d'aviation où il aurait pu faire des heures supplémentaires, mais elle se rangea à son avis lorsqu'il lui dit que son oncle songeait à se retirer des affaires.

Les amies de Mrs. Bridge étaient avides d'informations sur les fiançailles de Carolyn.

— La bague est-elle bleue ou blanche ?

— C'est une ravissante opale, répondit Mrs. Bridge, qui affrontait les questions avec son plus beau sourire.

— Quelle charmante idée !

— C'est ce que désirait Carolyn, contra Mrs. Bridge.

— Il n'est pas de Kansas City, n'est-ce pas ?

— De Parallel, répondit-elle sereinement, et elle marqua un point en n'expliquant pas où se trouvait Parallel.

— Cela a l'air terriblement loin.

— Ils viendront nous faire de petites visites.

— Et que fait son père ?

Il était plombier. Mrs. Bridge avait eu beau envisager mille fois ce fait, il n'y avait pas à en sortir. Il était plombier. Elle s'était mille fois imaginé répondre qu'il était dans une affaire d'installations domestiques ; mais dans son for intérieur elle savait qu'elle devrait dire la vérité, que le bonheur de Carolyn serait à ce prix.

— Mr. Davis est plombier, dit-elle la gorge si serrée qu'elle eut peur que les mots n'y restent coincés.

Mrs. Bridge eut la surprise de constater qu'elle avait presque marqué un nouveau point : elle avait parlé avec tant d'aisance que l'on aurait pu croire que tout le monde aujourd'hui épousait des fils de plombier.

— On dit qu'il est Kappa[1].

1. Les « fraternités » d'étudiants sont désignées par des lettres de l'alphabet grec. *(N.d.T.)*

— Eh bien ! non. D'après ce que je crois comprendre, Gil estime que la vie de fraternité est une perte de temps.

— Comme il a raison !

— Et du point de vue militaire, où en est-il ?

Il avait les pieds plats comme des planches à repasser et de mauvaises dents ; il avait été réformé pour insuffisance générale. Il était évidemment inutile d'entrer dans les détails, au moins dans les détails qu'avait donnés Carolyn, et Mrs. Bridge se contenta de dire qu'il avait été exempté pour raisons médicales : il avait eu, croyait-elle, des rhumatismes infectieux quand il était enfant ; la chose était plausible et acceptable.

— Vous dites qu'il est à Parallel pour l'instant ?

Mrs. Bridge savait ce qui allait venir. Elle fit oui de la tête.

— Je vois. Je n'avais pas compris qu'il avait déjà terminé ses examens.

— D'après ce que me dit Carolyn, il estime que quatre années d'université valent moins qu'un certain bagage d'expérience pratique.

Ce n'était pas très bien dit, elle s'en rendait compte, et c'était en quelque sorte battre en retraite, mais l'affaire du plombier lui avait fait perdre son calme.

106. *Le cadeau de Douglas*

Les cadeaux de noces arrivaient, jour après jour, et Carolyn avait déjà assez d'argenterie pour ouvrir un magasin. Elle défaisait fébrilement les paquets, et ses yeux bleus brillaient plus encore que les plats les plus beaux. Mrs. Bridge, assise à son bureau avec un carnet et un stylographe, inscrivait consciencieusement la nature de l'objet et le nom du donateur. Carolyn devrait apprendre cette liste par cœur, de façon à pouvoir remercier chacun personnellement du cadeau qu'il avait envoyé : elle le devrait, mais le ferait-elle ? Mrs. Bridge en doutait. Si ç'avait été elle, si long et si difficile que ce fût, elle aurait appris à identifier chaque objet. Carolyn serait-elle aussi scrupuleuse ? Elle ne pouvait que l'espérer…

Il y avait quelques cadeaux bizarres – une grenouille de bronze vert comme poignée de porte, une drôle de lampe de bureau qui ressemblait à une pagode, deux ou trois romans, un livre de poésies persanes. Et l'inévitable cadeau de la cousine Lulubelle Watts de Memphis : un abonnement à vie à un magazine dont jamais personne n'avait entendu parler. Mais il y avait pire encore, le cadeau de Douglas : un grille-pain.

Douglas s'y était pris au dernier moment, parce qu'il avait horreur d'offrir ou de recevoir des cadeaux. Il aimait sa sœur, mais il ne voyait pas en quoi le fait de dépenser quinze ou vingt dollars prouvait qu'il souhaitait son bonheur. Par égard pour la coutume, cependant, il se décida l'avant-dernier jour à acheter un grille-pain : elle avait dit qu'il lui en faudrait un. Il alla à pied à la Plaza – « Personne ne prend la Lincoln », avait prévenu Mrs. Bridge, mais il préférait marcher – et il regarda, les mains dans les poches, les grille-pain dont un vendeur lui exposa le maniement. On lui montra les plus chers mais ils ne lui plaisaient pas. Pour lui, les cadrans se mirent en marche, les aiguilles tournèrent, les leviers s'abaissèrent et se relevèrent, les prises se branchèrent, les plateaux secrets qui recueillent les miettes se retirèrent ; il n'était pas satisfait. La démonstration terminée, il traversa la rue, entra dans un bazar et acheta un grille-pain semblable à celui que ses parents possédaient au début de leur mariage.

Personne ne critiqua le cadeau. Carolyn remercia son frère. Mrs. Bridge s'exclama sur la simplicité de son maniement, qui était en effet fort simple. Personne ne mentionna les quatre magnifiques grille-pain automatiques qui avaient été livrés le matin même.

Évidemment, ce n'était pas la somme dépensée qui comptait, tout le monde était bien d'accord là-dessus, et tout le monde disait aussi qu'il faudrait vraiment faire quelque chose pour rendre les cadeaux de noces plus raisonnables. Mais, tout de même, les invités ne manqueraient pas de demander ce que Douglas avait offert à sa sœur, et il faudrait que Mrs. Bridge, ou Carolyn, montrât l'objet. Il était évident qu'il n'avait pas coûté plus de deux dollars. Mrs. Bridge était complètement déroutée par son fils. Jamais elle n'avait eu autant envie de le secouer.

107. *Carolyn se marie*

Après la cérémonie, Carolyn partit pour une lune de miel d'une semaine à Excelsior Springs, dans le sud du Kansas. Mr. Bridge avait offert un voyage de noces aux Bahamas, mais Gil avait refusé : les dépenses de leur lune de miel seraient prises sur l'argent qu'il avait lui-même gagné. Un voyage aux Bahamas avait toujours été le rêve de Carolyn mais Excelsior Springs était tout ce que Gil pouvait lui offrir ; le cadeau de noces se métamorphosa en une centaine d'actions chères et solides.

Afin de convaincre son oncle qu'il pouvait se retirer et laisser entre les mains de son neveu le magasin de nouveautés, Gil commença à travailler la nuit, et Carolyn, qui s'ennuyait seule, prit l'habitude de venir de temps en temps passer la nuit à Kansas City dans son ancienne chambre. Elle laissait une note épinglée sur la nappe et partait en voiture. S'il y avait une soirée ce week-end-là, elle restait jusqu'au lundi. Parallel lui avait déplu dès le début, et elle n'arrivait pas à savoir si elle supporterait d'y habiter.

— Le golf est pitoyable, dit-elle un soir. Tu te rends compte, maman, un golf public de neuf trous, où *n'importe qui*, tu m'entends, n'importe qui, même s'il n'a jamais *vu* un club de golf de sa vie, peut jouer. Comment Gil veut-il que je fasse quelque chose dans ces conditions ? Je vais perdre ma forme. Les pelouses, maman, il n'y a pas de pelouses : elles sont dures comme du bois, l'herbe est complètement grillée. Ce n'est pas drôle, je t'assure. Tu envoies ta balle à trois cents mètres, elle continue de rouler. Je t'assure que je n'exagère pas, maman, je voudrais que tu voies ce que c'est ! Jamais je n'aurais imaginé ça.

Mrs. Bridge était inquiète du bonheur de Carolyn.

— En tout cas, c'est un changement agréable.

Carolyn n'écoutait pas.

— Gil est un drôle de type, tu sais. On voit bien qu'il est né dans une petite ville. Un jour, il s'est mis dans une colère noire parce que j'essayais d'expliquer au coiffeur comment il devait lui couper les cheveux. J'étais tellement furieuse moi aussi que je ne lui ai pas parlé pendant trois jours.

— Tu ne devrais pas discuter avec lui, ma chérie.

— Écoute, maman, aucun homme, jamais, ne me fera marcher comme papa le fait avec toi.

108. *Alice*

Les événements montrèrent que Carolyn, ne fût-ce que pour peu de temps, se réconciliait parfois avec son mari, car elle fut bientôt enceinte.

Elle arriva de Parallel un après-midi où il neigeait et s'arrêta sur le pas de la porte pour secouer la neige de ses galoches.

— Tu ne vas pas me croire, maman. C'est invraisemblable.

Elle répéta cela plusieurs fois, comme pour se convaincre elle-même que c'était un rêve. Était-ce moins ou plus qu'un rêve ? Toujours est-il qu'elle continua pendant près de trois mois de s'exclamer : « Je t'assure, c'est insensé ! »

Elle finit néanmoins par s'habituer à son état, et Mrs. Bridge eut l'impression que le ménage allait bien marcher. Gil et Carolyn cherchaient une maison dans Parallel : leur appartement serait trop petit quand le bébé serait là.

— Mais tout est si cher, dit Carolyn.

Elles étaient dans la cuisine et comme c'était le jour de sortie d'Harriet, Mrs. Bridge faisait des galettes d'avoine pour les envoyer à Ruth ; Carolyn l'aidait.

— Tu comprends, il nous faut quelque chose avec une cour convenable, continua-t-elle en passant une spatule sous une rangée de galettes chaudes et en les transportant sur une serviette étalée sur la planche de l'évier. Gil insiste pour avoir un sous-sol sec. C'est la première chose qu'il va voir. L'agent immobilier n'a pas plutôt ouvert la porte que Gil se précipite au sous-sol et je reste là plantée comme un éléphant. Maintenant, il a la manie de faire des saladiers sur un tour. Un de ses amis a un tour, et il dit que ça lui calme les nerfs. Alors c'est pour ça qu'il veut avoir un sous-sol sec – pour que le sacré tour ne rouille pas. Vraiment, je me demande comment on peut devenir loufoque à ce point.

Mrs. Bridge, qui retirait avec précaution du four une deuxième fournée de galettes, déclara qu'il devait y avoir beaucoup de jolies maisons à Parallel.

— Oh ! il y en a, il y en a, grogna Carolyn, seulement il faut faire attention aux voisins.

— Pourquoi ?

— Parce que les Nègres s'installent partout.

Mrs. Bridge posa doucement le plateau de galettes. Elle ne savait trop que dire. Ce genre de situation était si embarrassant. Évidemment, elle-même n'aurait pas aimé avoir des Noirs pour voisins, sans qu'il y ait vraiment de raisons à cela. Elle avait toujours aimé les gens de couleur qu'elle avait connus : elle pensait encore avec affection à Beulah Mae et s'inquiétait d'elle, se demandant si elle était encore en vie. Si elle n'avait jamais fréquenté de Noirs sur le plan mondain, ce n'était pas qu'elle l'eût évité, mais seulement parce qu'il n'y en avait pas dans le quartier, ni au Country Club, ni à l'Auxiliaire. Elle n'en avait pas rencontré sur son chemin, c'était tout.

— À propos, Carolyn, tu ne devineras jamais qui j'ai rencontré l'autre jour dans un ascenseur. Alice Jones !

— Seigneur ! Je l'avais complètement oubliée, cette fille.

— Tu te rappelles quand vous jouiez toutes les deux ? Vous étiez inséparables. Il fallait presque que je t'emmène de force à l'heure du déjeuner.

— Elle t'a reconnue ?

— Oh ! tout de suite.

— Qu'est-ce qu'elle fait ?

— Elle est mariée, elle est femme de chambre dans un hôtel.

— Combien d'enfants a-t-elle ?

— Elle ne me l'a pas dit.

— Elle n'a pas changé ?

— Ô mon Dieu, si ! Elle est presque aussi grande que Douglas, et elle est d'un noir ! Quel dommage !

Carolyn devint pensive, puis finalement elle dit :

— Je crois que j'aimerais la revoir. À quel hôtel travaille-t-elle ?

— J'essaie de me rappeler. Je savais bien que tu aurais envie de la revoir. Elle m'a pourtant dit quel hôtel c'était.

— Bah ! ça ne fait rien. Je me demande si nous aurions quelque chose à nous dire après si longtemps.

— Combien cela fait-il d'années ?

— Beaucoup, répondit Carolyn en se mordant la lèvre. Beaucoup, maman.

Mrs. Bridge éteignit le gaz et ferma la porte du four.

109. *Hiver*

La neige tombait. Elle tombait sans bruit, recouvrait le sol gelé et les feuilles mortes sous l'érable, penchait les branches des sapins et descendait comme au travers d'un tamis, heure après heure, des hauts nuages bleu perle. Mrs. Bridge fut éveillée par ce silence impressionnant et resta dans son lit à écouter. Elle entendit les clochettes veloutées de l'horloge de l'entrée, puis l'aboiement d'un chien. Il lui sembla confusément que quelque chose n'allait pas et elle attendit, intensément, l'oreille tendue, un autre signe. Mais elle n'entendit avant de se rendormir que le carillon familier de l'horloge.

110. *Mort et vie de Grace Barron*

Le lendemain matin, Lois Montgomery téléphona que Grace Barron s'était suicidée.

Les jours suivants, Mrs. Bridge tenta de taire ce détail : on ne gagnerait rien, se disait-elle, à en parler. Elle écrivit donc à Ruth qu'il pesait un doute sur la cause de la mort de Mrs. Barron, mais que l'on supposait qu'elle avait dû manger par mégarde de la salade de thon qui était restée la nuit hors du réfrigérateur et s'était gâtée. Elle dit la même chose à Douglas et à Carolyn.

Avec ses amies intimes, celles qui savaient la vérité – Grace Barron avait avalé plus de cinquante comprimés de somnifère –, Mrs. Bridge parlait plus ouvertement. Elles se posaient entre elles mille questions car Grace était l'une des leurs : leurs problèmes avaient été les siens, leur position, leur richesse, leurs amours, tout cela avait été sien. Quel choc, se répétait sans cesse Mrs. Bridge. Comment croire une chose pareille ?

Elle se demandait souvent si elle n'était pas la seule à connaître le motif du geste de son amie, car personne n'en parlait jamais. Elle l'avait subitement compris lorsque, au moment même où la nouvelle lui était parvenue, s'était présenté à sa mémoire le souvenir d'un après-midi pendant lequel Grace Barron et elle sur la Plaza cherchaient à passer le temps et où Grace avait dit, un peu tristement : « Vous êtes-vous jamais sentie comme ces personnages du conte de Grimm qui étaient évidés dans le dos ? »

111. *Vieille connaissance*

L'Amérique était entrée en guerre. Douglas avait terminé ses études secondaires et voulait s'engager. Ruth écrivait rarement. Carolyn, qui ne s'entendait pas avec son mari, venait plus souvent à la maison. Et Mrs. Bridge, de plus en plus bouleversée, passait de longues heures allongée, se remémorant les jours heureux. Il était inévitable qu'ils fussent passés, et tout prenait un air d'irréalité. Un jour où elle faisait des courses à la Plaza, elle reconnut dans une femme presque vieille une voisine du temps de son enfance. Elle compta les années et, contemplant de loin l'achèvement de cette jeunesse qui avait été la sienne, elle sentit grandir en elle un sentiment de désespoir et de futilité.

À partir de ce jour, Mrs. Bridge se mut un peu plus lentement.

112. *Carolyn vient à la maison*

Mrs. Bridge se réveillait parfois au milieu de la nuit et percevait la présence de Carolyn. La maison était parfaitement tranquille, et cependant elle n'avait aucun doute ; tout doucement, pour ne pas déranger son mari, elle se levait, passait sa robe de chambre de satin molletonné, cherchait ses pantoufles et traversait le palier jusqu'à la chambre qu'avaient partagée ses deux filles. La porte, ouverte en général, était sans aucun doute fermée. Mrs. Bridge hésitait, écoutait, mais ce soir-là elle n'entendit rien : elle s'attendait pourtant à ce que Carolyn sanglotât.

— Je peux entrer, ma chérie ?

Il n'y eut pas de réponse. Elle ouvrit néanmoins, et vit Carolyn étendue sur le lit, tout habillée et les mains derrière la tête, qui regardait le plafond.

— Vous vous êtes encore disputés ? demanda-t-elle, en s'asseyant sur le bord du lit.

— Je ne peux plus le supporter, répondit Carolyn après un moment.

— Qu'est-ce qui s'est passé, cette fois ?

— Il m'a battue.

Mrs. Bridge eut le souffle coupé.

— Oui, répéta Carolyn, apparemment sans colère. Il m'a giflée si fort que j'ai perdu l'équilibre et que je suis tombée par terre.

— Tu as dû faire quelque chose pour le provoquer, n'est-ce pas ?

— Tu es de son côté ?

— J'essaie de n'être du côté de personne, ma chérie, dit-elle en tendant la main pour caresser sa fille. Mais je ne peux pas croire que Gil soit capable de faire une chose pareille.

— Ah oui ? Eh bien ! si tu vivais avec lui tu changerais d'avis.

Les larmes étaient montées aux yeux de Carolyn, et Mrs. Bridge en les voyant se sentit près de pleurer.

— Et tu sais ce qu'il a fait après ça, maman ? Il a essayé d'arranger les choses comme les hommes font toujours.

— Carolyn, il y a des choses dans le mariage qu'une femme doit…

— Ah ! non, ne me dis pas ça ! Pas cette histoire-là, non ! Voyons, maman, il ne se rendait même pas compte que c'était moi. Tu comprends ce que je te dis ?

— Pourquoi ne me racontes-tu pas comment cela a commencé ? répondit Mrs. Bridge en serrant sa robe de chambre autour de son cou.

— Ça a commencé au petit déjeuner, parce que j'avais oublié d'acheter du beurre la veille, alors il s'est d'abord moqué de moi, a dit que je ne savais pas comment nourrir le bébé. Après ça, il s'est mis à crier parce qu'il ne trouvait pas son costume bleu. Ça fait quinze jours qu'il m'embête avec son costume bleu, maman. Il était chez le teinturier, et j'ai eu tellement à faire avec le bébé et les éliminatoires au club que je n'ai pas eu le temps d'aller le chercher. Il aurait bien pu le prendre lui-même, il passe devant le teinturier tous les jours, mais il dit que c'est mon affaire. Bon, après ça il s'est mis à crier que si je passais moins de temps à jouer au golf et plus à – oh ! zut, à quoi bon ? Finalement, il est parti travailler et je me suis dit que peut-être j'avais eu un peu tort, alors pour me faire pardonner j'ai fait venir quelqu'un pour garder le bébé et je suis allée à l'institut de beauté me faire arranger les cheveux, mais ils ne pouvaient pas me prendre tout de suite, et quand j'ai eu fini, il était tard ; je suis rentrée après lui parce que j'avais des factures à payer et que je devais m'arrêter au club pour voir si mon inscription avait été envoyée. Alors tu peux imaginer son humeur, avec le dîner qui n'était pas prêt. Il avait téléphoné au club et on lui avait dit que j'étais là, alors que je leur avais bien dit de ne pas le lui dire. Enfin, continua-t-elle après avoir respiré profondément, il était furieux, il jurait, il y avait des vêtements plein la chambre, il avait même retourné des tiroirs sur le lit parce qu'il ne trouvait pas ce qu'il cherchait. Je lui ai dit que son linge n'avait pas été lavé, et il savait parfaitement bien que la machine à laver était détraquée. Il aurait peut-être voulu que je lave tout moi-même à la main. Tu peux être sûre, maman, que c'était ce qu'il voulait.

— Tu peux tout de même faire un peu de lessive.

— Oh ! maman, écoute ! Tout ce qu'il avait à faire, c'était de faire réparer la machine.

— Je comprends bien, ma chérie, mais peut-être que si vous y mettiez un peu du vôtre tous les deux…

— Il a dit que je n'avais pas la moindre idée de ce que c'est que travailler.

— C'est absurde, voyons !

— Il a dit que j'étais gâtée. C'est vrai, maman ?

— Mais non, ma chérie. Pourquoi dire une chose pareille ? Allons, allons, je suis sûre que tout va s'arranger. Tu devrais dormir, maintenant. Tu te sentiras mieux demain matin.

— Et tu sais de qui il a dit que c'était la faute ?

113. *Mr. Bridge remet au lendemain*

Mrs. Bridge était prise entre le désir de voir Carolyn revenir pour toujours à la maison et le souhait que son mariage réussisse. Elle voyait le monde vaciller et perdait confiance en l'avenir. Ses oreilles résonnaient de chants de guerre, du bruit de cet incompréhensible massacre, et maintenant que Douglas était parti elle avait peur. Douglas, qui avait persuadé son père de le laisser s'engager, était quelque part en Arizona. Il écrivait chaque semaine à sa mère des lettres joyeuses, insouciantes, comme s'il était parti en camp pour l'été et qu'il serait de retour pour la rentrée universitaire, et en lisant ses lettres elle croyait presque que c'était vrai. Puis sans crier gare la vérité réapparaissait et Mrs. Bridge se sentait seule et désespérée. Elle avait des remords de ressentir un tel bonheur à chaque visite de Carolyn. La présence de sa fille, même lorsqu'elle était d'humeur détestable, fumait et jurait sans égard pour personne, la réconfortait : c'était un pont jeté vers le passé.

Mrs. Bridge ne se lassait pas de songer aux jours où ses enfants étaient petits, où il y avait la paix et tant de choses à attendre. Il lui arrivait souvent de sursauter au beau milieu de sa rêverie et, jetant un coup d'œil désespéré sur la pendule, elle avait honte de constater qu'elle avait passé deux ou trois heures à rêver.

Elle avait renoncé au travail du dispensaire ; il y avait plus de volontaires qu'il n'en fallait, surtout parmi les jeunes femmes. En outre, les yeux écarquillés des gens de la Ninth Street commençaient à la hanter. Elle les voyait souvent au milieu de la nuit, ces pauvres gens affamés, perdus.

Aussi inanimés et sans vie que ces malheureux venaient également la hanter des souvenirs qui, comme un cercle de points d'interrogation, l'entouraient d'une attention sans exigence et sans pitié – incidents, pour la plupart, phrases qu'elle avait dites, réponses, attitudes, circonstances insignifiantes, qui logiquement auraient dû sombrer depuis longtemps dans l'obscurité mais revenaient avec insistance pour l'importuner. La plupart du temps, elle n'avait pas de peine à les chasser, mais elle savait qu'elle n'en avait pas triomphé, qu'ils reviendraient la déranger comme des enfants turbulents.

Douglas vint en permission. Il avait l'air beaucoup plus mûr. Il sortit du taxi et fit de la main un geste d'adieu à un soldat qui y était resté. Mrs. Bridge, qui attendait le moment d'embrasser son fils, l'entendit qui lui disait d'une voix sonore : « Gardez-moi un Jap, sergent ! »

— Qui était-ce ? demanda-t-elle.

— Un type que j'ai rencontré dans le train, répondit-il brièvement.

— Tu ne voulais pas lui proposer d'entrer ?

— Je lui ai proposé, mais il était pressé, répondit Douglas.

Il mit son sac sur une épaule, ouvrit la porte et pénétra dans la maison à grandes enjambées.

— Tu as grossi, dit Mrs. Bridge.

Elle remarqua également qu'il se tenait droit et que son regard était maintenant celui d'un adulte. Mais le changement le plus remarquable était le duvet roussâtre qui ornait sa lèvre supérieure. Mrs. Bridge se dit que cette moustache naissante avait l'air stupide, mais, ne voulant pas le froisser, elle se tut.

Mr. Bridge ne fut ni si réticent ni si respectueux des sentiments de Douglas.

— Pour l'amour du ciel, qu'est-ce que c'est que ça ? s'exclama-t-il dès qu'il aperçut la moustache naissante.

Douglas, à la grande surprise de sa mère, ne rougit pas, ne baissa pas les yeux.

— Tu crois que tu pourrais faire mieux ? répondit-il solennellement.

Mr. Bridge se mit à rire et lui donna une forte tape sur l'épaule.

— Eh bien ! soldat, on boit un verre avant de dîner ?

— Volontiers, dit Douglas.

Ils allèrent dans la cuisine, où Mrs. Bridge les entendit rire avec Harriet.

Elle avait beau ne pas comprendre son fils, elle était si heureuse de l'avoir à la maison qu'elle trouvait sans cesse des excuses afin d'être près de lui. Elle monta frapper à sa porte pour lui demander si ses chaussettes n'avaient pas besoin d'être reprisées. Il lui dit d'entrer et de regarder elle-même. Elle entra et le trouva debout devant la glace de la salle de bains se savonnant le menton pour se raser : il n'avait pas de chemise et ne portait qu'un maillot de corps olive et un pantalon kaki. Elle remarqua autour de son cou une chaîne de métal qu'il n'avait jamais portée auparavant.

— Qu'est-ce que c'est ? questionna-t-elle en s'approchant, hésitante, pleine d'amour et de tendresse.

— Des plaques d'identification, dit-il, amusé.

Elle tira la chaîne de sous le gilet, tout émue de sentir des poils sur sa poitrine, et tint les plaques entre ses doigts tremblants. Elle demanda ce que signifiaient les chiffres gravés sur ces tristes plaques de cuivre et il expliqua que l'un était son numéro de matricule, l'autre son groupe sanguin, et ainsi de suite.

— Et ce « P », qu'est-ce que c'est ?

— Protestant, dit-il. Je leur ai dit que j'étais bouddhiste, mais ils ont insisté pour que je sois protestant.

— Tu leur as dit *quoi* ?

— On a tout le temps des formulaires à remplir, avec un blanc où on inscrit sa religion. J'écris toujours « bouddhiste », mais chaque fois quelqu'un remet « protestant ». Je me demande bien pourquoi.

— Mais, Douglas, tu n'es pas bouddhiste !

Douglas plongea son rasoir dans l'eau et regarda sa mère avec douceur dans la glace. Tout blanc et plein de mousse jusqu'aux yeux, ou presque, il avait l'air impénétrable. Elle était complètement désorientée.

— Enfin, je suppose que tu sais ce que tu fais. Allons, dépêche-toi de te raser. Harriet aura bientôt préparé le dîner.

Elle avait espéré qu'il raserait sa moustache, mais il n'en fit rien.

— Tu as vraiment l'air d'un étranger, lui dit-elle quelques jours plus tard.

Douglas, appuyé contre la bibliothèque, le volume d'Omar Khayyam à la main, baissa vers elle un regard amical et, sans lui demander ce qu'elle entendait par là, dit qu'il pensait néanmoins garder sa moustache.

Le lendemain matin, en voyant cette moustache de l'autre côté de la table du petit déjeuner, elle décida d'en finir. Sans rien dire, elle posa son jus d'orange, monta dans la chambre de Douglas, prit dans le placard son calot, le mit sur sa tête, et après avoir arrangé ses boucles grises devant la glace redescendit et entra dans la petite salle à manger en balançant les bras. Douglas n'était plus là. Harriet, qui ramassait les assiettes, la regarda avec stupéfaction. Mrs. Bridge lui sourit bravement, aussi sereinement qu'il était possible étant donné les circonstances. Juste à ce moment, elle entendit son fils tousser. Le bruit semblait venir du salon. Elle traversa l'entrée, entra dans le salon et s'arrêta d'une façon qu'elle jugea militaire en essayant de faire claquer ses talons.

— Garde à vous, soldat Bridge ! Montez immédiatement raser cette stupide moustache.

Douglas était occupé à regarder la photographie illustrant la jaquette du recueil d'essais du pasteur Foster ; il laissa tomber le volume sur le sofa et croisa les bras. Lorsqu'elle eut compris qu'il n'avait aucune intention de parler et qu'il attendait simplement qu'elle quittât la pièce, elle ôta son calot et resta debout en face de lui, incertaine, un peu humble.

Il devait partir le lendemain à quatre heures de l'après-midi, mais à trois heures et quelques minutes le téléphone sonna. C'était la secrétaire de Mr. Bridge. Mr. Bridge était mort. Il était retourné au bureau aussitôt après déjeuner et s'était mis à dicter son courrier. Un peu plus tard, il avait glissé de son fauteuil tournant et on l'avait trouvé étendu sur le tapis, mort à jamais. Le Dictaphone avait enregistré ses dernières paroles : « Il semble donc que le défendeur… », et le grincement du fauteuil tournant.

— C'est vraiment trop gentil à vous, disait Mrs. Bridge, devant la porte entrouverte, à chaque visiteur qui prenait congé. Tout le monde a été merveilleux.

114. *Lettre d'un bouddhiste*

Douglas, après un échange de télégrammes avec le commandant de son camp, resta à Kansas City jusqu'après l'enterrement. Ruth était venue de

New York en avion, Carolyn en voiture de Parallel ; elles furent toutes les deux frappées du changement qui était survenu en Douglas. Malgré les cinq années qui les séparaient, Ruth n'eut aucune peine à accepter son autorité de chef de famille. Carolyn le provoqua une ou deux fois, mais sans entrain. Ni l'une ni l'autre ne s'attendaient à voir leur mère prendre une décision. Mrs. Bridge trouva naturel qu'il assumât l'autorité. Harriet, qui possédait un sens aigu de l'opportunité, demanda une augmentation. Douglas refusa. À partir de ce moment, elle cessa de l'appeler par son prénom et parla de lui comme de Mr. Bridge. Mrs. Bridge, la première fois qu'elle l'entendit ainsi nommer, se mit à pleurer.

Bientôt, comme les oiseaux quittent le nid, chacun d'eux partit dans sa direction : Ruth retourna à New York, Carolyn à Parallel, et Douglas aux armées. Harriet s'occupait de la maison, et Mrs. Bridge resta seule. Elle allait souvent aux réunions de l'Auxiliaire, faire des courses en ville, déjeuner à la Plaza, assister à des réceptions, mais elle ne savait plus se perdre dans ces activités ; le passé lui était trop proche, et souvent elle se contentait de rester chez elle, attendant le courrier, une visite ou un coup de téléphone, vaguement consciente du ronronnement persistant de l'aspirateur, indifférente désormais au fait qu'Harriet fumât ou non dans la cuisine.

Lorsqu'elle reçut la première lettre que Douglas écrivit après son retour au camp, elle fut frappée de la ressemblance de cette lettre avec celles que son mari lui écrivait autrefois lorsqu'il était en voyage d'affaires. Il y avait eu chez Mr. Bridge quelque chose d'étrange, un penchant démodé qui le faisait commencer ses lettres par « Ma chère femme »…

Comme il était curieux que Douglas écrivît :

Ma chère mère,

Mon père t'aimait plus que tout au monde, et s'il lui arrivait d'être dur ou tyrannique, c'était parce qu'il voulait te protéger. C'était ce qu'il voulait pour nous tous. Il n'a jamais compris que c'était de lui que nous avions besoin, non de ce qu'il pouvait nous donner. J'ai eu plus d'une fois l'occasion de discuter avec lui des problèmes de la famille et chaque fois j'ai senti combien il se préoccupait de ton bonheur lorsqu'il ne serait plus là. Je crois qu'il savait qu'il ne vivrait pas longtemps. Il m'a dit ne t'avoir jamais parlé de sa maladie de cœur.

Ne t'inquiète de rien. Tu l'as rendu heureux pendant sa vie. Je suis sûr que pas une fois il n'a été intéressé par une autre femme. Toute mon affection pour toi, mère, et pour mes deux sœurs. Dis à Ruth quand tu lui écriras que je voudrais avoir de ses nouvelles.

Nous partons maintenant en manœuvres, mais je te récrirai bientôt.

Affectueusement, comme toujours,

DOUGLAS.

115. *Tout va bien*

À quelque temps de là, Mrs. Bridge regardait les vitrines des magasins de la Plaza, lorsqu'un jeune homme en civil s'arrêta et la salua par son nom. Elle mit un moment à reconnaître Jay Duchesne.

— Mais je vous croyais soldat ! dit-elle avec un sourire, et tout à coup elle s'aperçut qu'il lui manquait un bras.

— Je l'étais, répondit-il, en montrant son épaule.

— Oh ! je vous demande pardon, Jay. Je devais dormir.

— Je vous en prie, répondit-il gaiement.

Puis, après une pause, il continua de façon lugubre :

— Je suis comme ces clowns qui font tout de travers dans les dessins humoristiques. J'ai toujours été maladroit. (Il sortit un paquet de cigarettes de sa poche, en prit une habilement entre ses doigts et l'alluma.) Et comment va le vieux renard ? demanda-t-il en soufflant un panache de fumée.

— Comment va qui ?

— Le vieux renard, Doug. Ça fait des années que je ne l'ai vu, le salaud. Ah ! pour un type, celui-là !

— Eh bien ! il est soldat, répondit-elle.

Elle était déconcertée d'apprendre que Douglas était un « type » ; il lui avait toujours paru très normal, un peu plus laconique seulement que la plupart des garçons.

— Ils l'ont embarqué, lui aussi ? Sans blague ! (Duchesne rit, tira sur sa cigarette et ajouta :) Il va leur en faire baver !

— Il a l'air de se plaire beaucoup, tout va bien.

Mrs. Bridge était sûre que Duchesne allait dire qu'il n'avait jamais entendu parler d'un soldat pour qui tout allait bien.

— Blague à part, dit-il. Ce que les temps changent ! Et Mr. Bridge ? Parti *ad patres*, ou toujours à les remuer à la pelle ?

— Mr. Bridge est décédé depuis peu, répondit-elle avec raideur.

Duchesne regarda Mrs. Bridge pendant une minute, la fumée sortant en volutes de ses narines.

— Ça me fait de la peine, tiens, dit-il enfin. C'était un chic type, une fois qu'on avait gratté la croûte… Et Ruth, toujours à New York ?

— Oui. Elle y est depuis longtemps, et elle réussit très bien.

— Je le crois. J'ai toujours pensé qu'elle finirait à Hollywood. Avec son type ensorcelant, vous savez, mystérieux, comme dans les films d'agents secrets.

— Vraiment ?

Duchesne étudiait sa cigarette.

— Dites-moi, Mrs. Bridge, et Corky, comment va-t-elle ?

— Mais elle va bien.

— Toujours mariée ?

— Bien sûr ! (Mrs. Bridge rit, gênée, et remarqua que Duchesne semblait plutôt déçu.) Pourquoi posez-vous cette question, Jay ?

— Comme ça, dit-il en faisant tomber la cendre de sa cigarette sur le trottoir. Je pense souvent à elle, c'est tout. Dites-lui bonjour pour moi.

— Je n'y manquerai pas. J'ai été heureuse de vous revoir, Jay. Vous avez l'air en très bonne forme.

— Ça pourrait être pire, Mrs. Bridge. À l'hôpital, je ne m'y faisais pas, mais maintenant ça va mieux. (Il prit une profonde inspiration et se redressa.) Allez, hein, ajouta-t-il avant de s'éloigner, vous lui ferez ma commission.

116. *Souvenir des choses passées*

L'album de photographies procurait à Mrs. Bridge beaucoup de réconfort. Elle retrouvait ses enfants, son mari aussi – son mari debout en plein soleil, une main sur le garde-boue de la Reo et Carolyn assise sur ses épaules –, Douglas brandissant la batte de base-ball qu'il avait reçue pour son anniversaire, Ruth perchée sur ses premiers talons hauts et bien déterminée à ne pas tomber. Il y avait aussi ses amies – Grace Barron faisant bonjour du haut du plongeoir de la piscine du Country Club, Mabel Ong devant l'Auxiliaire, les mains dans les poches de sa veste de tweed, Madge un jour de neige, dans un manteau d'agneau caracul, la fermeture Éclair de ses caoutchoucs défaite, et Lois Montgomery, l'air présidentiel. Mrs. Bridge regrettait de n'avoir pas pris davantage d'instantanés.

Elle en avait un certain nombre du voyage en Europe. Elle avait passé bien des matinées agréables à mouiller avec une éponge les coins de montage, le grand album ouvert sur le bureau et le tapis tout couvert de négatifs et d'enveloppes jaunes pleines de vues de Trafalgar Square, Buckingham Palace, Piccadilly, la Tamise, la relève de la garde, les corbeaux de la Tour de Londres. Il y avait la Seine, l'Arc de triomphe, la marquise de Maxim's, Notre-Dame, Mr. Bridge en train d'acheter le *Herald Tribune* devant l'American Express. Les photos de la Riviera n'étaient pas réussies, elle se demandait pourquoi : peut-être était-ce que le photomètre n'avait pas bien fonctionné. D'ailleurs, chaque fois qu'elle y pensait, la Riviera lui semblait si étrangère, vraiment beaucoup plus étrangère à son mode de vie que Paris. Souvent elle se rappelait les dunes, le port et la mer étincelante.

— Je ne sais si cela peut vous intéresser, disait-elle à ses invitées en prenant l'album à deux mains. (Puis, le déposant sur les genoux de la visiteuse, elle ajoutait :) Feuilletez un petit moment, jusqu'à ce que vous en ayez assez ; mais pour l'amour du ciel, ne vous croyez pas obligée de tout regarder.

Et elle restait là tout près, anxieuse de savoir sur quelle photo on s'attardait. Souvent, incapable de rester assise, elle venait regarder par-dessus l'épaule de la visiteuse et se penchait de temps à autre pour dire : « C'est la fameuse vieille cathédrale dont vous entendez toujours parler. » Ou bien : « C'est l'Océan, naturellement. » Ou bien : « Ceci a été pris des marches de la National Gallery, et là à droite – juste derrière le cycliste – se trouve l'endroit où nous avons déjeuné. »

Mais les photographies auxquelles elle revenait le plus souvent pour son plaisir personnel étaient celles de sa famille : elles évoquaient ses souvenirs les plus intimes, ses affections les plus profondes.

117. *Hello ?*

Un matin de décembre, vers la fin de l'année, où la neige tombait humide et lourde à des kilomètres alentour et où l'on ne pouvait plus distinguer le ciel de la terre, Mrs. Bridge sortit de chez elle et ouvrit son parapluie. À petits pas précautionneux, elle se dirigea vers le garage, pressa le bouton et attendit impatiemment que la porte se levât. Elle avait hâte d'être en ville, d'aller acheter pour le salon des têtières de dentelle d'Irlande dont elle venait de voir la réclame dans le journal ; elle passerait le reste de la journée à flâner dans les magasins. C'était le jour de sortie d'Harriet et la maison était vide, tellement vide.

Elle sortait du garage en marche arrière lorsque le moteur cala. Elle appuya sur le démarreur et écouta, sans inquiétude : en dépit des difficultés qu'elle avait avec la Lincoln, elle s'y sentait en sécurité. La Lincoln avait beau avoir un nombre respectable d'années et être parfois récalcitrante, Mrs. Bridge ne pouvait supporter l'idée de s'en séparer. Déjà, dans le passé, son mari avait essayé de l'en persuader, mais elle avait résisté et, légèrement étonné de son attachement à cette voiture, il lui avait permis de la garder.

Mrs. Bridge pensa qu'elle avait peut-être noyé le carburateur, ce qui lui arrivait souvent, et décida d'attendre une minute ou deux.

Elle essaya à nouveau, rien. Très déçue, elle voulut descendre mais ne put ouvrir la portière que de quelques centimètres. Elle essaya donc les trois autres mais elles étaient toutes bloquées, d'un côté par la cloison qui divisait le garage en deux, et de l'autre par le mur. Comprenant que, à moins de pouvoir attirer l'attention de quelqu'un, elle resterait coincée, elle appuya sur l'avertisseur. Aucun son ne vint. Elle était là, à moitié dedans et à moitié dehors.

Pendant un long moment, elle resta assise, ses mains gantées croisées sur les genoux, ne sachant que faire. Puis elle se regarda dans le miroir. Finalement, elle coupa le contact et tapa à la vitre en appelant qui voudrait bien l'entendre : « Y a-t-il quelqu'un ?… »

Mais personne ne répondit ; la neige tombait, inexorable…

MIXTE
Papier issu de sources responsables
FSC® C003309
www.fsc.org

10/18, une marque d'Univers Poche,
est un éditeur qui s'engage pour
la préservation de son environnement
et qui utilise du papier fabriqué à partir
de bois provenant de forêts gérées
de manière responsable.

Imprimé en France par CPI

N° d'impression : 3020540
Dépôt légal : juillet 2017
X06984/01